城市轨道交通
车辆机械系统检修

主　编　王凯文　厉砚磊
副主编　唐义清　周　彬
参　编　赵　晶　唐　杰
　　　　杨　瑜　胡昌宁
　　　　杨大章　党海涛
主　审　翟好璟　梅启兵

机械工业出版社

本书共分为8个项目，包含22个任务，主要内容包括城市轨道交通车辆检修基础，以及城市轨道交通车辆车体、客室车门、转向架、车钩缓冲装置、制动系统、空调系统、受电弓7大系统的检修，涉及的典型工作任务包括检查、清洁、拆卸、检修、更换、安装、调整、维护等。

本书可作为职业院校城市轨道交通车辆应用技术、城市轨道交通车辆运用与检修专业学生的教材，也可作为城市轨道交通车辆检修、城市轨道交通车辆运营管理及相关专业人员的培训教材，还可作为城市轨道交通运营企业及装备制造企业车辆检修人员的学习参考书。

为方便教学，本书配有电子课件、电子教案等教学资源。凡选用本书作为授课教材的教师均可登录机械工业出版社教育服务网（www.cmpedu.com），以教师身份注册后下载，或来电咨询，咨询电话：010-88379201。

图书在版编目（CIP）数据

城市轨道交通车辆机械系统检修 / 王凯文，厉砚磊主编. —北京：机械工业出版社，2024.3
ISBN 978-7-111-74790-1

Ⅰ. ①城⋯　Ⅱ. ①王⋯　②厉⋯　Ⅲ. ①城市铁路–铁路车辆–车辆检修–教材　Ⅳ. ①U279.3

中国国家版本馆CIP数据核字（2024）第021571号

机械工业出版社（北京市百万庄大街22号　邮政编码100037）
策划编辑：师　哲　　　　　责任编辑：师　哲　张双国
责任校对：李可意　李　杉　　封面设计：张　静
责任印制：李　昂
北京捷迅佳彩印刷有限公司印刷
2024年3月第1版第1次印刷
210mm×285mm·12.5印张·348千字
标准书号：ISBN 978-7-111-74790-1
定价：52.00元

电话服务　　　　　　　　网络服务
客服电话：010-88361066　机　工　官　网：www.cmpbook.com
　　　　　010-88379833　机　工　官　博：weibo.com/cmp1952
　　　　　010-68326294　金　书　网：www.golden-book.com
封底无防伪标均为盗版　机工教育服务网：www.cmpedu.com

前 言

当前,城市轨道交通发展迅猛,越来越多的城市开通了城市轨道交通运营线路,城市轨道交通车辆作为城市轨道交通的主要设备,其配备数量在不断增加。为了提高城市轨道交通的车辆安全性和可靠性,减少运营故障,需要经常对城市轨道交通车辆进行检修和维护。城市轨道交通车辆涉及机械、电气等多个复杂系统,技术含量高、检修作业时间长、检修工作量大,需要检修作业人员具备专业的知识和技能,本书就是基于这一情况编写的。

本书编者通过分析车辆检修工作岗位,厘清典型工作任务,结合城市轨道交通车辆维护职业技能等级证书标准,将岗位所需知识、技能和职业素养融入工作任务中,编写了本书。

本书共分为8个项目,包含22个任务,每个工作任务包括任务描述、学习目标、任务工单、任务准备、任务实施、评价反馈、知识储备等,主要内容包括城市轨道交通车辆检修基础,以及城市轨道交通车辆车体、客室车门、转向架、车钩缓冲装置、制动系统、空调系统、受电弓7大系统的检修,涉及的典型工作任务包括检查、清洁、拆卸、检修、更换、安装、调整、维护等。

本书具有以下特点:

1)在开发与更新上严格遵循《职业院校教材管理办法》,坚持立德树人,以习近平新时代中国特色社会主义思想引领教材建设,贯彻落实党的二十大精神,体现教材的思想性、科学性,以学生为中心,融入社会主义核心价值观的培养,突出教材的职教特色和育人载体本质。

2)任务契合企业岗位典型工作任务,体现职业教育特点,侧重岗位技能的提升。

3)任务工单和任务实施结合车辆检修规程、检修作业记录单和检修作业指导书编写,符合企业生产实际。

4)项目和任务的设置循序渐进,合理安排所需理论知识和操作流程,贴合学生学习规律。

5)配有丰富的教学资源,可通过扫描书中二维码获取。

6)同步建设有城市轨道交通车辆机械系统检修在线开放课程,可参与线上任务学习和资源获取。

本书由四川交通职业技术学院王凯文、成都中车轨道装备有限公司厉砚磊担任主编。编写分工为项目1由王凯文、厉砚磊编写;项目2、项目3由王凯文、杨大章（成都中车四方轨道车辆有限公司）编写；项目4由胡昌宁（四川交通职业技术学院）、厉砚磊编写；项目5由赵晶（四川交通职业技术学院）编写；项目6由唐义清（四川交通职业技术学院）、周彬（成都中车四方轨道车辆有限公司）编写；项目7由杨瑜（四川交通职业技术学院）编写；项目8由唐杰（四川交通职业技术学院）、党海涛（成都中车四方轨道车辆有限公司）编写。本书由成都中车四方轨道车辆有限公司高级工程师翟好璟、成都长客新筑轨道交通装备有限公司高级工程师梅启兵担任主审。

本书在编写过程中，得到了成都地铁、成都中车四方轨道车辆有限公司、成都长客新筑轨道交通装备有限公司、郑州捷安高科股份有限公司等单位工作人员的大力支持，在此表示深深的谢意。在编写过程中，编者参阅了大量专业书籍和文章，在此对其作者表示衷心的感谢。

由于编者能力有限，书中疏漏或不妥之处在所难免，恳请广大读者批评指正。

编　者

二维码索引

名　称	二维码	页码	名　称	二维码	页码
城市轨道交通车辆检修制度		5	转向架部件检修流程		82
城市轨道交通车辆检修作业方式		5	车钩的检修		94
城市轨道交通车辆主要检修设备		9	缓冲器的检修		94
客室车门外观检查、清洁及部件润滑		34	车钩缓冲装置附件的检修		94
客室电动塞拉门的结构组成及工作原理		39	车钩缓冲装置的类型及结构		98
客室车门尺寸测量及参数调节		47	受电弓的外观检修		170
转向架的结构组成		64	受电弓的结构组成与检修流程		176
转向架参数测量及量具使用		77	受电弓部件检修及更换		179
转向架日常检查与维护		82	受电弓的动作参数调节		192

目 录

前言

二维码索引

**项目 1　城市轨道交通车辆
　　　　　检修基础** ………………… 1

　任务 1.1　城市轨道交通车辆检修
　　　　　　制度的认知 ………………… 2
　任务 1.2　城市轨道交通车辆检修
　　　　　　设备的认知 ………………… 6

**项目 2　城市轨道交通车辆
　　　　　车体的检修** …………………10

　任务 2.1　车体结构的检查 ……………11
　任务 2.2　车内装饰的检查与维护 ……17
　任务 2.3　贯通道装置的检查与维护 …25

**项目 3　城市轨道交通车辆客
　　　　　室车门的检修** ………………31

　任务 3.1　客室车门的日常检查
　　　　　　与维护 ……………………… 32
　任务 3.2　客室车门的机械参数调整 …45

**项目 4　城市轨道交通车辆
　　　　　转向架的检修** ………………54

　任务 4.1　转向架的检查与维护 ………55
　任务 4.2　转向架参数的测量 …………72
　任务 4.3　转向架零部件的检查与更换 …80

**项目 5　城市轨道交通车辆
　　　　　车钩缓冲装置的检修** ………91

　任务 5.1　车钩缓冲装置的检查 ……… 92
　任务 5.2　车钩的清洁与润滑 ………… 108
　任务 5.3　自动车钩的参数测量
　　　　　　与调整 ……………………… 112

**项目 6　城市轨道交通车辆
　　　　　制动系统的检修** ………… 116

　任务 6.1　空气压缩机的维护 ………… 117
　任务 6.2　基础制动装置闸瓦的更换 … 128
　任务 6.3　制动系统的检查与维护 …… 137

**项目 7　城市轨道交通车辆
　　　　　空调系统的检修** ………… 143

　任务 7.1　空调机组的检查与维护 …… 144
　任务 7.2　空调机组零部件的清洁
　　　　　　与更换 ……………………… 159

**项目 8　城市轨道交通车辆
　　　　　受电弓的检修** …………… 167

　任务 8.1　受电弓的检查 ……………… 168
　任务 8.2　受电弓零部件的更换 ……… 178
　任务 8.3　受电弓控制气路的检修 …… 182
　任务 8.4　受电弓动作参数的调节 …… 188

参考文献 ……………………………… 194

项目 1
城市轨道交通车辆检修基础

任务 1.1　城市轨道交通车辆检修制度的认知

任务描述

根据某地铁线路车辆检修计划，分析该检修制度的类型，并阐述该检修制度的特点。

学习目标

1. 知识目标

1）掌握城市轨道交通车辆的检修模式。
2）掌握城市轨道交通车辆检修制度及检修修程。
3）掌握城市轨道交通车辆检修作业方式。

2. 能力目标

1）能描述检修制度、检修修程的定义，并能阐述城市轨道交通车辆检修的流程。
2）能正确识别检修修程中的检修周期、检修等级和检修范围。
3）能区分互换修、均衡修和现车维修方式，并能阐述各自特点。

3. 素养目标

1）培养学生与小组成员和教师就学习中的问题进行交流和沟通的习惯。
2）培养学生发现问题、解决问题和总结经验的意识。
3）培养学生团队协作的精神。

任务工单

任务工单见表 1-1。

表 1-1　任务工单

工　单	检修制度分析		
任　务	根据某地铁列车检修计划，分析该检修制度的类型，并阐述该检修制度的特点		
班　级		姓　名	
学习小组		工作时间	
【知识认知】			
地铁列车检修计划			
月份	检修修程	月份	检修修程
1月	月检 A	7月	月检 C
2月	月检 B	8月	月检 D
3月	月检 C	9月	月检 A
4月	月检 D	11月	月检 B
5月	月检 A	11月	月检 C
6月	月检 B	12月	月检 D

1. 解释城市轨道交通车辆检修制度。

2. 分析上表中地铁检修制度的类型。

（续）

3.阐述该检修制度的特点。

4.上表中月检中的 A、B、C、D 分别表示什么含义？

5.采用该检修制度有何优点？

6.简述该检修制度实施的条件。

任务准备

学习小组根据任务工单的要求，明确学习任务的内容及要求，小组讨论确定任务完成所需的知识要点、获取途径、解决方法等，并完成表 1-2 的填写。

表 1-2　学习计划表

学习任务	
学习时间	
小组成员	

任务所需知识要点：

知识获取的途径及方法：

任务实施的思路和方法：

日期：

任务实施

引导问题 1：本任务涉及哪些知识学习？

引导问题 2：什么是城市轨道交通车辆检修？

引导问题 3：城市轨道交通车辆运行多长时间或多少里程时应当进行维修？

引导问题4：什么是城市轨道交通车辆的修程，车辆检修根据修程分类有哪些？
_____
_____

引导问题5：城市轨道交通车辆检修方式有哪些？
_____
_____

结果展示：

以小组为单位，选择演示文稿、展板、报告及视频等形式中的一种或多种，汇报小组学习成果。

评价反馈

1. 小组成果展示
简述本小组的收获与体会。
1) _____ ；
2) _____ ；
3) _____ 。

简述你对其他小组的建议。
1) _____ ；
2) _____ ；
3) _____ 。

2. 小组交流
小组之间进行交流，总结任务学习和实施过程中出现的问题、解决的方法、收获的知识和技能。

3. 过程与结果评价
1) 对知识点的理解与应用评估。
2) 任务实施过程中知识获取、任务完成情况等。

4. 评分
根据任务量化评分表（表1-3）的评分标准进行评分。

表1-3 任务量化评分表

考核项目	评分标准	分数	学生自评	小组互评	教师评价	小计
学习计划表	计划制订完善度	10				
引导问题填写情况	能够查阅资料，正确完成引导问题和注意事项的填写	20				
工作态度	态度端正、工作认真、主动	10				
协调能力	与同学之间能合作交流、协调工作	10				
任务完成情况	在规定时间内完成	30				
任务工单填写情况	任务工单填写合理、完整	15				
汇报展示	清楚、有条理地表达	5				
总分		100				
教师签字：		年 月 日			得分	

知识储备

1. 城市轨道交通车辆检修制度

城市轨道交通车辆的检修方式主要有预防修、状态修和事后修3种。

1) 预防修。预防修是一种强制修理方式,是指在尚未发生故障之前对车辆进行修理,消除车辆零部件的缺陷和隐患,预防车辆故障的发生。预防修规程的制订通常依据车辆运行时间、车辆运行里程、车辆制造的基础信息和车辆长期运行的技术状况。目前,我国各个城市轨道交通运营公司基本采用这种检修制度。

2) 状态修。状态修是以可靠性为中心,以故障统计理论为基础,通过对车辆设备技术状况的检测,确定各个部件的最佳修理时机,借助先进的检测与诊断技术设备,在车辆不解体的情况下,检查和测量各主要部件的技术参数,掌握车辆的技术状态,有计划地适时安排适度维修。

3) 事后修。事后修是在某个部件出现故障之后采取的维修方式,也称为临修(临时维修)。事后修的工作内容一般无法预计,一般是在发现故障后报告,并依此进行维修内容的确定和评估。事后修可以是彻底的修理,也可以是临时性的维修。

城市轨道交通车辆检修制度

2. 城市轨道交通车辆检修修程

当车辆运营里程(时间)达到规定范围,符合检修要求时,根据车辆检修技术管理规程,按照车辆部件检修工艺标准,对车辆及部件进行检查、维护和修理。通常车辆的检修修程分为日常检修和定期检修。其中,日检、双周检、月检属于日常检修范畴,定修、架修、大修属于定期检修范畴。

(1) 日检 日检是指每日运营列车入库后在整备线上进行的作业,主要进行车辆的外部检查,以保证次日列车的正常运营。检查项目包括车体、车辆走行部、制动系统、车门传动装置、受电弓、照明装置等。

(2) 双周检 双周检是指对主要部件运用状态进行技术标准的检查和维护,如轮对运用尺寸、蓄电池电解液浓度、牵引电动机电刷长度、制动闸瓦厚度等。

(3) 月检 月检是指对列车进行全面细致的检查,更换接近使用限度的易损、易耗件,并对主要部件的技术状态进行检查、测试和维护。

(4) 定修(年检) 定修是指对主要设备及零部件运用状态进行检查,对不良的设备及零部件进行更换或维修,保证技术标准符合运用要求;对电气部分技术整定值进行检测及调整,对车辆进行静调和试车,达到定修标准。

(5) 架修 架修是将车辆解体,进行设备及零部件的检查、测定、修复及更换等。

架修对转向架、车钩、车门传动装置、牵引电动机、受电弓等重要部件进行测试、检查、修复,恢复车辆设备及零部件的运用性能,完成静调和试车,达到架修标准。

(6) 大修 大修是指对车辆进行全面分解,整体修复,使车辆性能、标准达到新造车的技术水平,并对车辆进行静态调试和试车。

城市轨道交通车辆检修作业方式

任务1.2 城市轨道交通车辆检修设备的认知

任务描述

根据转向架架修修程及工艺流程,分析转向架架修检修设备的种类及作用。

学习目标

1. 知识目标

1)掌握车辆检修基地设备配置的原则。
2)掌握车辆不同检修内容的检修设备配置。
3)掌握车辆主要检修设备的功能。

2. 能力目标

1)能根据检修基地功能进行检修设备的配置。
2)能列出不同检修修程所需的车辆检修设备。

3. 素养目标

1)培养学生与小组成员和教师就学习中的问题进行交流和沟通的习惯。
2)培养学生发现问题、解决问题和总结经验的意识。
3)培养学生团队协作的精神。

任务工单

任务工单见表1-4。

表1-4 任务工单

工　　单	车辆检修设备配置及分析		
任　　务	根据转向架架修修程及工艺流程配置检修设备		
班　　级		姓　　名	
学习小组		工作时间	

【知识认知】

1. 转向架架修工艺流程。

1)转向架检修分解流程。转向架进车间→转向架一次分解(构架与轮对连接处轮对提吊、轴箱下压盖、齿轮箱吊杆、联轴节、牵引装置)→构架与轮对分离→转向架二次分解(电动机、一系弹簧、空气弹簧、管路、横向止挡等)。

2)轮对检修流程。轮对轴箱分解→齿轮箱联轴节退卸→轮对脱漆→轮对镟修→车轴超声波探伤→轮对磁粉探伤→车轴尺寸测量→轮对外观检查→轮对涂装→轮对同温→轴箱组装→轮对跑合试验。

3)构架检修流程。构架脱漆→构架探伤→构架螺纹通止规检测→构架三维划线检测→构架气密性检测→构架涂装。

4)零部件检修。牵引拉杆、齿轮箱吊杆→节点退卸→打砂→运回车间→荧光磁粉探伤→涂装车间喷漆→二次打砂→节点压装。

2. 根据转向架架修工艺流程,分析转向架架修过程中需要用到的车辆检修设备。

3. 描述转向架架修过程中的检修设备功能及作用。

4. 阐述车辆检修设备配置的原则。

任务准备

学习小组根据任务工单的要求，明确学习任务的内容及要求，小组讨论确定任务完成所需的知识要点、获取途径、解决方法等，并完成表 1-5 的填写。

表 1-5　学习计划表

学习任务	
学习时间	
小组成员	

任务所需知识要点：

知识获取的途径及方法：

任务实施的思路和方法：

日期：

任务实施

引导问题 1：本任务涉及哪些知识学习？

引导问题 2：什么是架修修程？

引导问题 3：转向架架修修程需要对哪些部件进行检修？

引导问题 4：进行城市轨道交通列车检修设备配置时，需要考虑哪些因素？

引导问题 5：如何区分专用设备和通用设备？列出 3 种车辆检修通用设备。

结果展示：
以小组为单位，选择演示文稿、展板、报告及视频等形式中的一种或多种，汇报小组学习成果。

评价反馈

1. 小组成果展示

简述本小组的收获与体会。

1）＿＿＿＿＿＿＿＿＿＿＿＿＿＿＿＿＿＿＿＿＿＿＿＿＿＿＿＿＿＿＿＿＿＿＿＿＿＿；

2）＿＿＿＿＿＿＿＿＿＿＿＿＿＿＿＿＿＿＿＿＿＿＿＿＿＿＿＿＿＿＿＿＿＿＿＿＿＿；

3）＿＿＿＿＿＿＿＿＿＿＿＿＿＿＿＿＿＿＿＿＿＿＿＿＿＿＿＿＿＿＿＿＿＿＿＿＿＿。

简述你对其他小组的建议。

1）＿＿＿＿＿＿＿＿＿＿＿＿＿＿＿＿＿＿＿＿＿＿＿＿＿＿＿＿＿＿＿＿＿＿＿＿＿＿；

2）＿＿＿＿＿＿＿＿＿＿＿＿＿＿＿＿＿＿＿＿＿＿＿＿＿＿＿＿＿＿＿＿＿＿＿＿＿＿；

3）＿＿＿＿＿＿＿＿＿＿＿＿＿＿＿＿＿＿＿＿＿＿＿＿＿＿＿＿＿＿＿＿＿＿＿＿＿＿。

2. 小组交流

小组之间进行交流，总结任务学习和实施过程中出现的问题、解决的方法、收获的知识和技能。

3. 过程与结果评价

1）对知识点的理解与应用评估。

2）任务实施过程中知识获取、任务完成情况等。

4. 评分

根据任务量化评分表（表1-6）的评分标准进行评分。

表1-6 任务量化评分表

考核项目	评分标准	分数	学生自评	小组互评	教师评价	小计
学习计划表	计划制订完善度	10				
引导问题填写情况	能够查阅资料，正确完成引导问题和注意事项的填写	20				
工作态度	态度端正、工作认真、主动	10				
协调能力	与同学之间能合作交流、协调工作	10				
任务完成情况	在规定时间内完成	30				
任务工单填写情况	任务工单填写合理、完整	15				
汇报展示	清楚、有条理地表达	5				
总分		100				
教师签字：		年 月 日			得分	

知识储备

车辆检修设备的配置

地铁车辆检修设备的配置随检修修程及维修策略的不同而不同，而车辆架修、大修由于检修项目和检修内容较多且复杂，所需设备也较多。一般车辆系统零部件维修采用自主修、合作修和委外修，因此，车辆设备的配置需要和维修策略紧密结合。专业程度高的设备可以不用配置，可委托相关专业厂家进行维修。有特殊资质要求或市场成熟度较高的维修，可充分利用社会资源，减少资金投入，降低维修成本。

通常，架修、大修库内的设备分为通用设备、专用设备和特殊设备。车辆检修主要专用设备见表1-7。

表 1-7 车辆检修主要专用设备

序号	设 备 名 称	序号	设 备 名 称
1	架车机组	14	不落轮镟床
2	移车台	15	列车自动清洗机
3	工艺转向架	16	公铁两用蓄电池牵引车
4	称重台	17	轮对压装机
5	转向架静载试验台	18	转向架清洗机
6	轴箱轴承压装设备	19	转向架升降台
7	空调试验台	20	金属橡胶弹簧试验台
8	高断试验台	21	减振器试验台
9	单元制动机试验台	22	辅助逆变器试验台
10	阀类综合试验台	23	空压机总成试验台
11	牵引电动机试验台	24	受电弓测试台
12	电气综合试验台	25	空调负载试验台
13	登车平台	26	自动车钩试验台

城市轨道交通车辆主要检修设备

（1）**大型专用设备** 不落轮镟床、地面（移动式）架车机、地下（固定式）架车机、列车自动清洗机。

（2）**小型专用设备** 列车蓄电池充放电设备、空调机组专用检测设备、空调机组抽真空充液设备、蓄电池运输车、蓄电池（柴油）叉车、列车车顶吊装设备（行车、悬臂吊）、场内调机车组（轨道车和内燃机车）、列车运行在线检测装置（测量轴温、车体下悬挂物检测等功能）、电气部件检修设备、专用仪器仪表、试验台等。

（3）**通用设备** 车、钳、刨、铣等金属切削设备、动力设备。

项目 2
城市轨道交通车辆车体的检修

任务 2.1　车体结构的检查

任务描述

车体是城市轨道交通车辆的主体，坐落在转向架上。车体主要用来运载乘客，承受和传递载荷，同时是机械、电气设备及内部装饰的安装基础结构。为保障列车安全及运营服务质量，需对车体外观、车体结构及重要焊缝进行仔细检查，保证车体结构功能正常、连接可靠。本任务主要结合作业指导书完成车体结构的日常检查。

学习目标

1. 知识目标

1）掌握车体的结构。
2）掌握车体日常检查的作业内容及要求。

2. 能力目标

1）具备制订检修作业计划的能力。
2）具备车体结构日常检查及异常辨别及记录的能力。

3. 素养目标

1）培养学生具备标准作业的规范和意识。
2）培养学生实事求是的科学态度。
3）培养学生团队协作的意识。

任务工单

任务工单见表 2-1。

表 2-1　任务工单

工　单	车体结构的检查		
任　务	按照作业指导书的要求完成车体结构的日常检查		
班　级		姓　名	
学习小组		工作时间	

填写说明：
1. 检查结果若无异常情况，在"正常"选项后面框中画钩。
2. 检查结果若有异常情况，在"不正常"选项后面框中画钩，并在"车体结构的检查记录补充说明"栏中做详细记录。

序号	分　类	检查项目	检查结果
1	车体	司机室玻璃	正常□　不正常□
2		车体外观	正常□　不正常□
3		司机室裙板	正常□　不正常□
4		防爬器	正常□　不正常□
5		重要焊缝	正常□　不正常□
6		吸能梁与底架间安装紧固件	正常□　不正常□
7		吸能梁托梁与底架间安装紧固件	正常□　不正常□
8		车钩安装座与底架牵引梁安装铆钉	正常□　不正常□
9	司机室脚蹬	脚蹬外观	正常□　不正常□

车体结构的检查记录补充说明：

任务准备

实施作业前，需根据任务工单的要求制订作业计划，明确作业任务要求，制定标准化作业流程，并完成表 2-2 的填写。

表 2-2 作业计划表

作业项目	车体结构的检查		
作业场地	检修库、运用库	作业设备	地铁列车
作业整体要求			
1. 作业前，在列车两端放置"禁止动车牌"，做好安全防护。 2. 作业人员将劳保用品穿戴齐全，作业时注意安全。			
作业工具、工装及耗材			
序号	名　　称	数量	备　注
1	手电筒	1 把	
2	擦拭纸	若干	
3	清洗剂	1 瓶	
主要作业项			
储备知识点			
作业分工			
作业人员		检验人员	
监督人员		评价人员	
日期：			

任务实施

按作业指导书（表 2-3）进行任务实施。

表 2-3 作业指导书

序号	项　目	作业内容及要求	图　示
1	司机室玻璃	目视检查司机室玻璃无破损、安装牢固	

项目 2 城市轨道交通车辆车体的检修

(续)

序号	项　目	作业内容及要求	图　示
2	车体外观	目视检查： 1）车体外观无破损、无锈蚀、干净 2）车体焊缝无脱焊、无锈蚀 3）车体表面无污垢 4）车体飘带无破损 5）车体密封胶无老化、缺块	
3	司机室裙板	目视检查裙板，应无破损、安装牢固	
4	防爬器	目视检查防爬器，应状态良好、无损坏、无松动、无变形	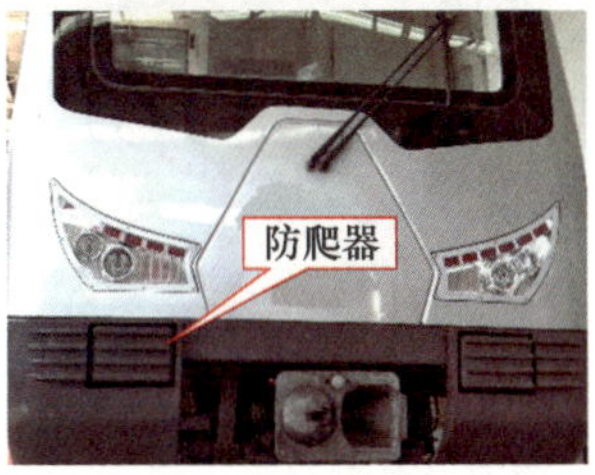
5	重要焊缝	目视检查重要焊缝，应无裂纹、无脱焊	—
6	吸能梁	1）目视检查吸能梁与底架间安装紧固件，应无松动 2）目视检查吸能梁托梁与底架间安装紧固件，应无松动	
7	车钩安装座	目视检查车钩安装座与底架牵引梁安装铆钉，应无松动、变形或破损	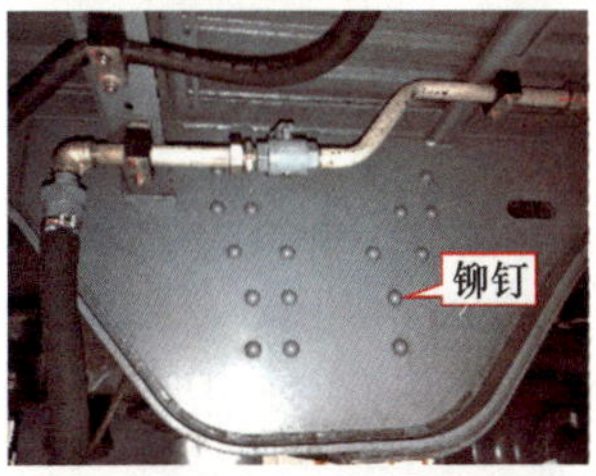
8	司机室脚蹬	目视检查脚蹬外观，应无损坏、固定良好，紧固件无松动	

评价反馈

小组之间进行交流，总结任务学习和实施过程中出现的问题、解决的方法，收获的知识及技能。以小组为单位，选择演示文稿、报告及视频等形式中的一种或多种，汇报小组学习成果。

任务考核评价主要涉及：①对知识点的理解与运用评价；②任务实施过程中的计划制订、知识获取、安全规范、任务实施、任务完成等；③小组任务实施中的知识、技能及素养的提升。

任务量化评分表见表 2-4。

表 2-4 任务量化评分表

考核项目	评分标准	分数	学生自评	小组互评	教师评价	小计
知识掌握	是否掌握任务基础知识	10				
任务计划	是否正确、合理	10				
作业安全	有无安全隐患	10				
现场 5S	是否做到	10				
操作过程	是否正确、合理	20				
任务完成情况	是否标准规范	20				
工具、设备的使用	是否正确、规范	5				
任务工单的填写	工单填写是否完整、正确	5				
团队合作	是否和谐	5				
劳动纪律	是否能严格遵守	5				
总分		100				
得分						
教师签字：		年 月 日				

注：若违反操作规程，出现人身伤害或设备损坏的严重事故，本任务考核得 0 分。教师评价分数占总分的 60%，小组互评分数占总分的 20%，学生自评分数占总分的 20%。

知识储备

一般情况下，高等级修程涵盖了低等级修程的检修内容。

1. 车体结构

车体是容纳乘客和司机的部分，又是安装和连接其他设备及部件的基础。车体按照材料分为碳素钢车体、铝合金车体和不锈钢车体，目前主要使用铝合金车体和不锈钢车体。车体按照尺寸分为 A 型车车体、B 型车车体和 C 型车车体。《地铁车辆通用技术条件》（GB/T 7928—2003）规定了我国地铁车辆车体采用整体承载结构，即车体的底架、侧墙、端墙、车顶连成一个整体，形成开口或闭口的箱形结构，此时车体各部分均参与承载。

地铁车辆的车体由底架、车顶、侧墙和端墙等部件组成，其中头车包括司机室，如图 2-1、图 2-2 所示。

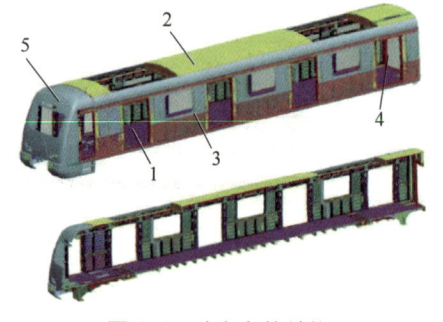

图 2-1 头车车体结构

1—底架 2—车顶 3—侧墙 4—端墙 5—司机室

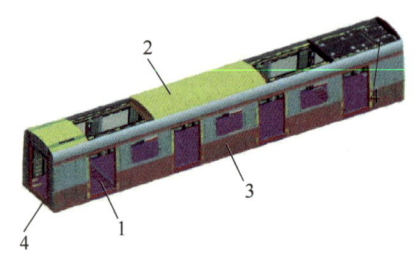

图 2-2 中间车车体结构

1—底架 2—车顶 3—侧墙 4—端墙

（1）底架　车体底架由牵引梁、枕梁、缓冲梁、边梁、横梁、地板等组成。枕梁用于连接走行部，牵引梁设在底架的两端，用来安装车钩缓冲装置。在头车和中间车的底架下方的一、二位枕梁两侧各设有 2 个吊车 / 架车位，每车共 8 个位置，在一、二位端车钩安装座下方设有 2 个顶车位，如图 2-3、图 2-4 所示。这些车位用来满足车辆拆卸、组装、检修、吊运、救援、复轨等作业要求。正常吊车、架车时使用③、④、⑤、⑥架车位，在救援、复轨等特殊情况下可以使用①、②、⑦、⑧架车位，如果需要可以辅助使用⑨、⑩顶车位。

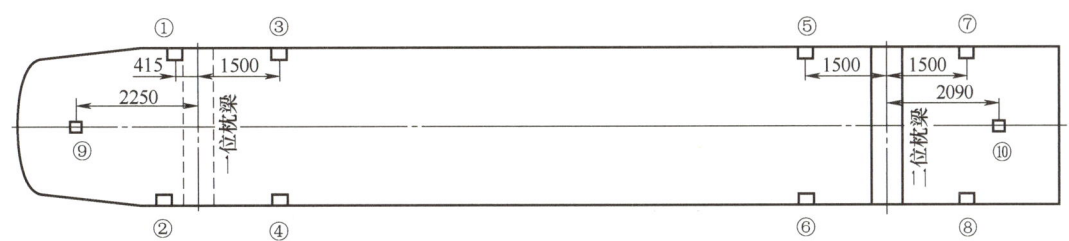

图 2-3　头车吊车 / 架车位和顶车位置

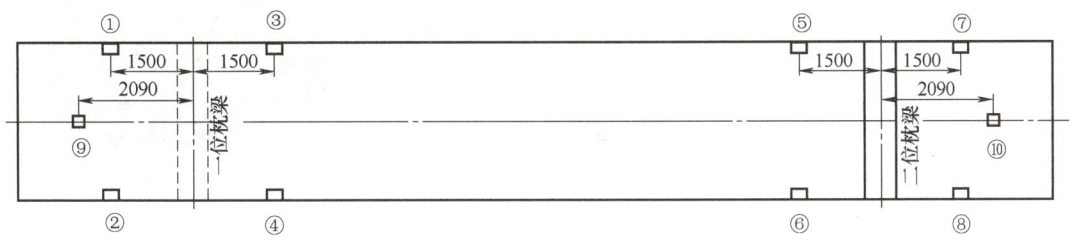

图 2-4　中间车吊车 / 架车位和顶车位置

（2）车顶　不锈钢车体的车顶由波纹顶板、车顶弯梁、车顶边梁、侧顶板等部分组成。车顶采用波纹顶板无纵向梁结构，顶板间搭接缝焊连接，与车顶弯梁点焊在一起，空调位置设有空调平顶，受电弓安装位置设受电弓平顶。

铝合金车体的车外顶板两侧小圆弧部分采用形状复杂的中空截面挤压铝型材，中部大圆弧部分为带有纵向加强杆件的挤压成形的车顶板，其长度与车顶等长。车顶组装时，仅留下几条与车顶等长的纵向长焊缝。

（3）侧墙　不锈钢车体的侧墙主要由侧墙板、门立柱、端立柱、窗立柱、窗口横梁、侧墙上边梁等组成。门立柱上部与上边梁连接在一起，下部与底架边梁连接在一起，窗立柱与窗口横梁焊成窗口骨架，再通过点焊与侧墙板、内层筋板连接在一起。

铝合金车体的侧墙设有车门、车窗，在组装时分别各自与底架、车顶拼焊，各块为整体的挤压铝型材。

（4）端墙　端墙把底架、车顶、侧墙结合成一体，共同承受车体所受的各种载荷。其主要由端门立柱、端角柱、端墙板等组成，端门立柱为两根压型件点焊而成，中空结构，端角柱为压型结构，端墙板采用鼓筋结构。

（5）防撞设计　如图 2-5 所示，在 Tc 车（带司机室的拖车）前端设计中有一撞击能量吸

图 2-5　防爬器吸能元件

收区，包括防撞梁和防爬器，当车辆受到正面撞击时，通过产生较大的塑性变形吸收纵向冲击能量，起到保护司机、乘客和车体结构的作用。

知识拓展

新一代碳纤维地铁车辆

2018年9月18日，在德国举行的柏林国际轨道交通技术展上，中车四方股份公司正式发布了新一代碳纤维地铁车辆"CETROVO"，如图2-6所示。

新一代碳纤维地铁车辆采用先进的碳纤维技术，车体、转向架构架、司机室、设备舱及设备机体等均使用碳纤维复合材料制造，是大规模应用碳纤维复合材料的地铁车辆。特别是成功突破了碳纤维大型复杂件结构设计、制造成型等关键技术，实现了碳纤维复合材料在车体、转向架构架、司机室等车辆主承载结构上的全面应用。

碳纤维使车辆实现大幅"瘦身"，与采用钢、铝合金等传统金属材料相比，新一代碳纤维地铁车辆的车体、司机室、设备舱分别减重30%以上，转向架构架减重40%，整车减重13%。

图2-6　新一代碳纤维地铁车辆

任务 2.2　车内装饰的检查与维护

任务描述

车内装饰结构分为客室内装结构和司机室内装结构，城市轨道交通列车在运行过程中，必须确保车内装饰结构功能完好、安装状态良好，提升列车运营可靠性及乘客舒适度。本任务主要完成车内装饰的检查与维护，确保车内装饰干净整洁、功能正常、安装状态良好。

学习目标

1. 知识目标

1）掌握车内装饰的结构、功能及安装形式。
2）掌握车内装饰检查及维护作业内容和方法。

2. 能力目标

1）具备制订检修作业计划的能力。
2）具备车内装饰日常检查与维护及异常辨别和记录的能力。

3. 素养目标

1）培养学生标准作业的规范意识。
2）培养学生实事求是的科学态度。
3）培养学生团队协作的意识。

任务工单

任务工单见表2-5。

表2-5　任务工单

工　单	车内装饰的检查与维护		
任　务	按照作业指导书的要求完成车内装饰的检查与维护，保证车内装饰干净整洁、功能正常、安装状态良好		
班　级		姓　名	
学习小组		工作时间	

填写说明：
1. 检查结果若无缺陷情况，在"正常"选项后面框中画钩。
2. 检查结果若有缺陷情况，在"不正常"选项后面框中画钩，并在"车内装饰的检查维护记录补充说明"栏中做详细记录。

序号	分　类	检查项目	检查结果
1	司机室内装	灭火器及附属装置	正常□　不正常□
2		遮阳帘	正常□　不正常□
3		继电器柜门及锁	正常□　不正常□
4		司机座椅	正常□　不正常□
5		顶篷、各墙面、各玻璃	正常□　不正常□
6		各扶手杆、罩板	正常□　不正常□
7		司机室卫生	正常□　不正常□
8		地板布	正常□　不正常□
9		司机室座椅	正常□　不正常□

（续）

序号	分类	检查项目	检查结果
10	客室内装	客室卫生	正常□ 不正常□
11		侧墙和顶板	正常□ 不正常□
12		客室灭火器及附属装置	正常□ 不正常□
13		窗玻璃	正常□ 不正常□
14		客室内各盖板、柜门及空调回风盖板	正常□ 不正常□
15		内装、灯带、风道、外部文字、广告画、广告框、残疾人安全带	正常□ 不正常□
16		轮椅固定器	正常□ 不正常□
17		客室扶手杆、立柱、吊环及拉带	正常□ 不正常□
18		各座椅状态	正常□ 不正常□
19		安全锤及附属装置	正常□ 不正常□
20		地板布	正常□ 不正常□

车内装饰的检查与维护记录补充说明：

任务准备

实施作业前，需根据任务工单的要求制订作业计划，明确作业任务要求，制定标准化作业流程，并完成表 2-6 的填写。

表 2-6 作业计划表

作业项目	车内装饰的检查与维护		
作业场地	检修库、运用库	作业设备	地铁列车
作业整体要求			

1. 作业前，在列车两端放置"禁止动车牌"，做好安全防护。
2. 作业人员将劳保用品穿戴齐全，作业时注意安全。
3. 作业结束后，清洁现场并复位工具。

作业工具、工装及耗材			
序号	名称	数量	备注
1	三角/四角钥匙	按需	
2	一字、十字螺丝刀	2 把	
3	手电筒	1 把	
4	专用胶枪	1 把	
5	擦拭布	若干	
6	ND310 清洁剂	若干 L	
7	乐泰 495 瞬干胶	若干支	
8	乐泰 243	1 支	
9	清洁剂	1 瓶	
10	擦拭布	若干	

(续)

主要作业项

储备知识点

作业分工			
作业人员		检验人员	
监督人员		评价人员	
日期：			

任务实施

按作业指导书（表2-7）进行任务实施。

表2-7 作业指导书

序号	项目	作业内容及要求	图示
1	司机室内装	清洁司机室台面、司机室各墙面、车门内侧面，要求无污垢，司机室地板面干净、无遗留垃圾	 
2		1）目视检查 2）检查灭火器，应在原位，指针处于绿色有效范围 3）灭火器装置及附属配件，应良好、安装牢固、无破损、标识齐全	 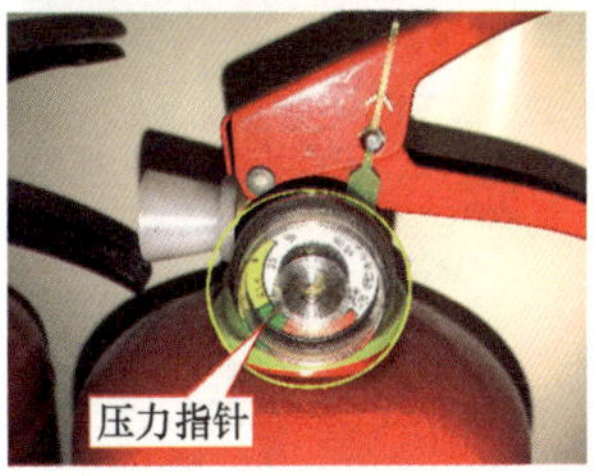 压力指针

（续）

序号	项　目	作业内容及要求	图　示
3	司机室内装	1）拉动遮阳帘，应功能正常 2）遮阳帘无损坏，安装紧固件无松动	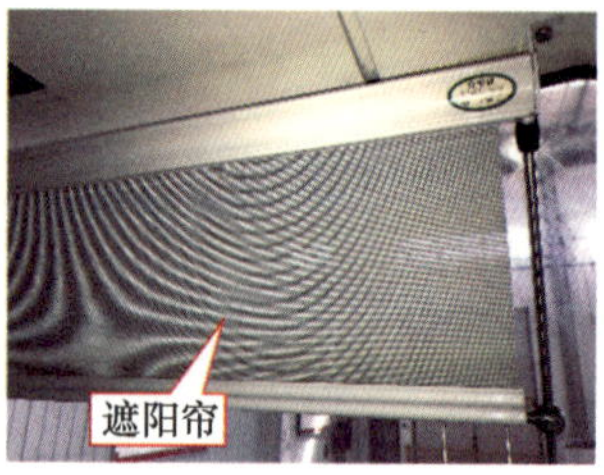 遮阳帘
4		1）目视检查地板布，应无破损、无鼓包、无脏污。如有鼓包、破损，用乐泰495瞬干胶黏接 2）开胶处用专用胶枪修补	—
5		1）目视检查座椅外观，应良好、安装牢固 2）各调节功能，应正常，座椅护套齐全，无破损	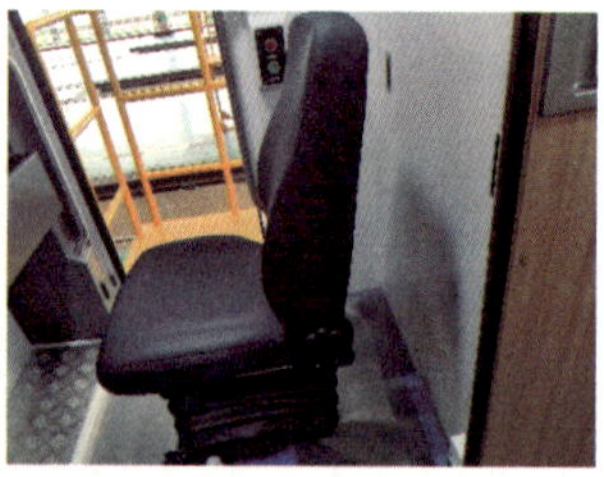
6		目视检查顶板、各墙面、各玻璃，应完好，无脱漆、无破损	 
7		目视检查扶手杆，应安装紧固良好、无弯曲	—
8		目视检查罩板、柜门，应安装良好、无破损、锁闭良好	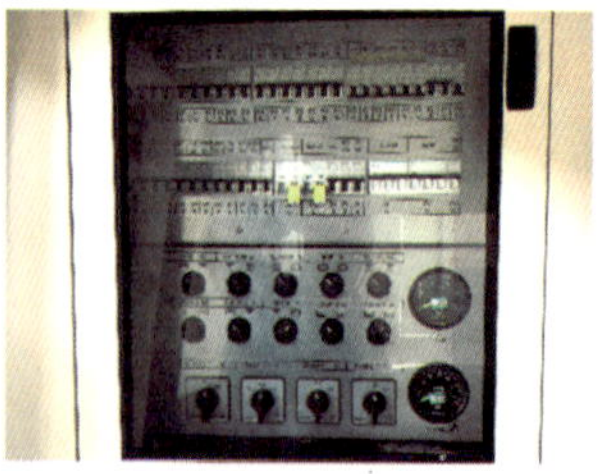
9		检查继电器柜门锁锁闭功能，应正常，锁片应无变形，锁片止挡功能应良好	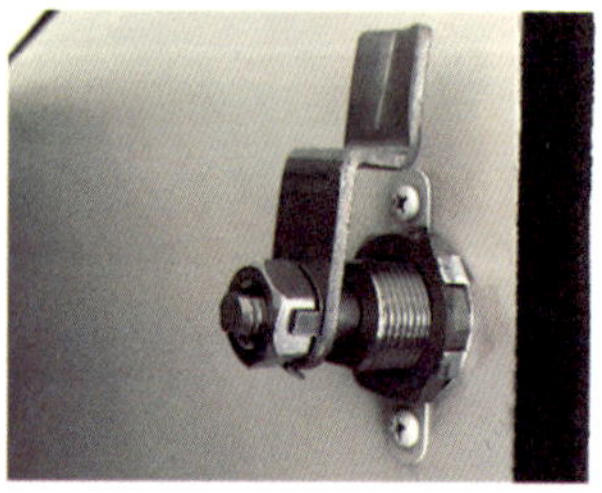

（续）

（续）

序号	项 目	作业内容及要求	图 示
10	客室内装	1）目视检查客室各墙面、车门内侧面，回风格栅、回风口，应无污垢，客室地板面应无遗留垃圾 2）作业完毕后，用湿抹布清洁墙面、侧顶板、门框、电器柜门等处的作业痕迹	  空调出风口 空调回风口
11		1）目视检查客室侧墙和顶板，应无变形、鼓包、凹陷，油漆完好 2）目视检查罩板，应锁闭良好	—
12		1）目视检查 2）检查灭火器，应在原位，指针压力处于绿色有效范围 3）灭火器装置及附属配件，应良好、安装牢固、无破损、标识齐全	
13		目视检查窗玻璃外观，应完好、无破损、无起雾，胶条密封良好	 窗玻璃胶条
14		目视检查各盖板、柜门，应锁闭良好、安装牢固、无松动	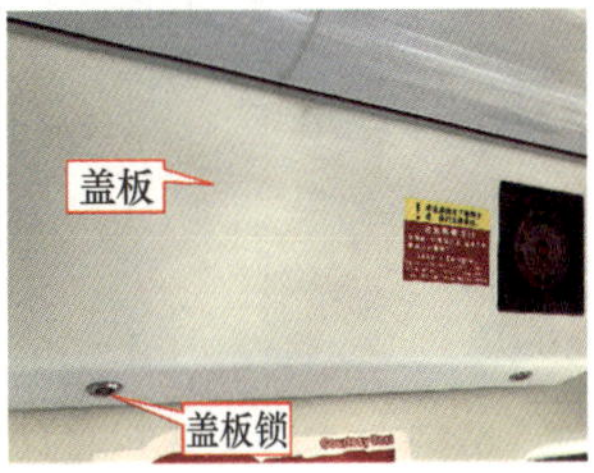 盖板 盖板锁
15		目视检查内装、灯带、格栅、外部文字、广告画、广告框，应外观完好、安装牢固，各标识无缺失、无损坏	 禁止餐饮 请勿乱弃废物 请勿躺卧

（续）

序号	项　目	作业内容及要求	图　示
16	客室内装	检查轮椅固定器，应外观完好、安装牢固，安全带功能正常	
17		检查客室扶手杆、立柱，应无松动，吊环无破损、吊环拉带无滑动、安装牢固。螺栓松动时，打乐泰243后用螺丝刀紧固到位	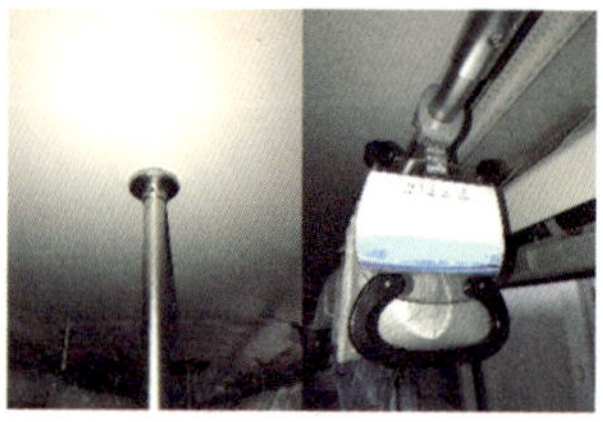
18		1）检查各座椅及风窗玻璃，应外观无破损，安装、连接紧固件无松动，垫片无缺失 2）用专用清洗剂对不锈钢座椅表面进行擦拭清洁	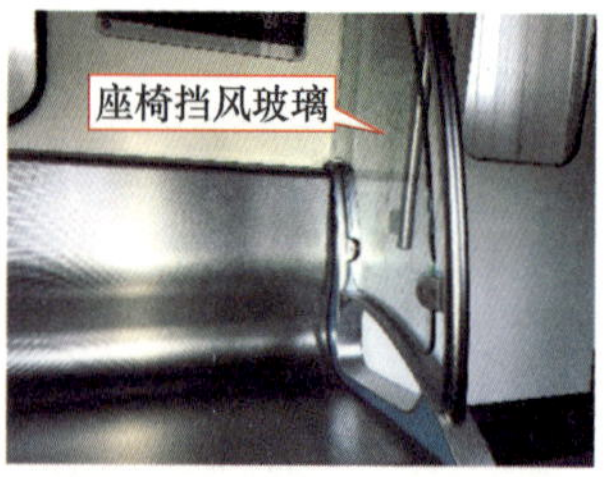 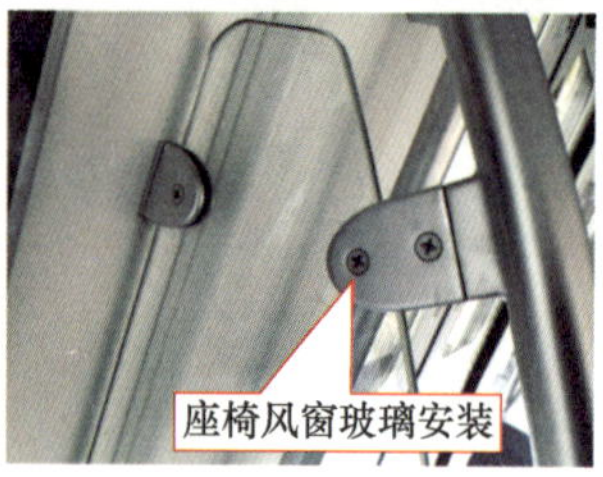
19		目视检查安全锤，应无缺失，安装良好，罩板无损坏	
20		1）目视检查地板布，应无破损、无鼓包、无脏污，如有鼓包、破损，采用挖补方式修复 2）开胶处用专用胶枪修补	—

评价反馈

小组之间进行交流，总结任务学习和实施过程中出现的问题、解决的方法，收获的知识及技能。以小组为单位，选择演示文稿、报告及视频等形式中的一种或多种，汇报小组学习成果。

任务考核评价主要涉及：①对知识点的理解与运用评价；②任务实施过程中的计划制订、知识获取、安全规范、任务实施、任务完成等；③小组任务实施中的知识、技能及素养的提升。

任务量化评分表见表2-8。

表2-8 任务量化评分表

考核项目	评分标准	分数	学生自评	小组互评	教师评价	小计
知识掌握	是否掌握任务基础知识	10				
任务计划	是否正确、合理	10				
作业安全	有无安全隐患	10				
现场5S	是否做到	10				
操作过程	是否正确、合理	20				
任务完成情况	是否标准规范	20				
工具、设备的使用	是否正确、规范	5				
任务工单的填写	工单填写是否完整、正确	5				
团队合作	是否和谐	5				
劳动纪律	是否能严格遵守	5				
总分		100				
得分						

教师签字：　　　　　　　　　　　　　年　月　日

注：若违反操作规程，出现人身伤害或设备损坏的严重事故，本任务考核得0分。教师评价分数占总分的60%，小组互评分数占总分的20%，学生自评分数占总分的20%。

知识储备

1. 客室内装及车内设施

各节车厢靠车辆的I端两侧安装有电气柜（左侧）和设备柜（右侧），客室内的两侧设有8张纵向长座椅，中间设有立柱、横杆扶手和吊环拉手以保证站立乘客的安全。车厢顶部的两侧安装有荧光照明灯具带，以满足乘客的照明需求。每节车车顶两端安装空调机，由空调电控单元进行自动控制，通过车厢顶部两侧的纵向通风带向客室输送冷（热）气和进行通风，以使客室内保持足够的新鲜空气和适宜的温度和湿度。客室内安放有灭火器，以备火警时使用。两侧车窗分为组合窗和盲窗两种类型，都为固定窗。组合窗由明窗和两侧的盲窗组合而成，如图2-7所示。车内结构包括中顶板、侧墙板、端墙板、后端墙、地板和地板布；车内设备主要包括司机室与客室座椅、挡风板及扶手，如图2-8所示。

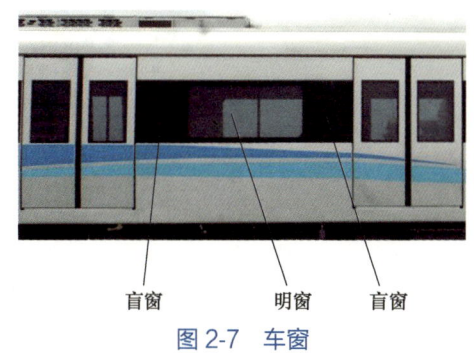

图2-7 车窗

2. 司机室内装及车内设施

司机室内装由墙板、顶板、地板以及电气柜间壁组成。司机室安装有无线通信系统和列车有线广播通信系统，以满足两司机室之间、司机与行调之间的通信和向乘客进行广播的需要。司机室内设备主要包括灭火器、司机室座椅及司机室遮阳帘等。司机台如图2-9所示。

司机室前窗玻璃的设计能保证司机清楚、方便地瞭望到前方信号、线路状态、接触网、隧道和站台等，并具有电热除霜功能。

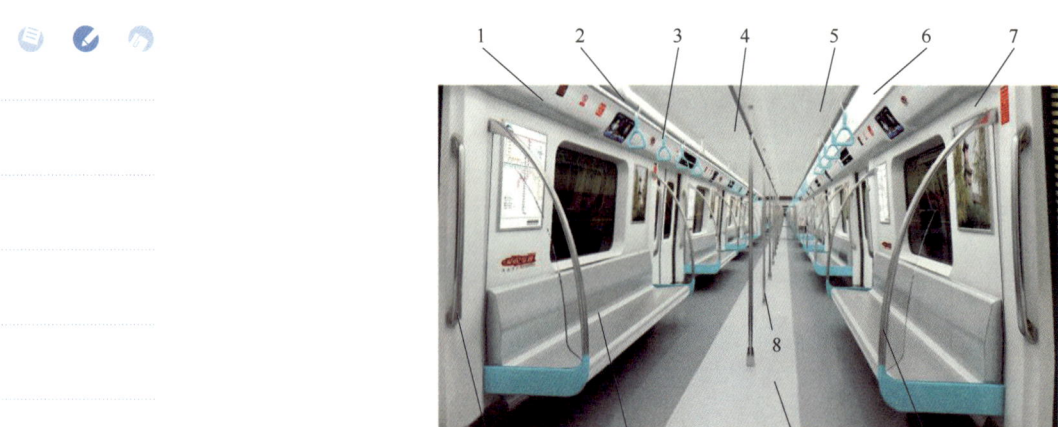

图 2-8 客室内装

1—侧顶板 2—两侧扶手杆 3—吊环 4—中顶板 5—通风格栅 6—灯罩 7—侧墙板
8—中立柱 9—门区扶手 10—客室座椅 11—地板 12—座椅区扶手

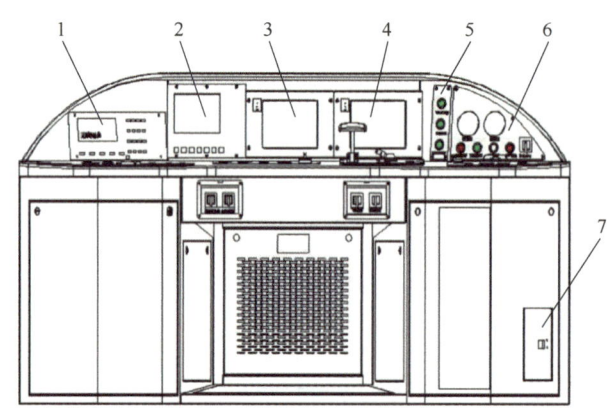

a) 司机台立面示意图

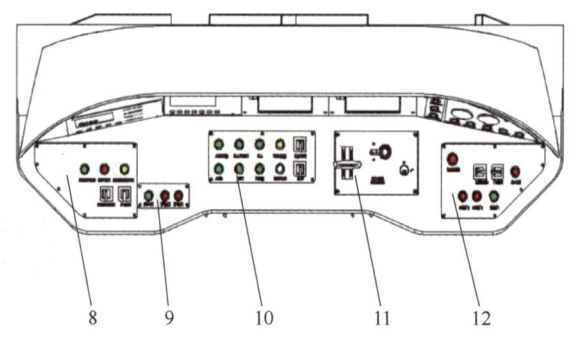

b) 司机台平面示意图

图 2-9 司机台示意图

1—无线电台 2—广播控制盒 3—TCMS 显示屏 4—信号显示屏 5—按钮面板 2 6—按钮面板 1
7—水箱观察口 8—按钮面板 6 9—按钮面板 5 10—按钮面板 4 11—控制手柄区 12—按钮面板 3

任务 2.3　贯通道装置的检查与维护

任务描述

贯通道装置实现两车厢之间的柔性连接，并且起到防水和隔声的作用。城市轨道交通车辆在运行过程中，必须确保贯通道装置安装良好、结构无变形、无漏雨现象。本任务主要完成贯通道装置的检查与维护，确保折棚良好，踏板、顶板、渡板等无变形、安装状态良好。

学习目标

1. 知识目标

1）掌握贯通道的结构及安装方法。
2）掌握贯通道装置检查及维护的作业内容及方法。

2. 能力目标

1）具备制订检修作业计划和检修任务的能力。
2）具备贯通道装置检查与维护的能力。

3. 素养目标

1）培养学生严谨的职业态度。
2）培养学生安全作业、标准作业的意识。
3）培养学生团队协作的意识。

任务工单

任务工单见表 2-9。

表 2-9　任务工单

工　单	贯通道装置的检查与维护		
任　务	按照作业指导书的要求完成贯通道装置的检查与维护		
班　级		姓　名	
学习小组		工作时间	

填写说明：

1. 检查结果若无缺陷情况，在"正常"选项后面框中画钩。
2. 检查结果若有缺陷情况，在"不正常"选项后面框中画钩，并在"贯通道装置的检查与维护记录补充说明"栏中做详细记录。

序号	分　类	检查项目	检查结果
1	折棚	折棚安装良好、折棚框无变形，棚布无脱线、无破损	正常□　不正常□
2	顶板	1）顶板外观良好，无损坏，磨耗条无脱出 2）顶板无明显颤动，中间顶板与边顶板间隙小于 5mm	正常□　不正常□
3	侧护板	1）侧护板无明显颤动 2）侧护板表面无划痕 3）侧护板与边护板间隙小于 5mm	正常□　不正常□
4	踏板及渡板	1）踏板及渡板无翘曲变形，安装到位 2）渡板安装良好	正常□　不正常□

贯通道装置的检查与维护记录补充说明：

任务准备

实施作业前,需根据任务工单的要求制订作业计划,明确作业任务要求,制定标准化作业流程,并完成表2-10的填写。

表2-10 作业计划表

作业项目	贯通道装置的检查与维护		
作业场地	检修库、运用库	作业设备	地铁列车贯通道装置
作业整体要求			
1. 作业前,在列车两端放置"禁止动车牌",做好安全防护。 2. 作业人员将劳保用品穿戴齐全,作业时注意安全。 3. 作业结束后,清洁现场并复位工具。			
作业工具、工装及耗材			
序号	名　称	数量	备　注
1	手电筒	1把	
2	钢直尺	1把	
主要作业项			
储备知识点			
作业分工			
作业人员		检验人员	
监督人员		评价人员	
日期:			

任务实施

按作业指导书(表2-11)进行任务实施。

表2-11 作业指导书

序号	项　目	作业内容及要求	图　示
1	检查折棚	目视检查折棚,应安装良好、折棚框无变形,棚布无脱线、无破损	折棚

（续）

序号	项　目	作业内容及要求	图　示
2	检查顶板	1）顶板外观应良好、无损坏、磨耗条无脱出 2）用手向上推顶板，应无明显颤动	
3	检查侧护板	1）用手推侧护板，侧护板应无明显颤动 2）侧护板表面应无划痕	
4	检查踏板及渡板	1）目视检查踏板及渡板，应无翘曲、变形，安装到位 2）一人双脚站在渡板一侧用力踩踏渡板使另一侧翘起，另一人前后推动渡板槽型锁不得分离	

 评价反馈

小组之间进行交流，总结任务学习和实施过程中出现的问题、解决的方法，收获的知识及技能。以小组为单位，选择演示文稿、报告及视频等形式中的一种或多种，汇报小组学习成果。

任务考核评价主要涉及：①对知识点的理解与运用评价；②任务实施过程中的计划制订、知识获取、安全规范、任务实施、任务完成等；③小组任务实施中的知识、技能及素养的提升。

任务量化评分表见表2-12。

表2-12　任务量化评分表

考核项目	评分标准	分数	学生自评	小组互评	教师评价	小计
知识掌握	是否掌握任务基础知识	10				
任务计划	是否正确、合理	10				
作业安全	有无安全隐患	10				
现场5S	是否做到	10				
操作过程	是否正确、合理	20				
任务完成情况	是否标准规范	20				
工具、设备使用	是否正确、规范	5				
作业任务单的填写	工单填写是否完整、正确	5				

（续）

考核项目	评分标准	分数	学生自评	小组互评	教师评价	小计
团队合作	是否和谐	5				
劳动纪律	是否能严格遵守	5				
总分		100				
得分						

教师签字：　　　　　　　　　　　　　　　　年　月　日

注：若违反操作规程，出现人身伤害或设备损坏的严重事故，本任务考核得 0 分。教师评价分数占总分的 60%，小组互评分数占总分的 20%，学生自评分数占总分的 20%。

知识储备

1. 贯通道装置的作用和参数

贯通道是地铁车辆两车厢之间的安全通道，供乘客安全通过或停留。其结构简单，运行可靠，具有安全、舒适、低噪声、防漏、防尘、耐候性强、使用寿命长等优点，适应车辆在地下、地面和高架线路上运行，满足运行环境中存在有风、沙、雪、冰雹等恶劣气候条件的要求。贯通道主要参数及规格见表 2-13。

表 2-13　贯通道主要参数及规格

项　目	参　数
适用于最高运行速度	90km/h
通过最小曲线半径	R150m
连接长度	520mm，可满足车钩最大压缩量 146mm 和最大伸长量 146mm 的要求
净通过宽度	1300mm
净通过高度	1900mm
外宽	2000mm
外高	2336mm
气密性	压力从 3600Pa 降至 1350Pa 的泄漏时间为 50s 以上
正常使用寿命	主要金属件使用寿命为 30 年，折棚布使用寿命为 15 年
贯通道质量	275kg

2. 贯通道装置的结构

贯通道主要由折棚组成、连接框组成、踏板组成、渡板装置组成、侧护板组成、顶板组成组装而成，如图 2-10 所示。

（1）折棚组成　折棚由多折环状棚布缝制而成，每折环的下部设有 2 个排水孔。折棚面料选用高强度阻燃环保面料，具有良好的隔声、隔热性能。折棚体各折缝合边用铝合金型材镶嵌，折棚体的一端连接在车体端部，另一端与连接座连接固定。

（2）连接框组成　连接框由框架、导向座和连接板组成。其一端固定在车端，另一端与折棚组成通过锁闭机构连接，锁闭机构操作简单，可快速解锁、分离或连挂接合、锁定。各结合面周边设有密封胶条，风挡连接后胶条密封，使风挡气密性好、不漏雨、不渗水。

（3）渡板装置组成　渡板装置由 2 个踏板、渡板及渡板支承架组成。渡板支承架为连杆机构，连杆机构分别固定在两车端，渡板置于其上，连杆机构上设有渡板对中装置，在车辆运行时渡板不会偏移，渡板为不锈钢板，踏板为花纹不锈钢板，各相对滑动面间设有磨耗板。渡板承载9人/m^2。踏板组成如图2-11所示,渡板组成如图2-12所示。

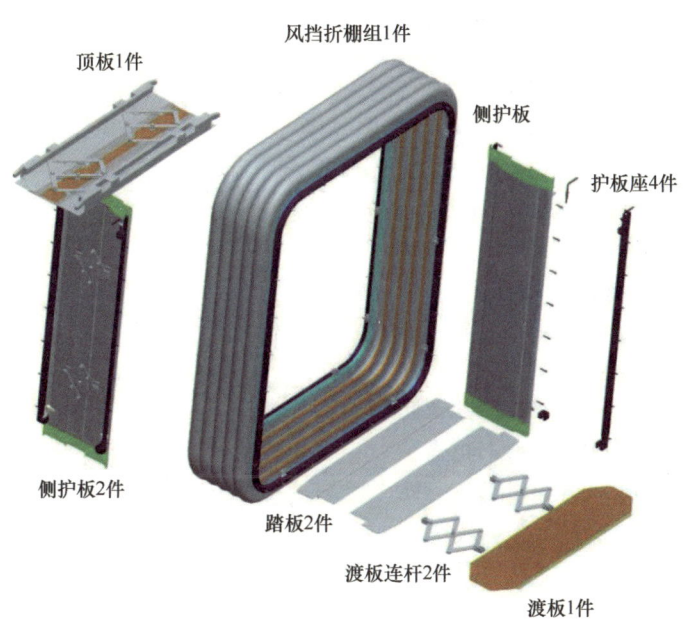

图2-10 贯通道零部件分解图

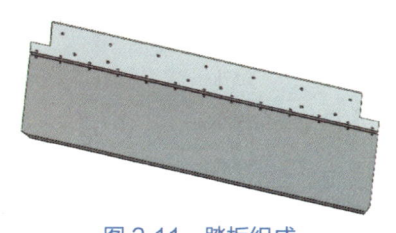

图2-11 踏板组成

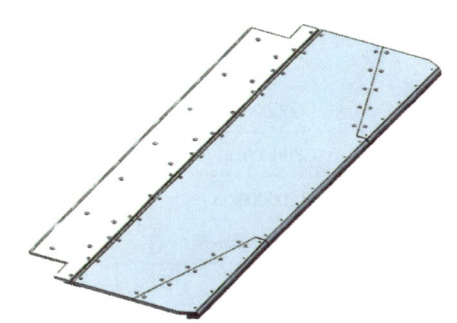

图2-12 渡板组成

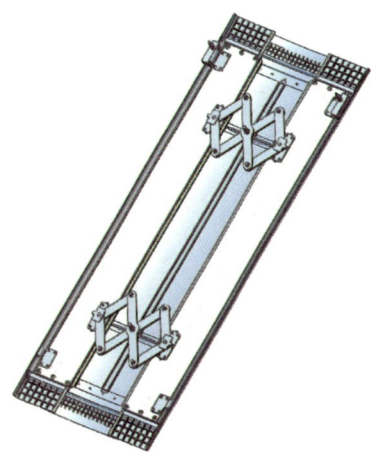

图2-13 侧护板组成

（4）侧护板组成　采用三片式护板,可实现拉伸和压缩,护板内表面设有连杆支承机构,使其有足够的刚度供乘客倚靠。护板的两端与车体端部连接,可用专用钥匙快速打开、拆卸护板。侧护板组成如图2-13所示,护板安装座如图2-14和图2-15所示。

（5）顶板组成　采用三片式护板,可实现拉伸和压缩,顶板连接构件为铰接连杆件,可适合车辆运行中车端的各种变化。顶板组成如图2-16所示。

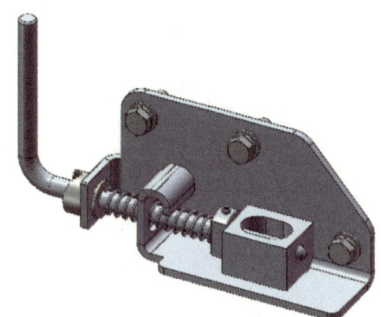

图2-14 护板上安装座

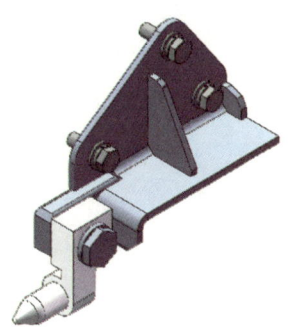

图2-15 护板下安装座

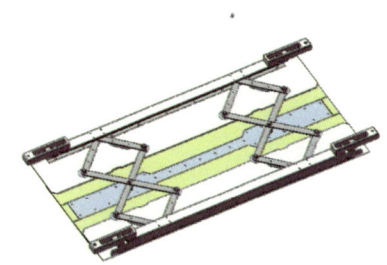

图2-16 顶板组成

3. 贯通道的维护

贯通道的维护内容见表2-14。

表 2-14　贯通道的维护内容

大约走行里程	大约间隔时间	维护内容	维护人员数量
357km	1 天	清洁（侧护板及顶板可视面）	1
2500km	1 周	整体外观检查（折棚棚布、护板、顶板、渡板）	1
5000km	2 周	结构性外观检查（护板、顶板、渡板）	1
30000km	3 月	风挡安装紧固件检查（踏板、护板、顶板），折棚底部排水	2
120000km	1 年	检查折棚、蒙面布、运动件、内部螺钉	2
240000km	2 年	更换蒙面布，检查裙边及磨耗条，顶板轴承加锂基润滑脂	2
600000km	5 年	更换裙边、磨耗条，检查折棚密封性	2
800000km	8 年	更换弹簧、端框密封胶条	2
1200000km	10 年	更换护板、渡板连杆、顶板	2
1800000km	15 年	更换折棚、渡板、踏板页	2

项目 3
城市轨道交通车辆客室车门的检修

任务 3.1　客室车门的日常检查与维护

任务描述

客室车门是城市轨道交通车辆经常动作的核心部件之一，是确保运营安全与运营效率的重要设备，因此，需要对客室车门的机械、电气功能及零部件进行状态检查与维护，确保车门状态良好。本任务主要结合客室车门检修规程，完成对客室车门的日常检查与维护。

学习目标

1. 知识目标

1）掌握客室车门零部件的名称、结构及作用。
2）掌握客室车门外观检查、清洁及部件润滑的作业内容及方法。

2. 能力目标

1）具备制订检修作业计划的能力。
2）具备按照技术规程的要求完成客室车门状态检查、部件清洁及润滑的能力。

3. 素养目标

1）培养学生严谨的职业态度。
2）培养学生安全作业、标准作业的意识。
3）培养学生团队协作的意识。

任务工单

任务工单见表 3-1。

表 3-1　任务工单

工　单	客室车门的日常检查与维护		
任　务	按照作业指导书的要求完成客室车门的外观检查、清洁及润滑		
班　级		姓　名	
学习小组		工作时间	

填写说明：
1. 检查结果若无缺陷情况，在"正常"选项后面框内画钩。
2. 检查结果若有缺陷情况，在"不正常"选项后面框内画钩，并在"客室车门的日常检查与维护记录补充说明"栏中做详细记录。

序号	检查项目	检查结果
1	门页表面及玻璃	正常□　不正常□
2	护指胶条和周边胶条	正常□　不正常□
3	下滑道	正常□　不正常□
4	下挡销组件	正常□　不正常□
5	上压条和左、右侧压条	正常□　不正常□
6	门区盖板及指示灯	正常□　不正常□
7	蜂鸣器	正常□　不正常□
8	机架	正常□　不正常□
9	S1、S4 行程开关	正常□　不正常□

（续）

序号	检查项目	检查结果
10	坦克链	正常□ 不正常□
11	上滑道	正常□ 不正常□
12	电动机组件	正常□ 不正常□
13	丝杆	正常□ 不正常□
14	螺母副组件	正常□ 不正常□
15	传动架	正常□ 不正常□
16	滑筒	正常□ 不正常□
17	长、短导柱	正常□ 不正常□
18	挂架	正常□ 不正常□
19	携门架	正常□ 不正常□
20	平衡轮组件	正常□ 不正常□
21	隔离开关	正常□ 不正常□
22	下摆臂组件	正常□ 不正常□
23	端部解锁装置及解锁开关 S3	正常□ 不正常□
24	内、外紧急解锁装置	正常□ 不正常□
25	门槛	正常□ 不正常□
26	端子排	正常□ 不正常□
27	部件清洁及润滑	正常□ 不正常□
28	手动开、关门及车门锁闭功能	正常□ 不正常□

客室车门的日常检查与维护记录补充说明：

任务准备

实施作业前，需根据任务工单的要求制订作业计划，明确作业任务要求，制定标准化作业流程，并完成表 3-2 的填写。

表 3-2 作业计划表

作业项目	客室车门的日常检查与维护		
作业场地	检修库、运用库	作业设备	地铁列车客室车门
作业整体要求			

1. 按照要求穿戴好劳保用品。
2. 作业前，确认相应轨道接触网断电并挂好接地线、受电弓降弓、列车处于断电状态，断开蓄电池控制开关。
3. 列车两端放置"禁止动车"牌，两端司机室升弓按钮处挂"禁止升弓"牌，列车上电旋钮处挂"禁止合闸"牌。
4. 作业结束后，清洁现场并复位工具。

作业工具、工装及耗材			
序号	名　称	数量	备　注
1	手电筒	1个	
2	工装凳	1个	

（续）

作业工具、工装及耗材			
序号	名　称	数量	备　注
3	四角钥匙	1把	
4	清洁布	若干	
5	润滑脂	1桶	
6	润滑油	1瓶	
7	清洗剂	1瓶	
8	记号笔	2支	

主要作业项

储备知识点

作 业 分 工			
作业人员		检验人员	
监督人员		评价人员	

日期：

任务实施

按作业指导书（表3-3）进行任务实施。

客室车门外观检查、清洁及部件润滑

表3-3　作业指导书

序号	项　目	作业内容及要求	图　示
1	检查门扇	1）门页表面漆膜无破损，门页玻璃无裂损 2）护指胶条和周边胶条无破损、裂纹、脱落 3）下滑道无变形，下滑道固定螺钉紧固无松动 4）下挡销组件表面无破损、裂纹，下挡销组件紧固螺栓无松动，防松线清晰无错位	玻璃 护指胶条 下滑道 门槛嵌块　下挡销组件

（续）

序号	项　目	作业内容及要求	图　示
2	检查压条	1）上压条、侧压条无破损、脱落、裂纹 2）压条安装状态良好	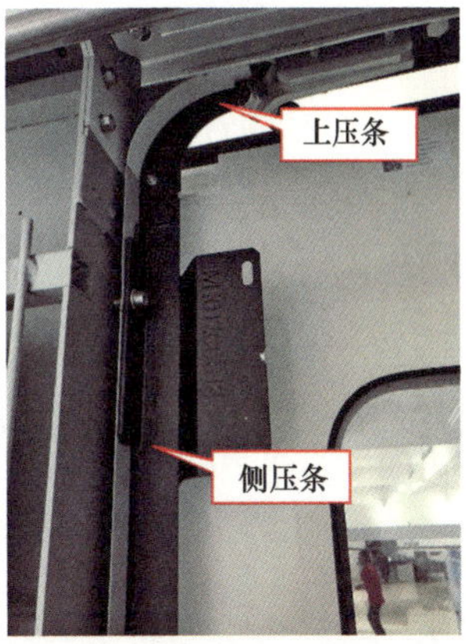
3	检查门区盖板、指示灯、蜂鸣器	1）门区盖板表面无裂纹，漆膜完好 2）门区盖板指示灯安装良好 3）蜂鸣器安装牢固，防松标记无错位，蜂鸣器表面无裂纹，车门运动时蜂鸣器与门驱机构无干涉	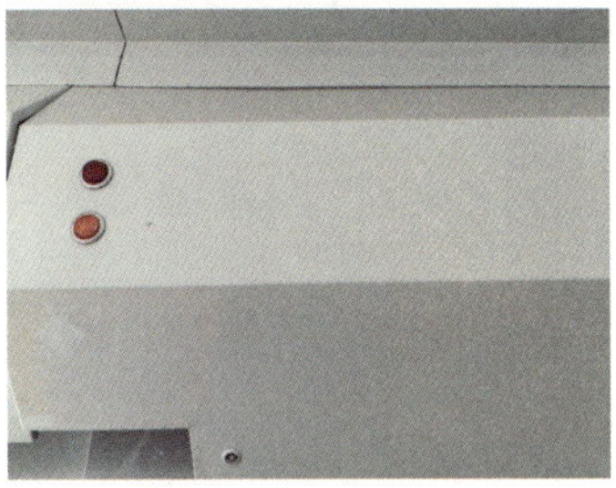
4	检查机架	机架表面无裂纹，机架安装螺栓紧固无松动	—
5	检查行程开关S1、S4	1）行程开关组件安装牢固，表面状态良好，部件无缺陷，固定夹无丢失 2）车门锁闭时，行程开关处于触发状态，用手按压行程开关，有一定下压幅度 3）行程开关接线端子插线牢固，线缆无破损	 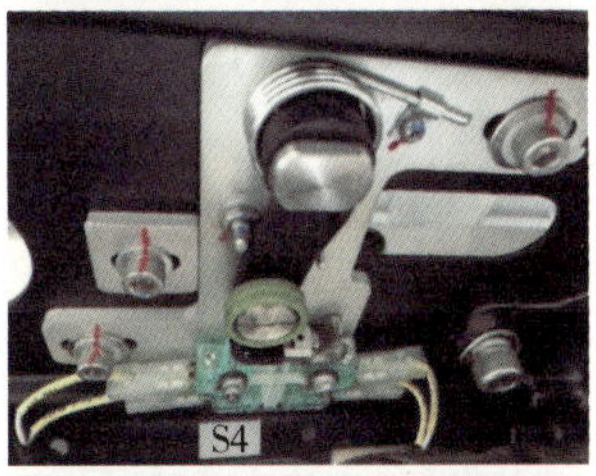
6	检查坦克链	坦克链各环节无损坏、脱出，坦克链安装座固定螺栓紧固、防松线无错位	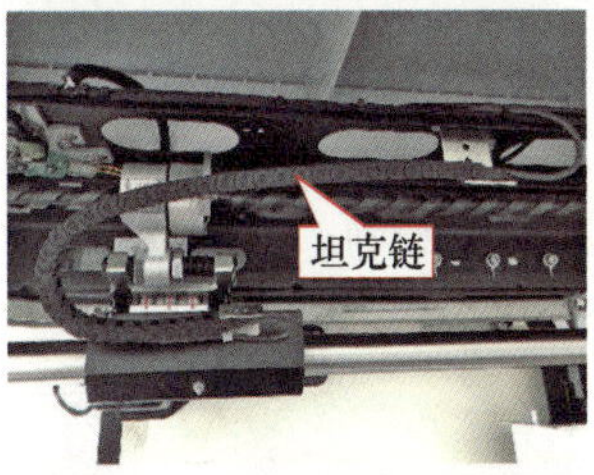
7	检查上滑道	1）上滑道无变形 2）上滑道紧固螺栓紧固无松动，防松线清晰无错位	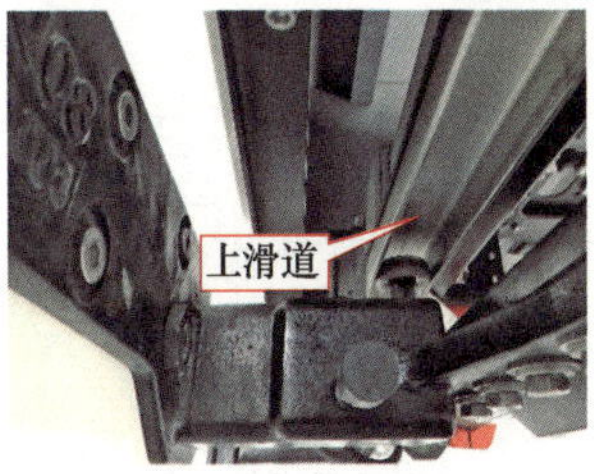

（续）

序号	项目	作业内容及要求	图示
8	检查电动机组件	1）电动机外观无破损，固定螺栓紧固无松动 2）电动机安装座无裂纹、破损，紧固螺栓紧固无松动 3）电动机电缆绑扎无松动，连接插头无破损，线缆在车门运动时与其他部件无干涉	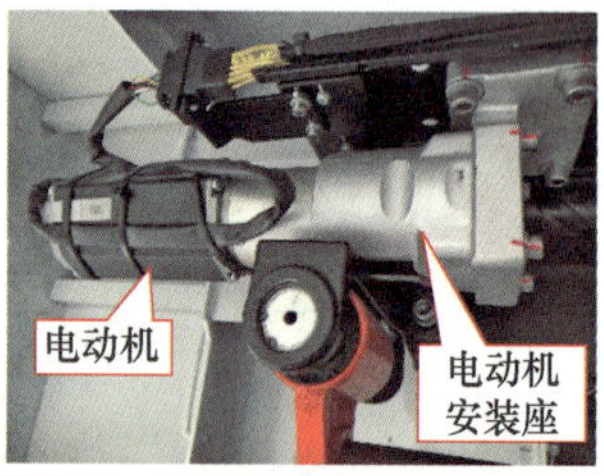 电动机、电动机安装座
9	检查丝杠	1）丝杠表面无异物，推拉门页时转动灵活 2）丝杠安装座紧固螺栓齐全，防松标记清晰无错位，安装座表面无裂纹	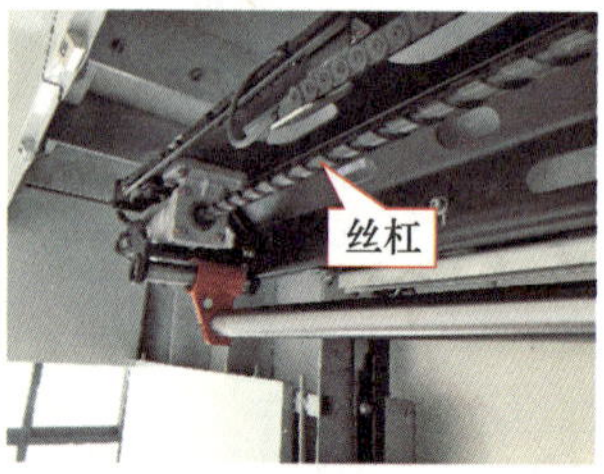 丝杠
10	检查螺母副	1）螺母副紧固螺栓防松线清晰无错位 2）螺母副表面无裂纹，卡簧无缺失	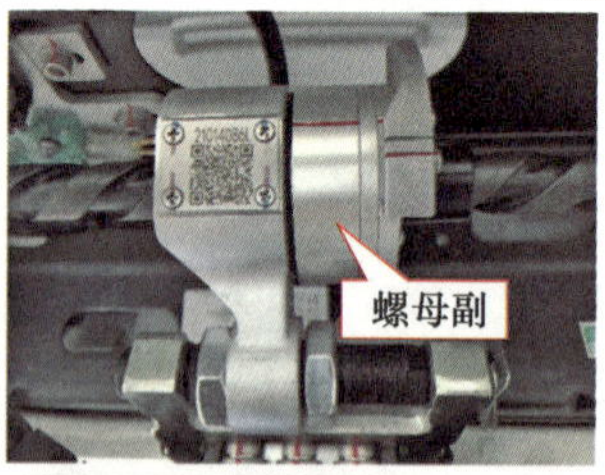 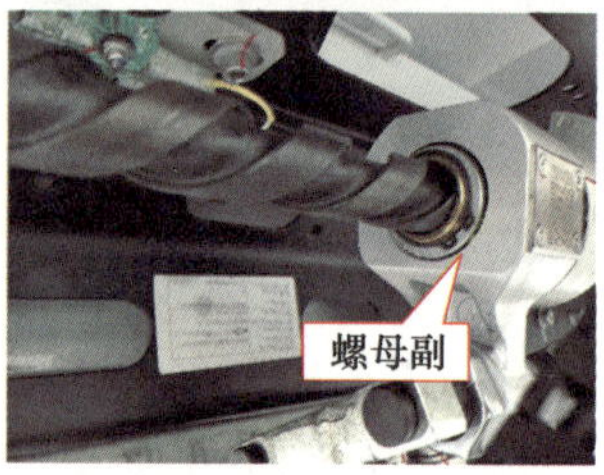 螺母副
11	检查传动架	1）传动架螺纹销挡卡齐全，拨动时能够转动 2）螺纹销外观无裂损，限位螺母防松线清晰无错位	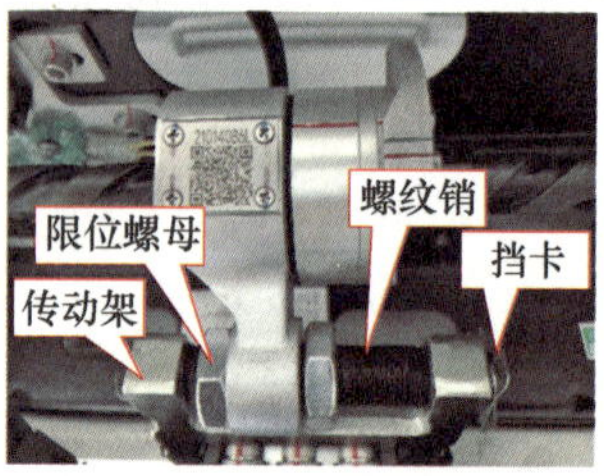 限位螺母、螺纹销、传动架、挡卡
12	检查滑筒	1）滑筒表面无擦伤、脱漆，注油嘴外观良好 2）滑筒两侧的孔用挡圈（卡簧）未脱出、未缺失	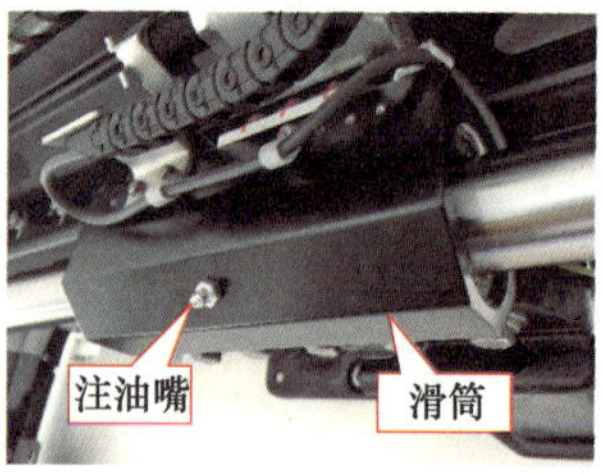 注油嘴、滑筒
13	检查导柱	1）长导柱表面无划痕、锈迹，长导柱两端的白色端盖及卡簧无丢失 2）短导柱表面无划痕、锈迹，安装座紧固螺栓防松线无错位，端部卡簧无缺失	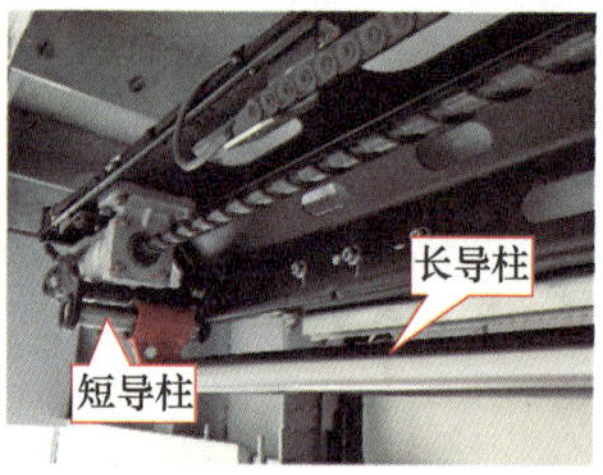 长导柱、短导柱

项目3 城市轨道交通车辆客室车门的检修

（续）

序号	项 目	作业内容及要求	图 示
14	检查挂架	1）挂架表面无脱漆、裂纹 2）挂架底部紧固螺栓紧固无松动 3）挂架套筒沿短导柱运动顺畅无卡滞	
15	检查携门架	1）携门架表面无裂纹、脱漆 2）携门架与滑筒连接处，连接螺栓及偏心螺栓紧固无松动 3）开门止挡外观良好无破损 4）携门架滚轮外观良好，安装紧固，转动灵活	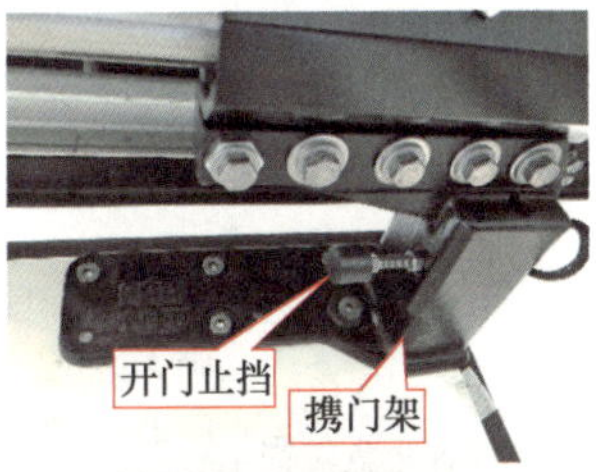 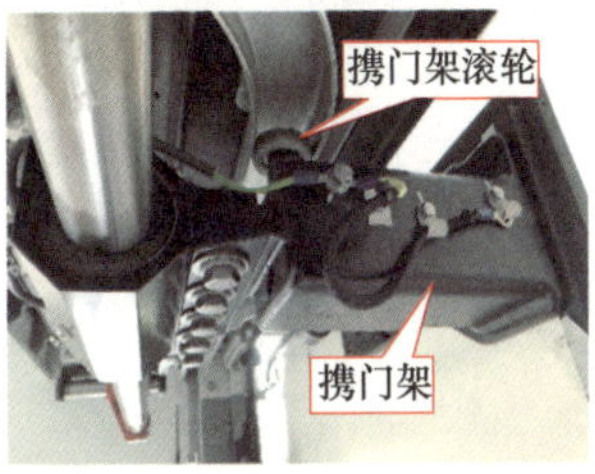
16	检查平衡轮组件	1）平衡轮外观良好，紧固螺栓防松线清晰无错位，卡簧无丢失 2）压轮轮缘与门页无干涉，门页与平衡轮压板无碰伤，无松动 3）压轮的安装座外观良好，紧固螺栓防松线清晰无错位 4）压轮轴的台阶与门扇上压板台阶的间隙为1~3mm，在关门位置拨动压轮，有明显的阻力；解锁之后，在两个门页缝隙达1cm时，转动灵活	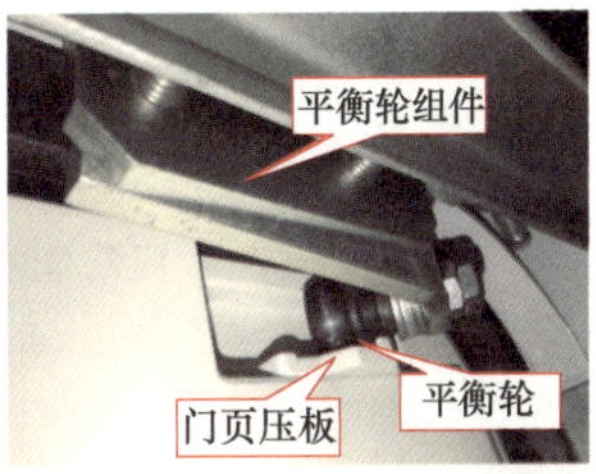 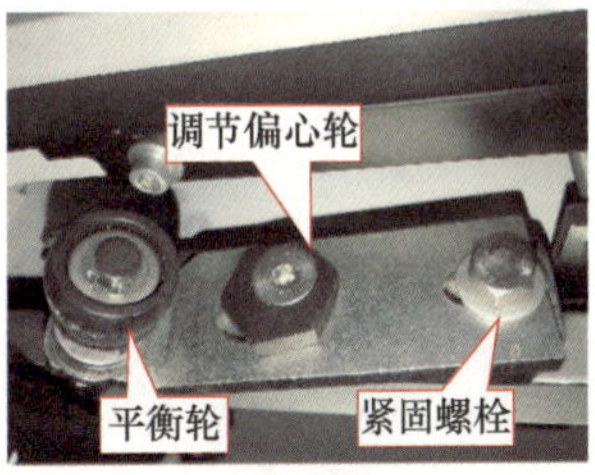
17	检查隔离开关组件	1）隔离开关安装盒外观良好，固定螺栓紧固 2）隔离开关动作灵活，用方孔钥匙转动隔离开关，方孔锁芯转动灵活，锁闭及解锁功能正常	

（续）

序号	项目	作业内容及要求	图示
18	检查下摆臂组件	1）下摆臂表面无裂纹 2）下摆臂防脱销无丢失，转轴挡卡无丢失	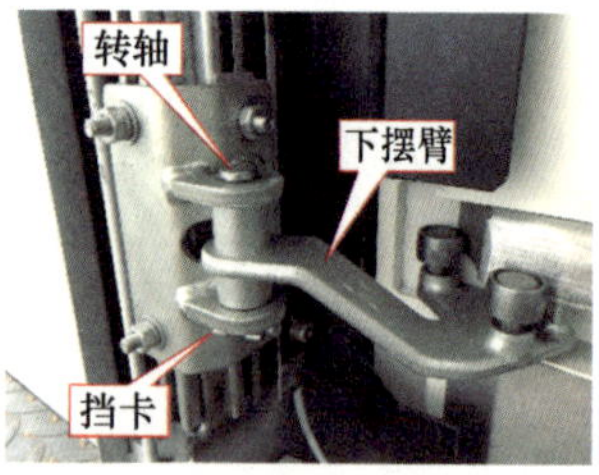
19	检查紧急解锁装置	1）解锁装置安装座紧固螺栓齐全，防松线清晰无错位 2）行程开关S3外观良好，安装螺栓齐全，防松线清晰无错位 3）内紧急解锁装置紧固螺栓齐全，内紧急解锁装置透明罩无缺失、裂纹，紧固螺栓齐全、紧固无脱出	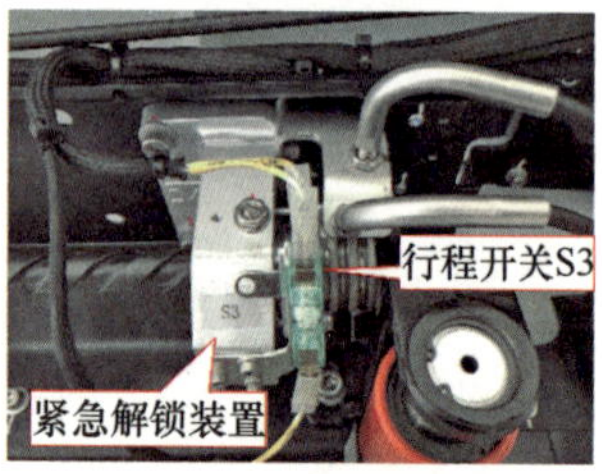 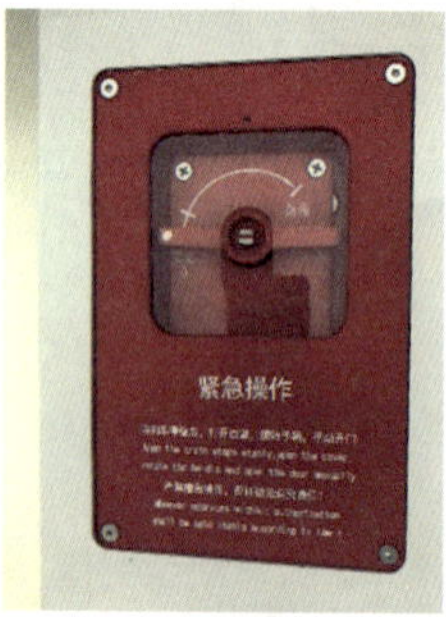
20	检查门槛	门槛部件表面无变形、裂纹，紧固螺栓齐全、无脱出	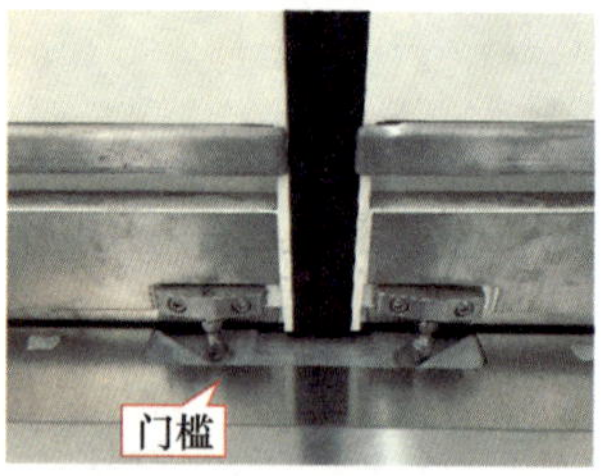
21	检查端子排	端子排接线整齐，无破损、松脱	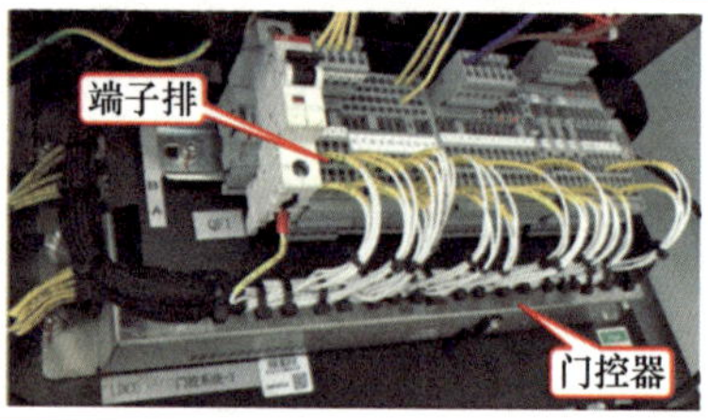
22	部件清洁	1）清洁上滑道圆弧及直线段、尼龙滚轮表面的润滑油及灰尘 2）清洁光杠的非运动区域及滑筒两端的润滑油 3）清洁丝杠螺旋槽、中部支撑轴承内侧、丝杠螺母两侧的润滑油 4）清洁压轮表面润滑油 5）清洁下滑道圆弧及直线段的润滑油和灰尘 6）清洁下摆臂体表面及滚轮表面的灰尘 7）清洁门页密封胶条和护指胶条 8）清洁门驱电动机表面的灰尘 9）清洁内紧急解锁装置透明罩及解锁手柄	—
23	检查手动开、关门及锁闭功能	1）门页运动时无卡滞、干涉、异响、异常晃动 2）车门锁闭功能良好	—

评价反馈

小组之间进行交流,总结任务学习和实施过程中出现的问题、解决的方法、收获的知识及技能。以小组为单位,选择演示文稿、报告及视频等形式中的一种或多种,汇报小组学习成果。

任务考核评价主要涉及:①对知识点的理解与运用评价;②任务实施过程中的计划制订、知识获取、安全规范、任务实施、任务完成等;③小组任务实施中的知识、技能及素养的提升。

任务量化评分表见表 3-4。

表 3-4 任务量化评分表

考核项目	评分标准	分数	学生自评	小组互评	教师评价	小计
知识掌握	是否掌握任务基础知识	10				
任务计划	是否正确、合理	10				
作业安全	有无安全隐患	10				
现场 5S	是否做到	10				
操作过程	是否正确、合理	20				
任务完成情况	是否标准规范	20				
工具、设备的使用	是否正确、规范	5				
任务工单的填写	工单填写是否完整、正确	5				
团队合作	是否和谐	5				
劳动纪律	是否能严格遵守	5				
总分		100				
得分						

教师签字: 年   月   日

注:若违反操作规程,出现人身伤害或设备损坏的严重事故,本任务考核得 0 分。教师评价分数占总分的 60%,小组互评分数占总分的 20%,学生自评分数占总分的 20%。

知识储备

客室电动塞拉门的结构

塞拉门借助于车门上端的传动机构和导柱、导轨,以及位于车门上的下导轨共同实现塞拉运动。车门开启状态时,门页贴靠在侧墙的外侧,车门关闭状态时,门页外表面与车体外墙成一平面,不影响车辆限界。客室电动塞拉门包括车门控制系统、门页及定位装置、承载驱动机构、接口及密封装置、安全装置等,具体部件如图 3-1 所示。

(1)车门控制系统 车门控制系统包括电子门控器(EDCU)、门锁到位行程开关 S1、门隔离行程开关 S2、门解锁行程开关 S3、门锁到位行程开关 S4 等。

1)门控器。门控器是整个客室门系统的"大脑",所有的控制命令均由门控器控制,如图 3-2 所示。门控器包含电源、微处理器、输入/输出接口及门驱电动机驱动装置,可根据"零速列车线""开/关门列车线"等列车控制信号和门驱机构上行程开关发出的信号对车门的开启和关闭进行控制,并能进行故障的诊断及存储。

客室电动塞拉门的结构组成及工作原理

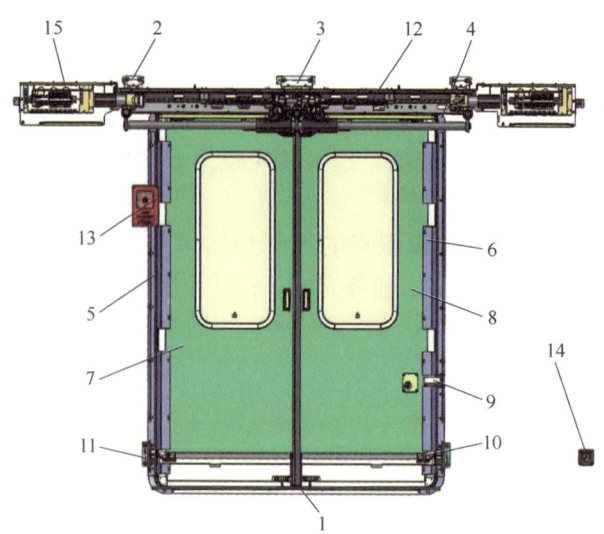

图 3-1 客室车门组成

1—门槛嵌块　2—侧安装架　3—中间安装架　4—上密封压条　5—左侧密封压条　6—右侧密封压条　7—左门扇　8—右门扇　9—隔离开关组件　10—右摆臂组件　11—左摆臂组件　12—承载驱动机构　13—内紧急解锁装置　14—车外解锁装置　15—门控器

2）行程开关。每个车门包含 4 个行程开关，分别为门锁到位行程开关 S1（图 3-3）、门隔离行程开关 S2（图 3-4）、门解锁行程开关 S3（图 3-5）和门锁到位行程开关 S4（图 3-6）。

门锁到位行程开关 S1 用于检测车门是否处于"关闭并锁好"的位置，当其激活后，向电子门控器（EDCU）发送车门已锁信号，同时向列车安全回路传送信号。门隔离行程开关 S2 对关闭的车门使用方孔钥匙操作，将触动隔离开关，向 EDCU 发出信号，门控单元会关闭门所有运动，保留故障诊断及通信功能，并使车门切除红色指示灯常亮。操作门解锁行程开关 S3 启动"门解锁"，车门解锁，同时发出"紧急解锁"信号，通过钢丝绳解锁，并当列车处于静止状态时，车门可手动打开；当列车处于运动状态时，一旦紧急解锁装置被启动，牵引联锁消失，并产生一个信号送给列车诊断系统，列车产生紧急制动。门锁到位行程开关 S4 有一对动合触点和一对动断触点。一对触点用于向列车安全回路传送信号，一对触点向 EDCU 发送"门关好"信号。当 EDCU 收到该信号后，控制电动机降低转速，以达到车门在完全关闭前实现缓

图 3-2　门控器

图 3-3　门锁到位行程开关 S1

图 3-4　门隔离行程开关 S2

图 3-5　门解锁行程开关 S3

图 3-6　门锁到位行程开关 S4

冲。当一对触点故障时，DCU（牵引控制单元）收不到"门关好"信号，EDCU将向列车诊断系统发出"车门故障"信号。

（2）接口及密封装置　接口及密封装置包括安装架，左、右侧压条和门槛等部件，用以保证车门系统的可靠性和密封性。安装架用于驱动承载机构与车体之间的连接，在车门两侧和中间各1件，起到承载固定作用。门槛位于门框底部，压条位于客室车门门框上，压条包括上压条和左、右侧压条（图3-7），在车门关闭情况下，压条与门扇周边的密封胶条配合，实现车门的密封和隔声。门槛上安装有嵌块，嵌块与门扇上的挡销配合，实现车门定位作用，如图3-8所示。

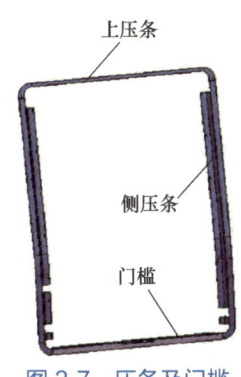

图3-7　压条及门槛

图3-8　门槛嵌块及挡销

（3）承载驱动机构　承载驱动机构包含长导柱、短导柱、携门架、丝杠、电动机组件等，是车门的核心部分，如图3-9所示。

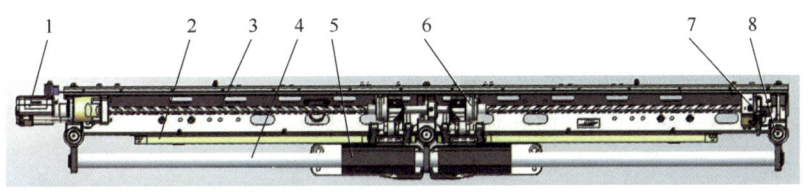

图3-9　承载驱动机构
1—电动机　2—上导轨　3—丝杠　4—长导柱　5—携门架
6—螺母组件　7—端部解锁装置　8—短导柱

1）长导柱。长导柱安装在3个挂架上，3个挂架分别在3根短导柱上移动，3根短导柱通过整个机构的一个机架安装在车体结构上，如图3-10所示。长导柱为门的纵向移动提供自由度，并保证在开/关门过程中门板与车体平行。短导柱承受门板的重量，并为门提供横向移动自由度。

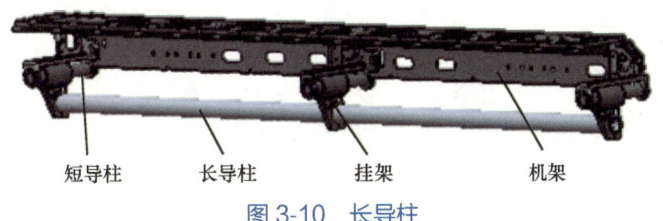

图3-10　长导柱

2）携门架。携门架通过滚珠直线轴承在长导柱上滑动。它将力从机构传送到门扇并且把力从门扇传送到机构。携门架通过螺钉牢牢地安装在门扇上。携门架将门扇的所有重量和动力传送给长导柱。在携门架与门板连接处，有一个偏心调节装置（图3-11中偏心轮1），该装置用来调节门扇的"V"形。在携门架内部，有一个偏心调节装置（图3-11中偏心轮2），该装置用来调节门扇与车体之间的平行度。

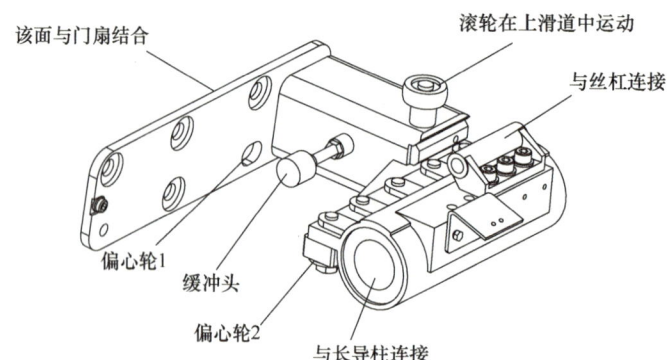

图 3-11 携门架组成

3）驱动部件。运动由电动机驱动丝杠（对于双页门，丝杠一半是右旋的，一半是左旋的）来实现。螺母与门扇相连。门扇通过小车和挂架实现运动自由度，而门的运动轨迹的给定由上、下导轨来实现。

4）丝杠锁闭装置。丝杠的螺旋槽分为 3 段：一段是螺旋升角大于摩擦角的工作段，一段是螺旋升角小于摩擦角的锁闭段，以及介于两者之间的过渡段，如图 3-12 所示。在过渡段，丝杠的螺旋升角由非自锁逐渐过渡到自锁的螺旋升角；当螺纹的螺旋升角小于磨擦角时，螺纹具有自锁功能，LS 型锁闭装置应用该原理。在丝杠的锁闭段，依靠自锁的原理使丝杠锁住螺母锁闭装置，即可靠地锁住了门；当电动机使丝杠正、反双向转动时，LS 锁闭装置和门产生与丝杠轴线平行的同步移动，通过使螺母锁闭装置进入与退出丝杠的锁闭段来实现门机的锁闭与无源自解锁。

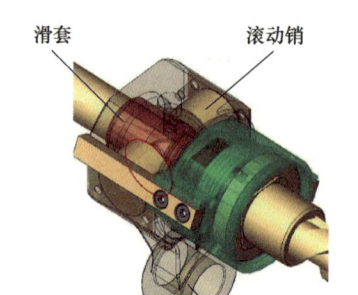

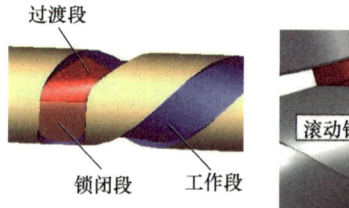

图 3-12 丝杠锁闭原理

（4）门页及定位装置 门板为铝蜂窝复合结构，具有铝框架、铝蒙板和铝蜂窝芯，采用热固化。为加强机械强度，蒙板的周边都包在铝框架上。窗玻璃粘接到门板上并与门板的外表面平齐。门板周边装有胶条，以实现门的周边密封。门板前沿装有一个特殊的中空胶条，以防夹住障碍物。门板的组成如图 3-13 所示。

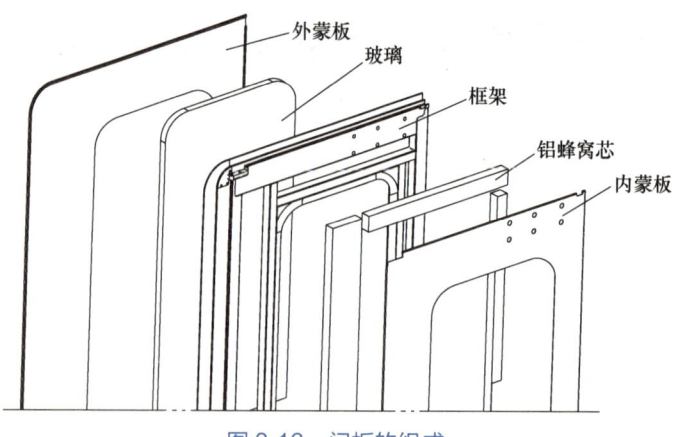

图 3-13 门板的组成

在每扇门板的前沿下部，装有一个附加的挡销，该挡销与门槛上的挡块啮合，以实现关着的门的挠度要求，如图 3-14 所示。

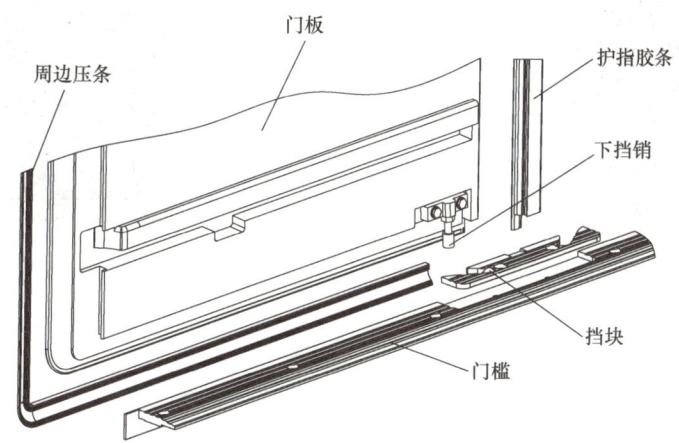

图 3-14　下滑道及门槛

上滑道安装在顶部机构上，通过上滑道（呈一定的形状，实现相关的横向和纵向运动）可实现门扇沿设定的轨迹运动。携门架上有一滚轮在滑道里运动，如图 3-15 所示。

在每扇门扇的底部安装有一个不锈钢滑道，并且该滑道与安装在车体结构上的滚轮摆臂装置啮合，以实现每扇门扇底部的导向运动，如图 3-16 所示。

平衡轮位于左、右两侧门框上部，在车门关闭状态下，与门页后部的凹槽相配合，防止任何可能的侧向移动力使车门偏移，减少门页在上下方向上的振动，提高车门的可靠性，如图 3-17 所示。

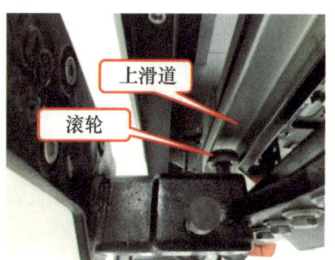

图 3-15　运动导向组成

图 3-16　下摆臂组件及下滑道

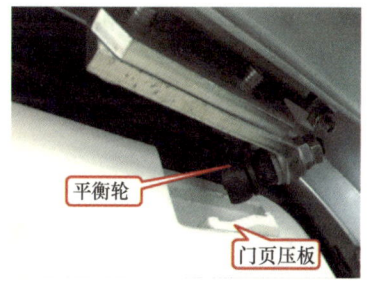

图 3-17　平衡轮组件

（5）安全装置　安全装置包括门隔离装置和紧急解锁装置。

1）门隔离装置。在每套门系统的右门扇（从内往外看）上装有一把隔离锁，以实现门的机械隔离。可以手动将门移至关闭且锁紧的位置（万一失败了，可从内侧或外侧用乘务员钥匙实现隔离），如图 3-18 所示。

2）紧急解锁装置。紧急解锁装置包括内紧急解锁装置和外紧急解锁装置，如图 3-19、图 3-20 所示。操作紧急解锁装置会启动门解锁行程开关 S3，并发出"紧急操作"信号，通过牵拉绳索可将制动器释放。车辆处于静止状态时，可以手动开门；车辆处于运动状态时，电动机将产生作用于关门方向大小为 300N 的力（可持续 5min），以阻止门被打开。使用紧急手柄可将紧急解锁装置复位。在紧急手柄复位后，门的开关回到正常操作状态。

图 3-18　隔离锁

 图 3-19　内紧急解锁装置
 图 3-20　外紧急解锁装置

案例警醒

2019年11月1日，×××地铁×××号线×××上行开关门过程中，4车5门卡滞，导致车门自动防挤压，晚点4min 45s。后将辊式滑车组成拆下，发现辊式滑车组成开闭困难。经检查，发现辊式滑车体与转臂架体连接的转轴上有径向划伤，转臂架体安装孔与转轴不同轴，造成滑车组成发生卡滞。客室车门系统作为城市轨道交通车辆的主要系统之一，会影响车体的强度和外观，而在车辆运行过程中因其开闭频繁，当发生故障时与运营安全有关，也会对地铁运营服务质量产生影响。因此，在客室车门检修过程中，要对客室车门零部件的质量进行严格把控，在检修过程中始终将车辆安全性和可靠性的要求牢记在心，做到严谨细致、精细检修，若发现隐患，及时报告、记录和处理。

任务 3.2　客室车门的机械参数调整

任务描述

客室车门的参数会影响车门形态及动作性能，客室车门安装完成及运营一段时间后，须对车门进行参数调整，确保其开关门动作性能、车门密封性及各参数满足工艺要求。本任务主要完成客室车门的机械参数调整，保证客室车门运动、密封符合安全及运营要求。

学习目标

1. 知识目标

1）掌握客室车门的结构及工作原理。
2）掌握客室车门机械参数调整的作业方法及工艺标准。

2. 能力目标

1）具备制订检修作业计划和检修任务的能力。
2）具备按照技术规程的要求完成客室车门参数测量及调整的能力。

3. 素养目标

1）培养学生严谨的职业态度。
2）培养学生安全作业、标准作业的意识。
3）培养学生团队协作的能力和意识。
4）培养学生发现问题、解决问题和总结经验的习惯。

任务工单

任务工单见表 3-5。

表 3-5　任务工单

工　　单	客室车门的机械参数调整		
任　　务	按照技术规程的要求完成客室车门的机械参数调整，保证客室车门的动作性能及密封性能等		
班　　级		姓　　名	
学习小组		工作时间	

填写说明：
1. 完成客室车门的机械参数调整作业流程，在"完成"选项后面框内画钩。
2. 未完成客室车门安装作业流程，在"未完成"选项后面框内画钩。
3. 按要求完成相关参数记录及填写。

序号	调整项目	调整结果	
1	门扇对中	完成□　未完成□	
2	上部摆出	完成□　未完成□	左门扇：＿＿＿＿＿＿ mm 右门扇：＿＿＿＿＿＿ mm
3	下部摆出	完成□　未完成□	左门扇：＿＿＿＿＿＿ mm 右门扇：＿＿＿＿＿＿ mm
4	下摆臂组件	完成□　未完成□	
5	门扇平行度	完成□　未完成□	

（续）

序号	调整项目	调整结果	
6	车门 V 形	完成□　未完成□	左门扇距压条上部尺寸：_____ mm 左门扇距压条下部尺寸：_____ mm 左门扇 V 形：_____ mm 右门扇距压条上部尺寸：_____ mm 右门扇距压条下部尺寸：_____ mm 右门扇 V 形：_____ mm 两门扇上部间距尺寸：_____ mm 两门扇下部间距尺寸：_____ mm 车门 V 形：_____ mm
7	平衡轮组件	完成□　未完成□	
8	挡销组件	完成□　未完成□	
9	门扇开度	完成□　未完成□	门扇开度：_____ mm
10	护指胶条咬合尺寸	顶部：_____ mm	底部：_____ mm

任务准备

实施作业前，需根据任务工单的要求制订作业计划，明确作业任务要求，制定标准化作业流程，并完成表 3-6 的填写。

表 3-6　作业计划表

作业项目	客室车门的机械参数调整		
作业场地	检修库	作业设备	地铁列车客室车门
作业整体要求			

1. 按照要求穿戴好劳保用品。
2. 作业前，确认相应轨道接触网断电并挂好接地线、受电弓降弓、列车处于断电状态，断开蓄电池控制开关。
3. 列车两端放置"禁止动车"牌，两端司机室升弓按钮处挂"禁止升弓"牌，列车上电旋钮处挂"禁止合闸"牌。
4. 作业结束后，清洁现场并复位工具。

作业工具、工装及耗材			
序号	名　称	数量	备　注
1	螺丝刀	1 个	
2	棘轮扳手	2 把	
3	活扳手	1 把	
4	呆扳手	1 套	
5	扭力扳手	2 把	
6	内六角扳手	1 套	
7	橡胶锤	1 个	
8	钢直尺	1 把	
9	卷尺	1 把	
10	塞尺	1 把	
11	游标卡尺	1 把	
12	四角钥匙	1 把	
13	清洁布	若干	
14	清洗剂	1 瓶	
15	记号笔	2 支	

（续）

主要作业项

储备知识点

作业分工			
作业人员		检验人员	
监督人员		评价人员	
日期：			

任务实施

按作业指导书（表3-7）进行任务实施。

客室车门尺寸测量及参数调节

表3-7 作业指导书

序号	项目	作业内容及要求	图示
1	门扇对中调整	1）将门扇打开至上滑道直道的前端位置，在靠近携门架下部10mm（$D1$）的相同位置，分别测量左、右门扇前端到左、右侧压条的横向距离，要求差值不大于2mm 2）根据测量结果，松开螺母组件上的4个M20的大螺母，旋转调节螺纹套，以在车体两侧密封压条处对中左、右门扇，要求门关上后门扇护指胶条间距为44.3^{+4}_{0}mm 3）调整完成后，使用40N·m的力矩紧固防松螺母，划防松标记	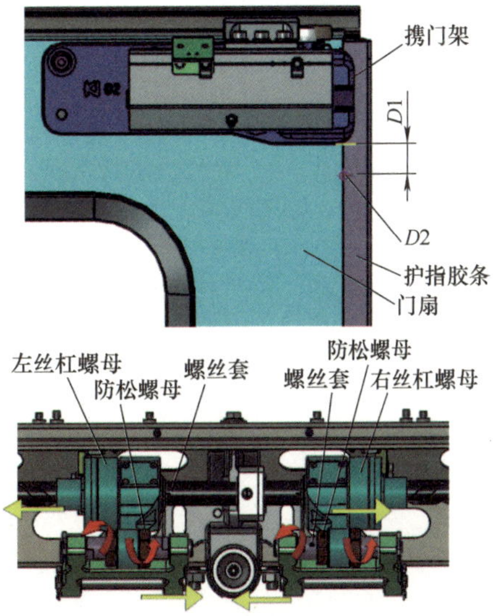 （携门架、D1、D2、护指胶条、门扇、左丝杠螺母、防松螺母、螺丝套、防松螺母、螺丝套、右丝杠螺母）
2	调整上部摆出	1）松开上滑道后沿的紧固螺母M10，将车门处于全开位置，沿上滑道后部$D7$或$D8$箭头方向调整 2）在门扇上部距护指胶条边沿约10mm处，分别测量携门架上方门扇外表面与密封压条密封面的距离，应满足69^{+2}_{-4}mm，同时复核门扇后部至车体外表面间距，应满足摆出距离$D9-17=52^{+2}_{-4}$mm，左、右门扇上部摆出距离$D9$相差≤2mm 3）调整完毕后，在螺钉表面涂抹二硫化钼，使用扭力扳手预紧固上滑道的后沿紧固螺母M10	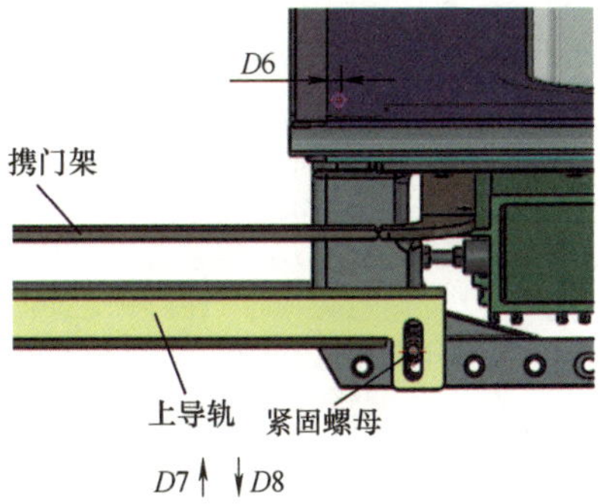 （D6、携门架、上导轨、紧固螺母、$D7$↕$D8$）

(续)

序号	项目	作业内容及要求	图示
2	调整上部摆出	4）松开上滑道前部紧固螺母，将门扇拉至上滑道直道前端，沿上滑道前部 D7 和 D8 箭头方向调整 5）测量携门架上方门扇外表面至上密封压条密封面的距离，使门扇上部尺寸与车门全开状态下 D9 尺寸一致，保证左、右上滑道的直线部分在同一直线上，左、右携门架上的滚轮与上滑道的同一侧（内侧、外侧）接触，确保门系统的运动平滑，同时复核门扇后部至车体外表面距离 6）上滑道前部调整完成后，在螺钉表面涂抹二硫化钼，使用扭力扳手按规定力矩（44N·m）紧固上滑道的前沿紧固螺母	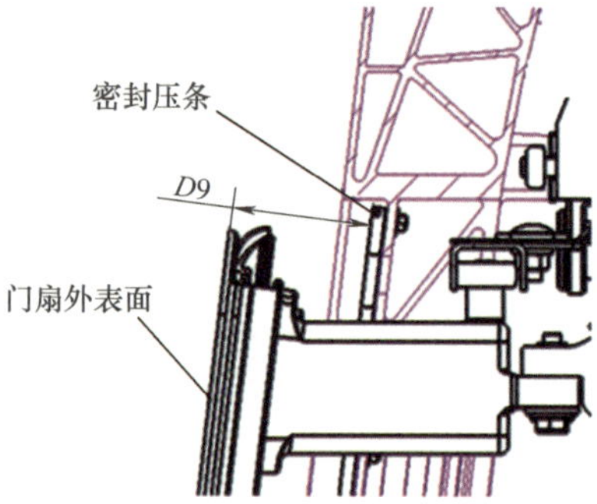
3	调整下部摆出	1）松开下摆臂组件安装螺母 2）将门扇移动到完全打开门位置 3）沿 D13、D14 的箭头方向移动并增减调节垫片，调整滚轮摆臂安装座位置 4）当外侧两滚轮中心连线与侧密封压条平行时，保证门扇外表面至门槛密封面距离为 $D15=69^{+2}_{-4}$mm，同时复核门扇后部至车体外表面间距，应满足摆出距离 $D15-17=52^{+2}_{-4}$mm	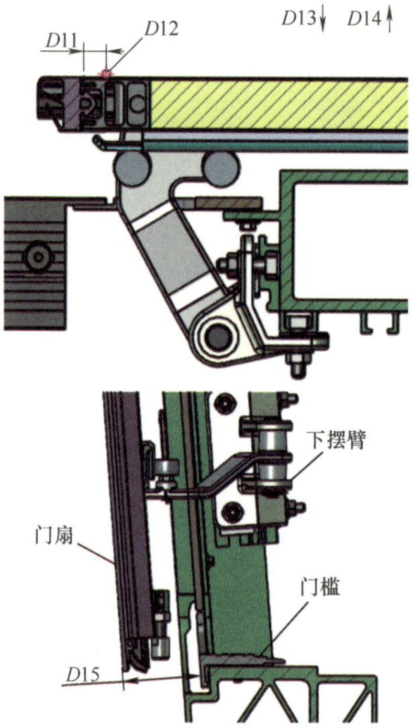
4	调整下摆臂组件	1）将门扇移到半开位置 2）松开摆臂组件的紧固螺母 M8，调节摆臂组件的高度，摆臂滚轮底面 D16 不得低于下滑道底面 D17，即 $D20 \geq 0$，下滑道底面 D17 距摆臂体上部平面 D18 最小距离为 8mm。在门开关过程中，滚轮不得与下滑道的安装螺钉头干涉 3）调整完成后，用 22N·m 的力矩紧固，划防松标记	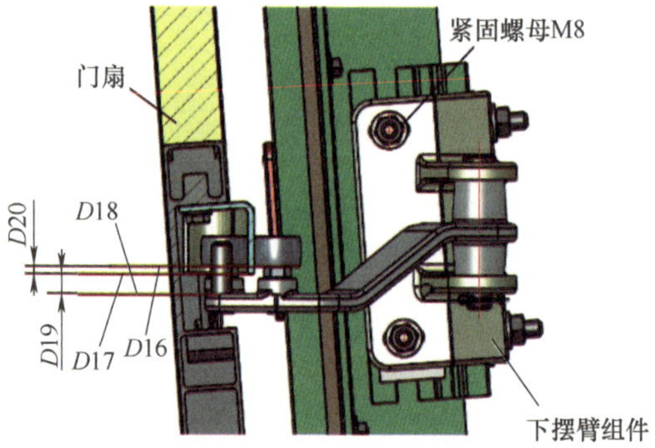

(续)

序号	项 目	作业内容及要求	图 示
5	调整门扇平行度	1）将门板置于直线段前端，使用呆扳手轻微松开携门架上 5 个螺栓 M10×45 2）旋转偏心轮，使门板外侧与密封面平行。通常测量门扇上缘两个测量点 1 与 2 至上压条密封面的距离，差值为 0~1mm，相当于门扇后边缘向车内缩进 0~2mm 3）调整完毕后，旋紧偏心轮上的紧固螺栓 M10，用 44N·m 的力矩紧固，划防松标记 说明：拧紧螺钉时，应保证偏心轮不能转动	
6	调整车门 V 形	1）在门扇处于直道前端，测量点位于携门架下部 10mm、下滑道上部 10mm 处。其中下部测量点 $D25$ 位于下滑道上部 10mm 的护指胶条边缘，两门扇中间 V 形尺寸要求的距离是上部比下部大 2~5mm 2）调整左门扇，先用卷尺测量单扇门板距离车体左侧入口的上、下部尺寸，要求上部比下部小 1~2.5mm 3）松开携门架上的固定螺钉（不要完全松开）；根据单扇门已经测量好的上、下部尺寸，用呆扳手旋转偏心轮，使门扇的上、下部尺寸之差在要求的 1~2.5mm 范围之内；用呆扳手固定住偏心轮，先用 6mm 内六角扳手旋紧 M10 内六角埋头螺钉，再用 7mm 扳手旋紧内六角低圆柱头螺钉，复查尺寸，如有问题继续调整 4）右门扇的调整方法和左门扇相同 5）检查 V 形，把两扇门板置于直道前端，根据 V 形要求测量两门扇上、下部之间的距离差值。若尺寸有问题，继续用上述方法调整	

（续）

序号	项目	作业内容及要求	图示
6	调整车门V形	6）紧固8处M10内六角埋头螺钉，紧固力矩为44N·m；紧固2处M10内六角埋头螺钉，紧固力矩为35N·m，划防松标记，此处使用二硫化钼	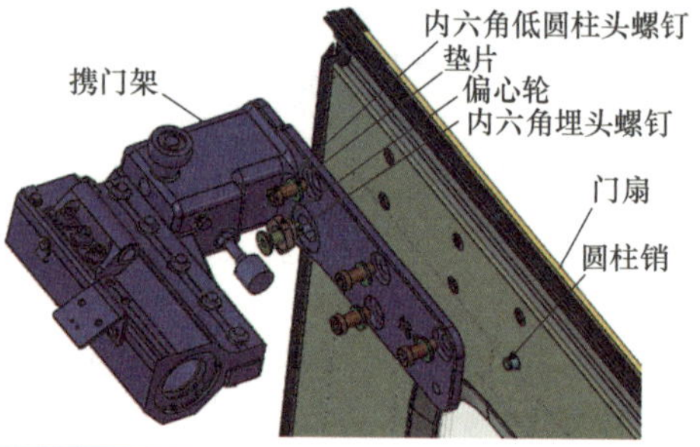
7	调整平衡轮组件	1）松开紧固螺钉M10和埋头螺钉M10，通过偏心轮进行高度调整，保证车门关闭后滚轮与门页压板接触 2）通过增减垫片保证滚轮深度与门板加强点之间有1~2mm的距离 3）拧紧防松螺母M12，使用44N·m的力矩紧固并紧螺母、紧固螺钉，使用35N·m的力矩紧固埋头螺钉，划防松标记	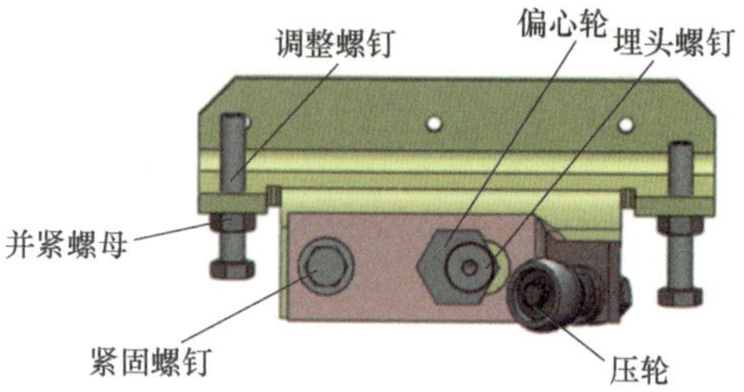 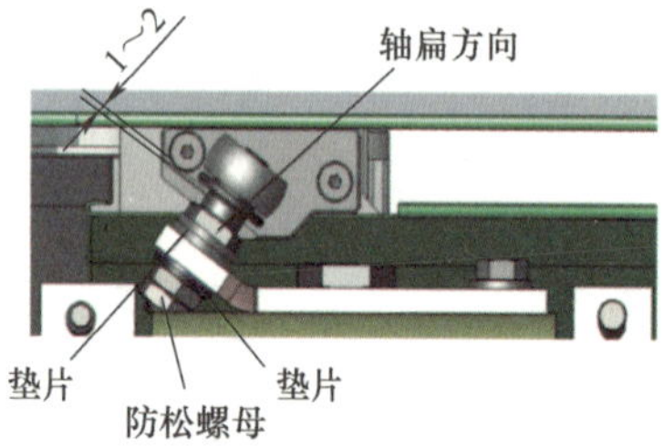
8	调整挡销组件	1）左右移动挡销支架位置，用塞尺检测，使挡销与门槛嵌块在门扇关闭时$G_2=1$~2mm 2）增减垫片上、下调整挡销，使挡销末端和嵌块底部之间的距离$G_1=2$~3mm 3）要求关到位状态，间隙明显可见（电动和手动关门），挡销不得与嵌块相碰，并且在运行过程中仍然保持1~2mm 4）调整结束后，使用扭力扳手用22N·m的力矩旋紧支架上的紧固螺钉M8×25，划防松标记；使用44N·m的力矩旋紧挡销上的螺母，划防松标记	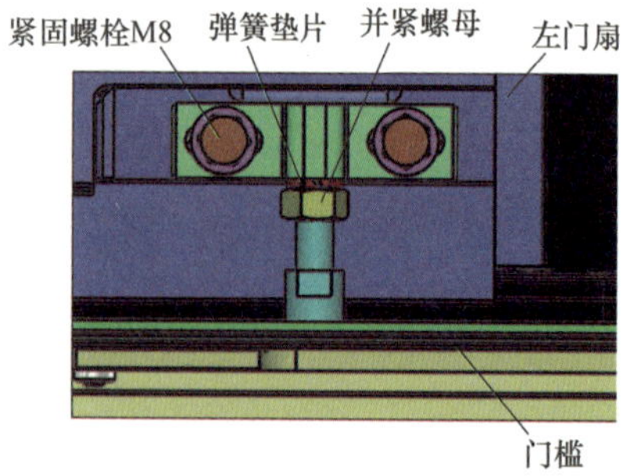 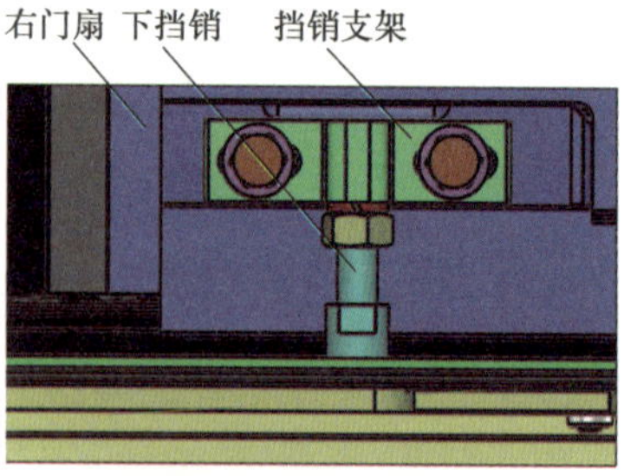 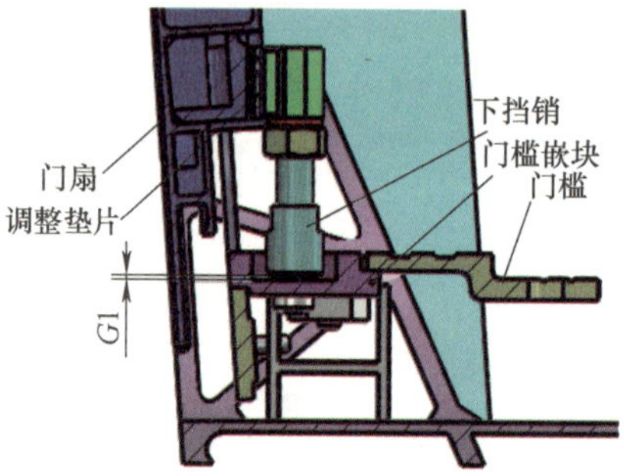

项目 3　城市轨道交通车辆客室车门的检修

（续）

序号	项　目	作业内容及要求	图　示
8	调整挡销组件		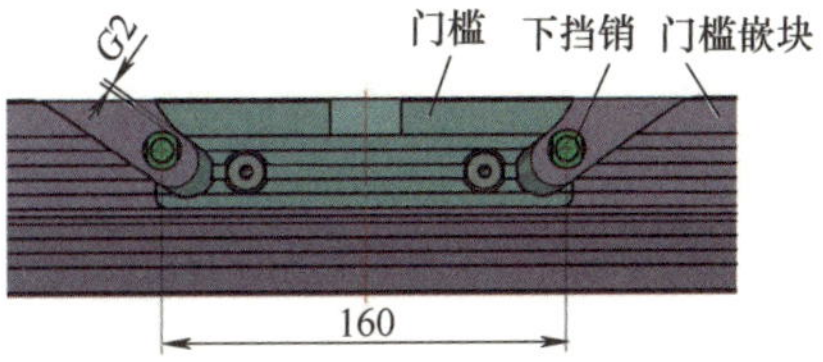
9	调整门扇开度	1）当门往打开方向移动要到位时（约5mm处），用手旋转丝杠缓慢地使门向打开方向移动至最大处，测量门的开度 $H1=1300mm±5mm$ 2）根据测量值，调节携门架上橡胶缓冲头的螺纹旋进长度，满足 $H1$ 尺寸要求 3）使用扭力扳手按规定力矩值（22N·m）紧固防松螺母，要求左、右携门架上的橡胶缓冲头必须同时接触到门框	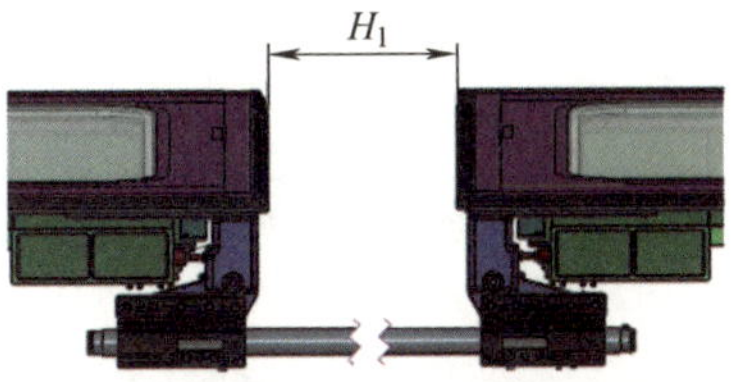 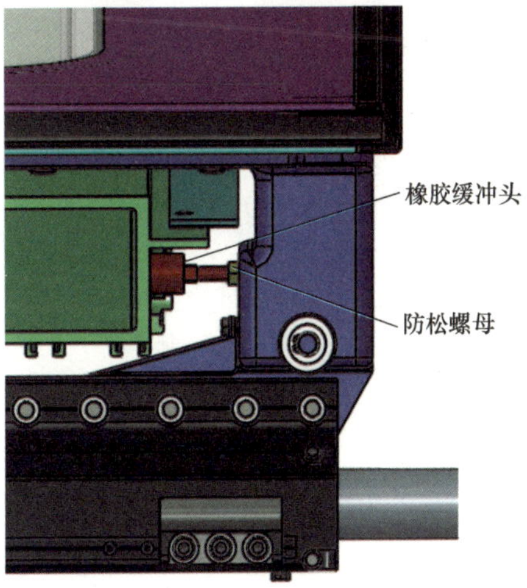

评价反馈

小组之间进行交流，总结任务学习和实施过程中出现的问题、解决的方法，收获的知识及技能。以小组为单位，选择演示文稿、报告及视频等形式中的一种或多种，汇报小组学习成果。

任务考核评价主要涉及：①对知识点的理解与运用评价；②任务实施过程中的计划制订、知识获取、安全规范、任务实施、任务完成等；③小组任务实施中的知识、技能及素养的提升。

任务量化评分表见表 3-8。

表 3-8　任务量化评分表

考核项目	评分标准	分数	学生自评	小组互评	教师评价	小计
知识掌握	是否掌握任务基础知识	10				
任务计划	是否正确、合理	10				
作业安全	有无安全隐患	10				
现场 5S	是否做到	10				
操作过程	是否正确、合理	20				
任务完成情况	是否标准规范	20				
工具、设备的使用	是否正确、规范	5				

（续）

考核项目	评分标准	分数	学生自评	小组互评	教师评价	小计
任务工单的填写	工单填写是否完整、正确	5				
团队合作	是否和谐	5				
劳动纪律	是否能严格遵守	5				
总分		100				
得分						
教师签字：		年 月 日				

注：若违反操作规程，出现人身伤害或设备损坏的严重事故，本任务考核得0分。教师评价分数占总分的60%，小组互评分数占总分的20%，学生自评分数占总分的20%。

知识储备

1. 客室电动塞拉门的工作原理

客室电动塞拉门的工作原理如图3-21所示。

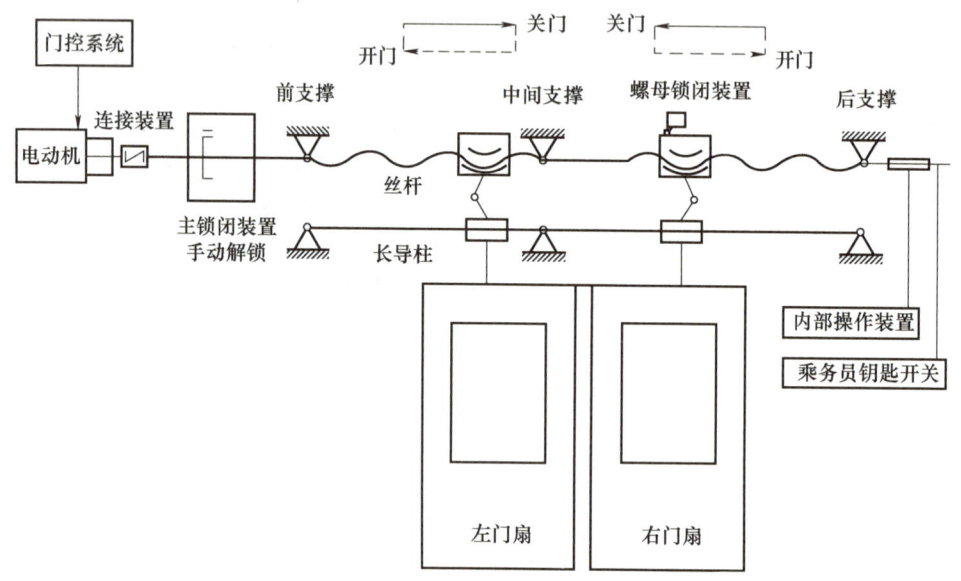

图3-21 客室电动塞拉门的工作原理

（1）开门 当EDCU接收到开门信号时，电动机沿开门方向转动，通过联轴节将力矩传递给丝杆，丝杆与螺母机构形成螺旋副将丝杆的转动转化为螺母机构的平移，螺母机构与车门通过携门架连接，从而使车门沿导向机构同步运动。当车门打开到最大开度时，EDCU输出制动信号，使丝杆停止转动。

（2）关门 当EDCU接收到关门信号时，电动机沿关门方向转动，通过联轴节将力矩传递给丝杆，螺母机构带动车门沿导向机构同步运动。车门关好后将触动门锁到位行程开关，EDCU接收车门已关闭信号后，输出制动信号，使丝杆停止转动。同时，车门下部挡销滑入门槛嵌块，平衡压轮滑入车门导槽，压紧车门。

2. 客室车门带电作业

（1）开关门功能检查

1）在司机室中操作开、关门按钮，检查车门开关情况，观察列车控制及管理系统（TCMS）显示车门状态。

2）检查每扇车门在开闭时，车门灯及蜂鸣器的状态。开门时，蜂鸣器报警，黄色指示灯闪烁，门开启到位后黄色指示灯常亮；车门关闭后，黄色指示灯灭。

（2）开关门时间测试　通过门列车线激活开门命令，检查门移动的平滑性，检查开门时间（3.5±0.5s），确保在开门结束时电动机不带电。通过门列车线激活关门命令，检查门移动的平滑性，检查关门时间（3.5±0.5s），确保门已锁闭，电动机不再带电。

（3）紧急解锁功能检查　需两人共同完成检查工作：一人在客室转动紧急解锁手柄，尝试打开车门，检查车门内部解锁功能及指示灯状态，要求车门可打开，且黄色指示灯常亮，蜂鸣器发出警告声；一人在司机室观察显示屏，当前显示的车门状态是否为紧急解锁状态。

（4）内部门隔离功能检查　需两人共同完成检查工作：一人在客室操作门隔离开关，将开关打到隔离位，检查车门隔离功能及指示灯状态，内部红色指示灯常亮，黄色指示灯灭；一人在司机室观察显示屏显示当前车门状态，显示车门被隔离。确认后，利用广播向客室人员确认车门状态；客室人员在得到司机室人员确认后，将开关打到恢复位。

（5）外部解锁功能检查　需两人共同完成检查工作：一人在车外操作外部解锁，检查车门外部解锁功能及指示灯状态，车门可以被打开，此时黄色指示灯常亮，蜂鸣器发出警告声；一人在司机室观察显示屏，显示当前车门状态为紧急解锁状态。

（6）车门防夹功能测试　一人在司机室操作开门按钮，将两侧车门全部打开，在进行广播后，操作一侧关门按钮，将一侧车门关闭；在客室人员进行防夹功能测试时，观察显示屏上是否显示车门防夹图标。通过司控台的视频监控观察客室实际操作情况，对关门情况再次确认。在确认此侧车门全部关好后，开始关闭另一侧车门，重复以上测试。

在客室的人员可为一组人，在车门开始关闭时，使用25×60mm防夹挡块测试正在关闭的车门防夹功能，按顺序测试车门上部、中部、下部3个位置。要求车门防夹功能正常，车门在第3次关闭受阻时全开。

项目 4
城市轨道交通车辆转向架的检修

任务 4.1　转向架的检查与维护

任务描述

转向架是支撑车体并承担车辆沿轨道运行的走行装置，转向架的安全状态关系到列车平稳、安全运行。本任务主要完成转向架日常检查与维护，确保转向架各零部件外观正常，连接、紧固可靠，部件功能正常。

学习目标

1. 知识目标
1）掌握转向架的结构与作用。
2）掌握转向架日常检查与维护的作业内容及方法。

2. 能力目标
1）具备制订检修作业计划和检修任务的能力。
2）具备按照作业指导书的要求完成转向架的检查与维护的能力。

3. 素养目标
1）培养学生严谨的职业态度。
2）培养学生安全作业、标准作业的意识。
3）培养学生团队协作的意识。

任务工单

任务工单见表 4-1。

表 4-1　任务工单

工　单	转向架的检查与维护		
任　务	按照作业指导书的要求完成转向架的日常检查与维护，保证转向架外观正常，连接、紧固可靠，部件功能正常		
班　级		姓　名	
学习小组		工作时间	

填写说明：
1. 检查结果若无缺陷情况，在"正常"选项后面框中画钩。
2. 检查结果若有缺陷情况，在"不正常"选项后面框中画钩，并在"转向架的检查与维护记录补充说明"栏中做详细记录。

序号	分　类	检查项目	检查结果
1	构架	构架外观	正常□　不正常□
2		各吊座及重要焊缝	正常□　不正常□
3		附加气室	正常□　不正常□
4	轮对	轮对外观及迟缓线	正常□　不正常□
5		踏面状态	正常□　不正常□
6		降噪阻尼环	正常□　不正常□
7		车轴轴身外观	正常□　不正常□

(续)

序号	分 类	检查项目	检查结果
8	轴箱及一系悬挂装置	紧固件、防松标识	正常□ 不正常□
9		轴箱吊耳	正常□ 不正常□
10		轴箱装置外观	正常□ 不正常□
11		轴箱温度应变片	正常□ 不正常□
12		叠层橡胶弹簧外观	正常□ 不正常□
13		制动速度传感器外观及安装状态	正常□ 不正常□
14		下压盖螺栓、防脱钢索、防松铁丝	正常□ 不正常□
15		轴端接地装置	正常□ 不正常□
16	二系悬挂装置	空气弹簧外观及安装	正常□ 不正常□
17		高度调节阀调节杆及安装座	正常□ 不正常□
18		横向液压减振器外观及安装	正常□ 不正常□
19		安全钢索	正常□ 不正常□
20		横向止挡外观及安装	正常□ 不正常□
21		垂向止挡外观及安装	正常□ 不正常□
22	中央牵引装置	紧固件及防松铁丝	正常□ 不正常□
23		牵引拉杆、拉杆座外观及安装	正常□ 不正常□
24	齿轮传动装置及其悬挂	齿轮箱外观、温度贴片及油位	正常□ 不正常□
25		齿轮箱吊杆与橡胶件外观及安装	正常□ 不正常□
26		齿轮箱悬挂止档	正常□ 不正常□
27		联轴节	正常□ 不正常□
28	牵引电动机	电动机外观	正常□ 不正常□
29		电动机电缆及插接器	正常□ 不正常□
30		电动机轴承端盖	正常□ 不正常□
31		电动机温度贴片	正常□ 不正常□
32		牵引电动机滤尘罩	正常□ 不正常□
33	踏面制动单元及闸瓦	制动单元外观及安装	正常□ 不正常□
34		闸瓦厚度检查	正常□ 不正常□
35		停放制动手动缓解钢索	正常□ 不正常□

转向架的检查与维护记录补充说明：

任务准备

实施作业前，需根据任务工单的要求制订作业计划，明确作业任务要求，制定标准化作业流程，并完成表 4-2 的填写。

表 4-2　作业计划表

作业项目		转向架的检查与维护	
作业场地	检修库	作业设备	地铁列车转向架
作业整体要求			

1. 按照要求穿戴好劳保用品。
2. 作业前，确认相应轨道接触网断电并挂好接地线、受电弓降弓、列车处于断电状态，断开蓄电池控制开关。
3. 列车两端放置"禁止动车"牌，两端司机室升弓按钮处挂"禁止升弓"牌，列车上电旋钮处挂"禁止合闸"牌。
4. 作业结束后，清洁现场并复位工具。

作业工具、工装及耗材			
序号	名　称	数量	备　注
1	手电筒	1个	
2	钢直尺	1把	
3	游标卡尺	1把	
主要作业项			

储备知识点

作业分工			
作业人员		检验人员	
监督人员		评价人员	
日期：			

任务实施

按作业指导书（表4-3）进行任务实施。

表 4-3　作业指导书

序号	项目	作业内容及要求	图示
1	构架	目视检查构架外表面可视部位，应无裂纹、无变形、无破损、无锈蚀	
		目视检查牵引电动机悬挂座、齿轮箱吊座、制动单元安装座、牵引拉杆座、减振器座等重要部位的焊缝处，应无裂纹、无变形、无破损、无锈蚀；检查构架横梁管卡座焊缝处，应无裂纹	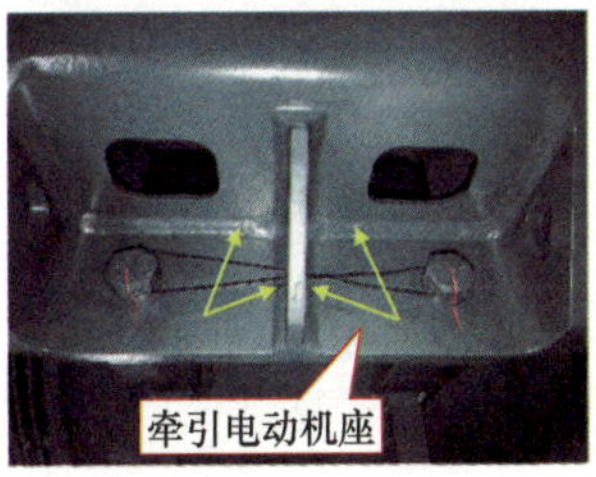 牵引电动机座

(续)

序号	项 目	作业内容及要求	图 示
1	构架		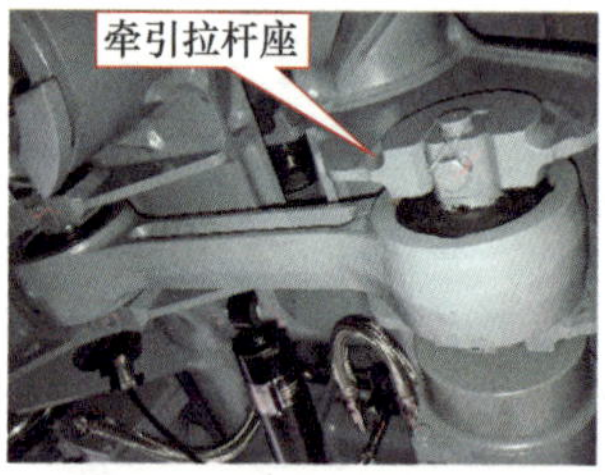
		检查附加气室密封,应良好	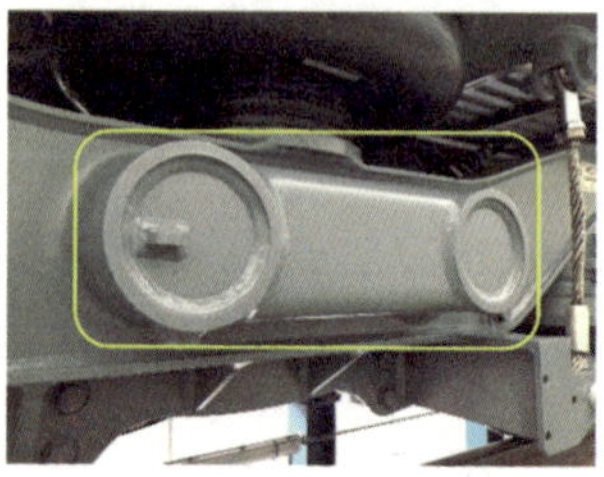
2	轮对	检查轮对外观,应完好;检查轮轴迟缓线,应无错位	
		目视检查轮对踏面,应无擦伤、剥离、沟状磨耗等异常现象;踏面擦伤、剥离不得超限,轮缘无异常磨损。若发现异常,采用游标卡尺、钢直尺等工具测量并记录	
		目视检查车轴,应无裂纹、磕碰等异常现象;若发现缺陷,用游标卡尺测量深度	
3	轴箱及一系悬挂装置	目视检查紧固件防松线,应清晰可见、无错位	

（续）

序号	项　目	作业内容及要求	图　示
3	轴箱及一系悬挂装置	目视检查轴箱吊耳，应无裂纹	
		目视检查轴箱装置外观，应无异常、无冲击碰撞痕迹、无油脂渗漏，紧固件无松动，标识牌无遗失，防松铁丝状态良好	
		目视检查轴箱后盖安装状态，应良好；检查防松铁丝状态，应良好	
		目视检查轴箱上温度应变片，70℃及以上时无变色	
		目视检查层叠橡胶弹簧，应无损坏、裂纹，表面无油污	
		目视检查制动速度传感器，应安装牢固，导线无损伤、无绷紧，电缆夹固定牢靠	
		目视检查下压盖螺栓，应紧固无松动、无断裂；检查防脱钢索、防松铁丝，应安装良好，无松脱、无断裂	

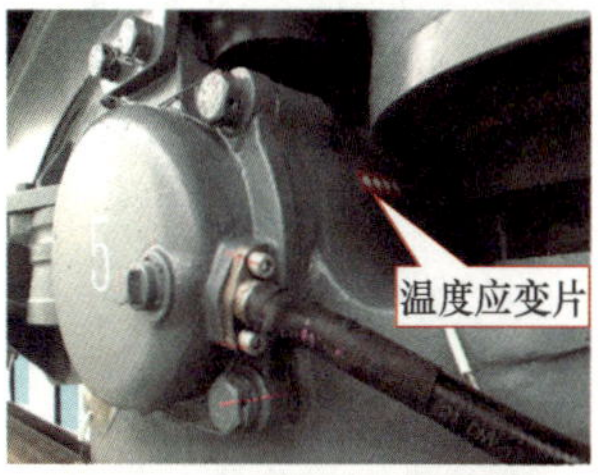

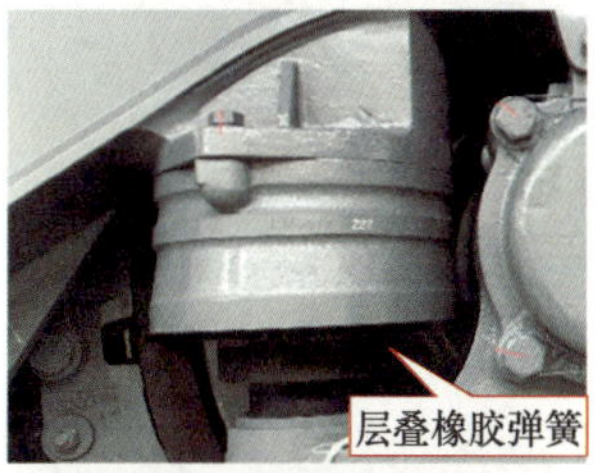

（续）

序号	项　目	作业内容及要求	图　示
3	轴箱及一系悬挂装置	目视检查轴端接地装置，应安装良好，接地电缆无磨损和刮伤，线卡固定良好	
4	二系悬挂装置	1）空气弹簧无漏气、无损坏、无裂纹 2）气囊无裂纹、无鼓包、无帘布外露，橡胶堆无裂纹，无橡胶堆的橡胶和金属件的粘接部裂纹	
		1）高度调节阀调节杆及安装座连接完好，螺栓及螺母无松动，防松线无错位 2）高度调节阀调节杆无损伤、无变形、无裂纹、无断裂 3）防脱钢索安装良好，无松脱、无断裂 4）高度调节阀调节杆关节轴承润滑良好	 
		横向液压减振器无漏油，无损坏，安装紧固件无松动，防松标记清晰无错位	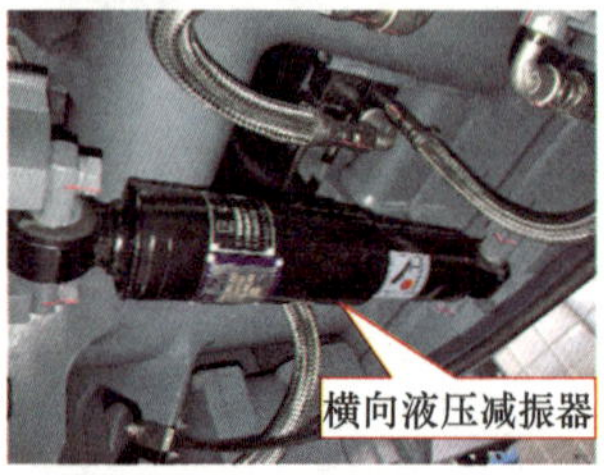 横向液压减振器
		安全钢索无污垢、无断股，球头无卡死现象，不锈钢套无松动窜出现象，紧固件无松动	 安全钢索

（续）

序号	项 目	作业内容及要求	图 示
4	二系悬挂装置	横向止挡无损坏、无裂纹，紧固件无松动	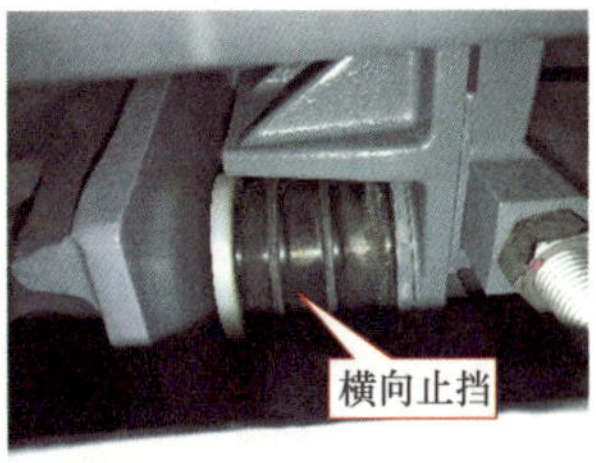
		垂向止挡无损坏、无裂纹，紧固件无松动	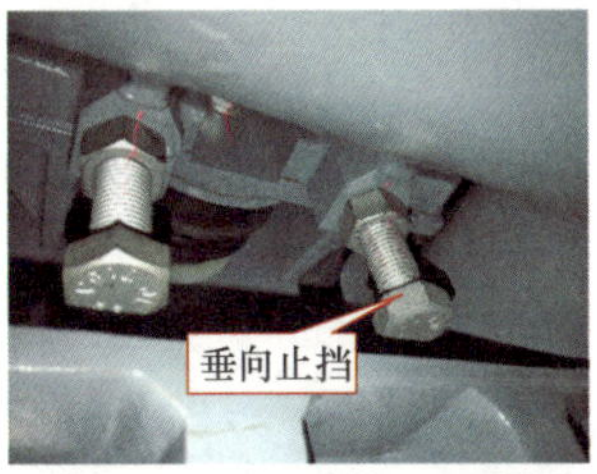
5	中央牵引装置	紧固件无松动、无损坏，防松铁丝无脱落，开口销无缺失，开度大于60°	
		牵引拉杆及拉杆座无损伤、锈蚀和裂纹，弹性橡胶节点完好	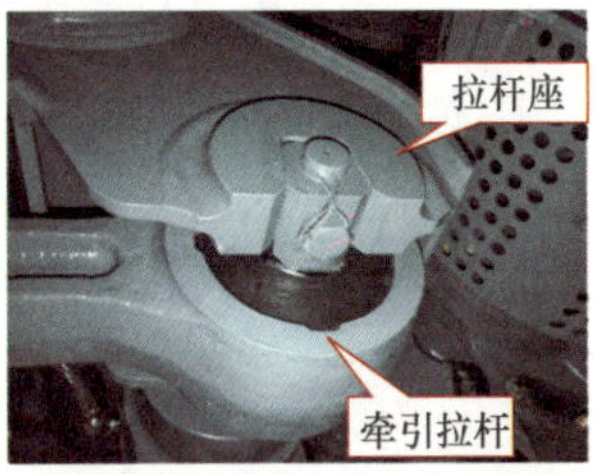
6	齿轮传动装置及其悬挂	1）齿轮箱外观无异常、无漏油 2）润滑油无变色，油位正常 3）温度贴片70℃无变色	
		1）齿轮箱吊杆杆体表面油漆无开裂，吊杆无锈蚀 2）安全止挡安装牢固，紧固件无松动，防松线无错位	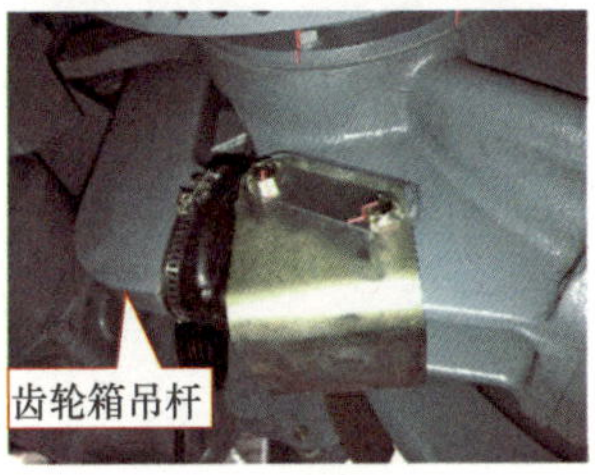

（续）

序号	项 目	作业内容及要求	图 示
6	齿轮传动装置及其悬挂	3）吊杆座处橡胶件外观正常，无裂纹、无变形	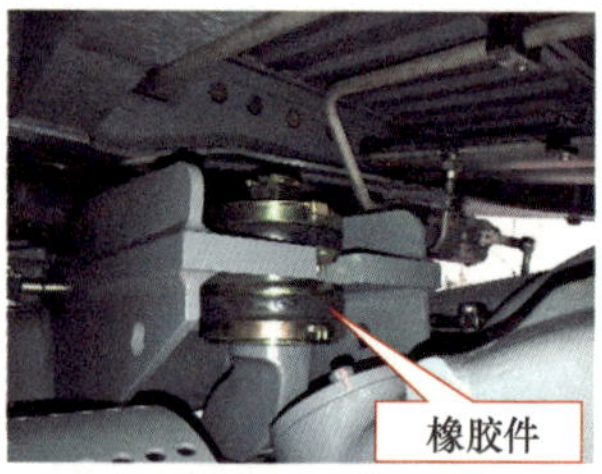
		齿轮箱悬挂止挡：齿轮箱悬挂止挡无松动、无损坏	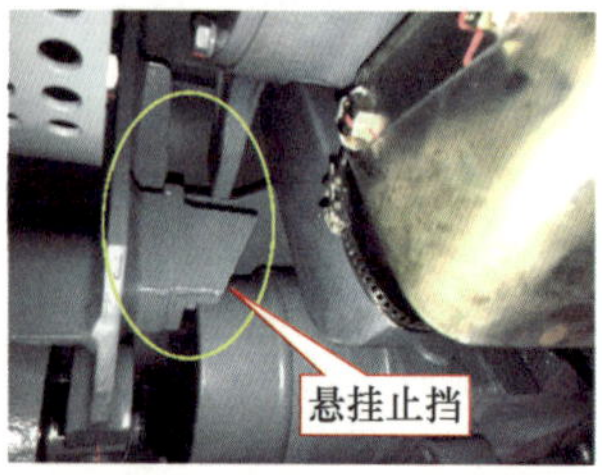
		联轴节安装螺栓无松动、无断裂，防松标识清晰、无错位	
7	牵引电动机	电动机外观无异常，安装螺栓无松动，防松线清晰、无错位，吊耳焊缝无裂纹	
		电动机电缆及插接器无龟裂，绑扎无松动，线缆无碰磨；电缆插头无松动；电动机左侧上方汇流接地线螺栓无松动	
		电动机轴承端盖无破损，无过热，润滑脂无泄漏	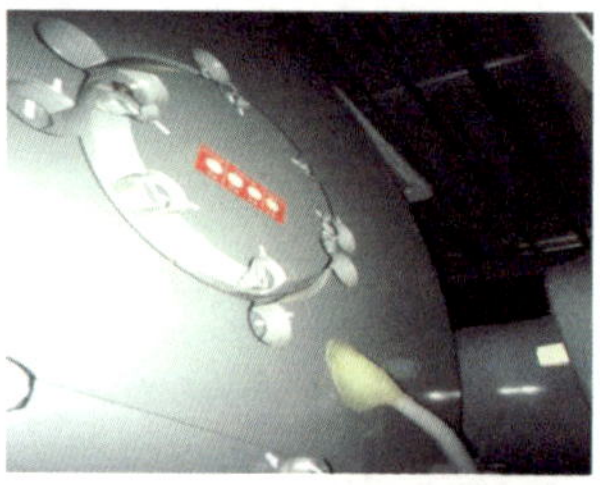
		电动机温度无异常，电动机铭牌处温度贴片120℃不变色；轴伸端温度贴片80℃及以上不变色；非轴伸端温度贴片80℃及以上不变色	

（续）

序号	项　目	作业内容及要求	图　示
7	牵引电动机	滤尘器无损伤，安装状态良好	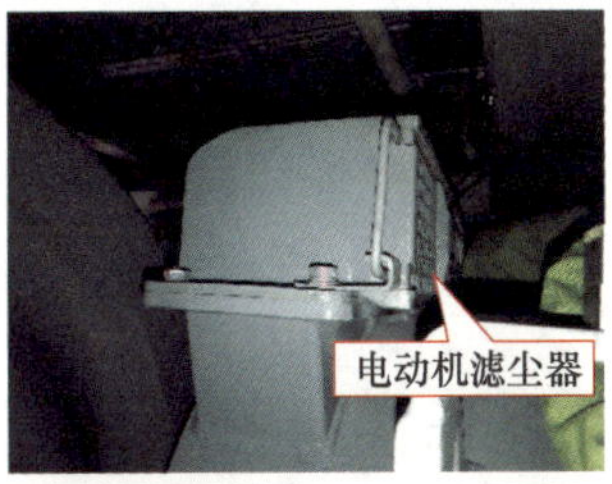 电动机滤尘器
8	踏面制动单元及闸瓦	1）制动单元安装螺栓防松线清晰、无错位 2）橡胶护套无破损、移位 3）闸瓦安装状态良好，紧贴车轮	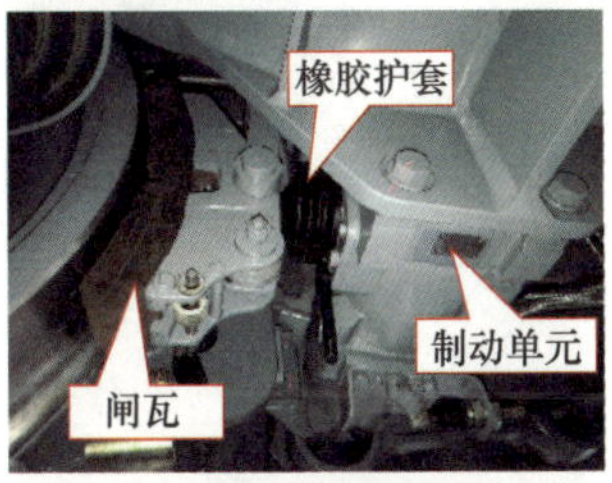 橡胶护套　制动单元　闸瓦
		检查闸瓦厚度，必要时用钢直尺测量闸瓦反轮缘侧厚度	 闸瓦厚度
		检查停放制动手动缓解钢索，应无损坏、安装牢固	

评价反馈

小组之间进行交流，总结任务学习和实施过程中出现的问题、解决的方法，收获的知识及技能。以小组为单位，选择演示文稿、报告及视频等形式中的一种或多种，汇报小组学习成果。

任务考核评价主要涉及：①对知识点的理解与运用评价；②任务实施过程中的计划制订、知识获取、安全规范、任务实施、任务完成等；③小组任务实施中的知识、技能及素养的提升。

任务量化评分表见表4-4。

表4-4　任务量化评分表

考核项目	评分标准	分数	学生自评	小组互评	教师评价	小计
知识掌握	是否掌握任务基础知识	10				
任务计划	是否正确、合理	10				

（续）

考核项目	评分标准	分数	学生自评	小组互评	教师评价	小计
作业安全	有无安全隐患	10				
现场5S	是否做到	10				
操作过程	是否正确、合理	20				
任务完成情况	是否标准规范	20				
工具、设备的使用	是否正确、规范	5				
任务工单的填写	工单填写是否完整、正确	5				
团队合作	是否和谐	5				
劳动纪律	是否能严格遵守	5				
总分		100				
得分						
教师签字：		年 月 日				

注：若违反操作规程，出现人身伤害或设备损坏的严重事故，本任务考核得0分。教师评价分数占总分的60%，小组互评分数占总分的20%，学生自评分数占总分的20%。

知识储备

转向架的结构组成

1. 转向架的总体结构

CW2100（D）型转向架是适合于80km/h速度等级的无摇枕焊接结构转向架，一系悬挂为橡胶弹簧，二系悬挂为无摇枕空气弹簧，动车和拖车均采用单侧踏面制动，驱动装置采用单级减速的齿轮箱和齿式联轴节，中央牵引装置采用Z形拉杆结构。该转向架具有良好的运行性能和最小的振动噪声。

转向架共分为4种类型，其中动车转向架1种，拖车转向架3种。转向架主要由构架、轮对轴箱定位装置、二系悬挂装置、牵引装置、基础制动装置、驱动装置、天线梁及轮缘润滑装置等部件组成。图4-1～图4-4所示为不同转向架的结构。

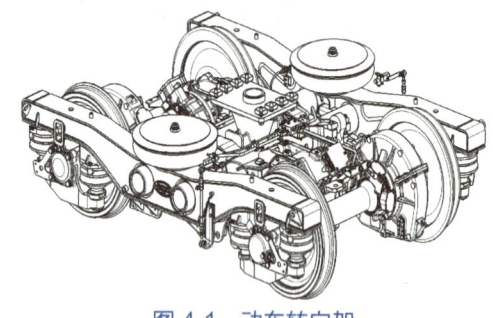

图4-1 动车转向架

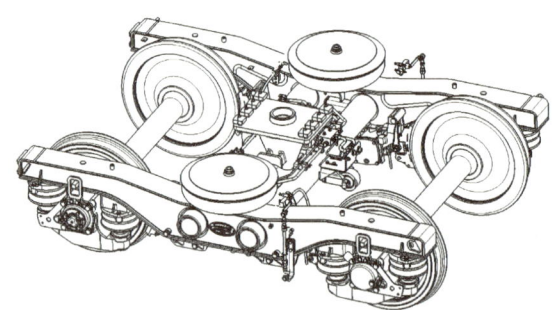

图4-2 拖车二位转向架

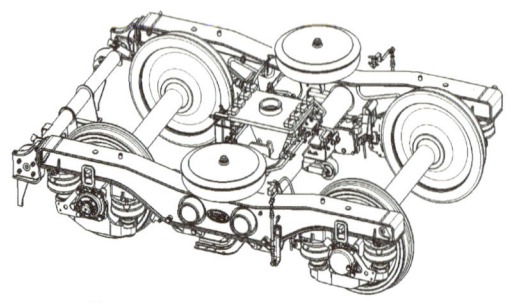

图4-3 拖车一位转向架（带天线及轮缘润滑装置）

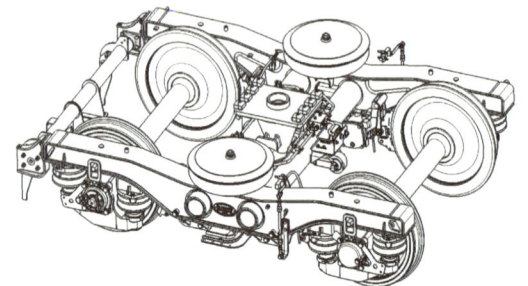

图4-4 拖车一位转向架（带天线）

2. 转向架的主要特性

CW2100（D）型转向架采用轻量化设计，无摇枕，转向架横梁使用无缝钢管，兼作空气弹簧附加空气室，一系悬挂使用圆锥形橡胶弹簧，因此质量减小。该转向架采用低横向刚度的空气弹簧来改善车辆乘坐舒适性，采用低横向刚度的轴箱橡胶弹簧，减轻了车辆通过曲线时的横向力，从而提高了车辆在曲线上的运行性能。CW2100（D）型转向架主要技术参数见表4-5。

表4-5 CW2100（D）型转向架主要技术参数

项 目	参 数
轨距 /mm	1435
最高运行速度 /（km/h）	80
最高试验速度 /（km/h）	90
固定轴距 /mm	2200
轮对内侧距 /mm	1353^{+2}_{0}
车轮直径 /mm	840（新）/770（全磨耗）
空气弹簧上面距轨面高度 /mm	895
空气弹簧横向间距 /mm	1850
空气弹簧有效直径 /mm	$\varPhi$540
基础制动装置	踏面单元制动

3. 转向架的主要部件

（1）构架 构架是转向架的骨架结构，将转向架的各个零部件组成一个整体，并承受和传递各个方向的力。转向架构架属于U形构架，采用钢板焊接结构的箱形侧梁以及与侧梁相贯通的无缝钢管横梁。侧梁采用"四块板"焊接结构，侧梁的下部焊接有托板组成，用于安装制动缸。横梁为无缝钢管结构，由两个箱型纵向梁连接成横梁框架。动车横梁上对角焊接有电动机吊座、齿轮箱吊座和牵引拉杆座，分别用于安装牵引电动机、齿轮箱吊杆和牵引拉杆。箱形纵梁的内面用于安装横向挡。图4-5和图4-6所示分别为动车和拖车构架。

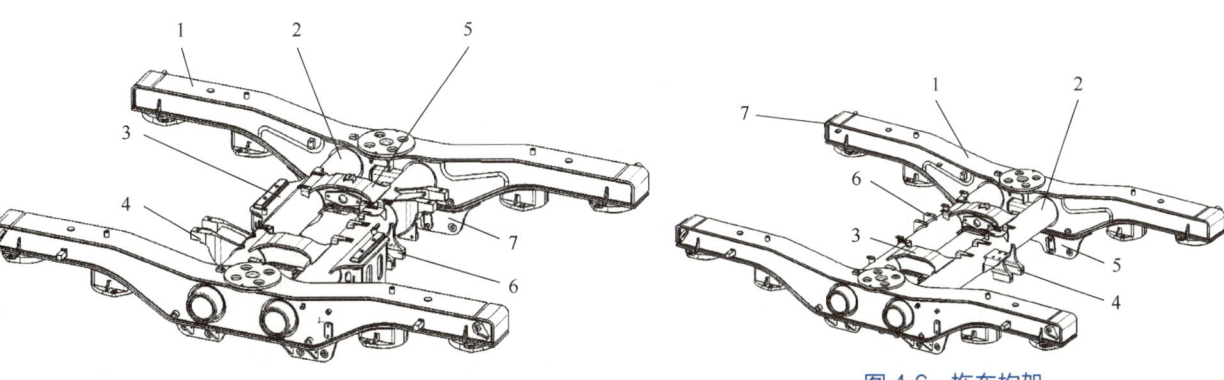

图4-5 动车构架
1—侧梁组成 2—横梁 3—电动机吊座 4—齿轮箱吊座
5—纵梁组成 6—牵引拉杆座 7—托板组成

图4-6 拖车构架
1—侧梁组成 2—横梁 3—纵梁组成 4—牵引拉杆座
5—托板组成 6—油箱安装座 7—端梁座

（2）轮对轴箱装置

1）轮对组成。轮对包含车轮和车轴，车轮和车轴为过盈压装配合形式。车轮直径为840mm，公差为+2~+6mm，其主要目的是保证车轮具有70mm的镟修量，保证车轮的使用寿命。车轮加装有降噪阻尼环，能有效地降低车辆通过曲线时，轮轨间由于侧滑、挤压、摩擦而产生的高频噪声。车轴轴颈间距为1930mm，轴颈直径为120mm。传动齿轮热装在动车车轴上，如图4-7和图4-8所示。

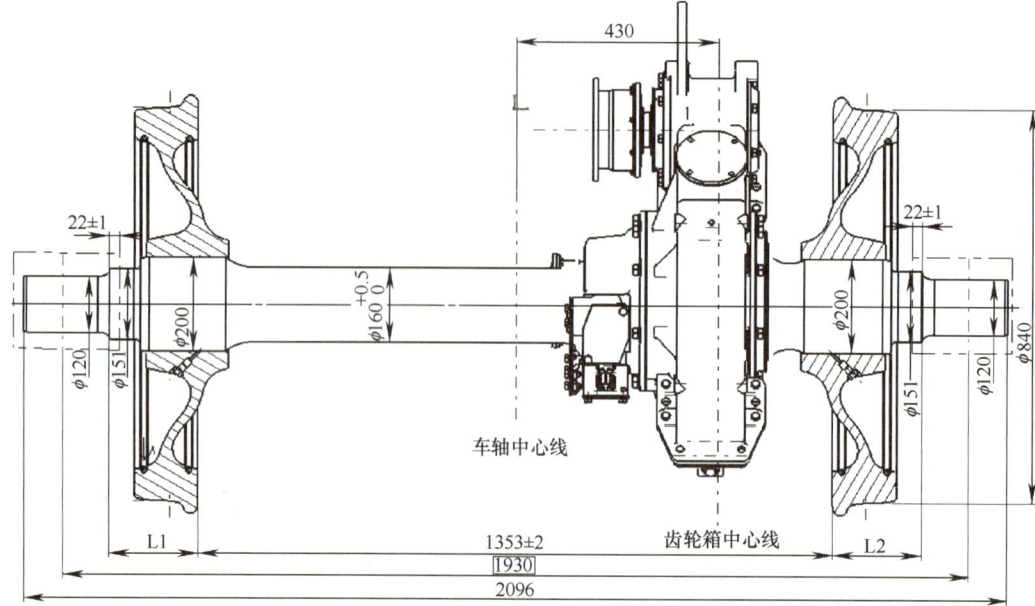

图 4-7 动车轮对组成

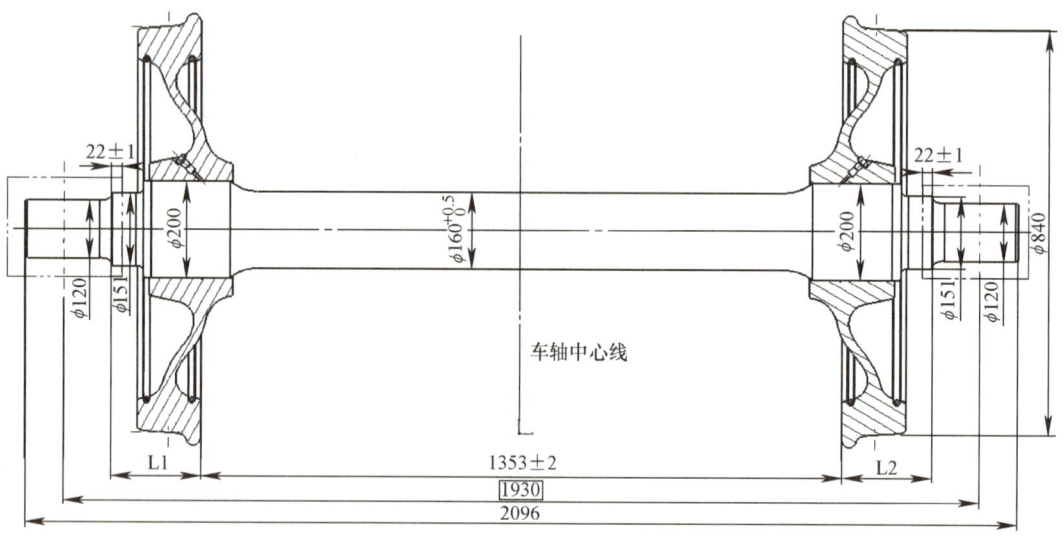

图 4-8 拖车轮对组成

2）轴箱装置。轴箱装置主要由轴箱、轴箱轴承、轴箱前盖、轴端压板、防尘挡圈和 O 形密封圈等组成。根据轴端安装设备的不同，轴端组成分为 4 种，分别为普通轴端安装组成、防滑轴端安装组成、接地轴端安装组成和测速轴端安装组成。4 种轴端安装组成的结构基本相同，分别如图 4-9~ 图 4-12 所示。

轴箱轴承采用双列自密封圆柱滚子轴承，安装在轴箱体内。轴承在制造厂已填入了润滑脂，不需要再添加润滑脂。密封罩能够把润滑脂封闭在轴承组里并防止污物进入。轴承可满足 80 万千米或使用时间 6 年内免维护的要求（以先到为准）。

（3）悬挂装置

1）一系悬挂装置。为减小质量，一系悬挂装置采用圆锥叠层橡胶弹簧，如图 4-13 所示。两个螺栓将轴箱弹簧上端固定在构架上的一系弹簧座上。轴箱的顶部和转向架构架的止挡之间的距离正常应保持在 115±5mm，如果此数值小于 110mm，必须用调整垫进行调整，如图 4-14 所示。动车、拖车转向架使用相同的轴箱弹簧。同一转向架尺寸差应不大于 2mm，在保证轮重分配的前提下，联轴节调整完毕后，同一转向架上的该尺寸差应不大于 4mm，调整垫总的插入厚度不应超过 10mm。

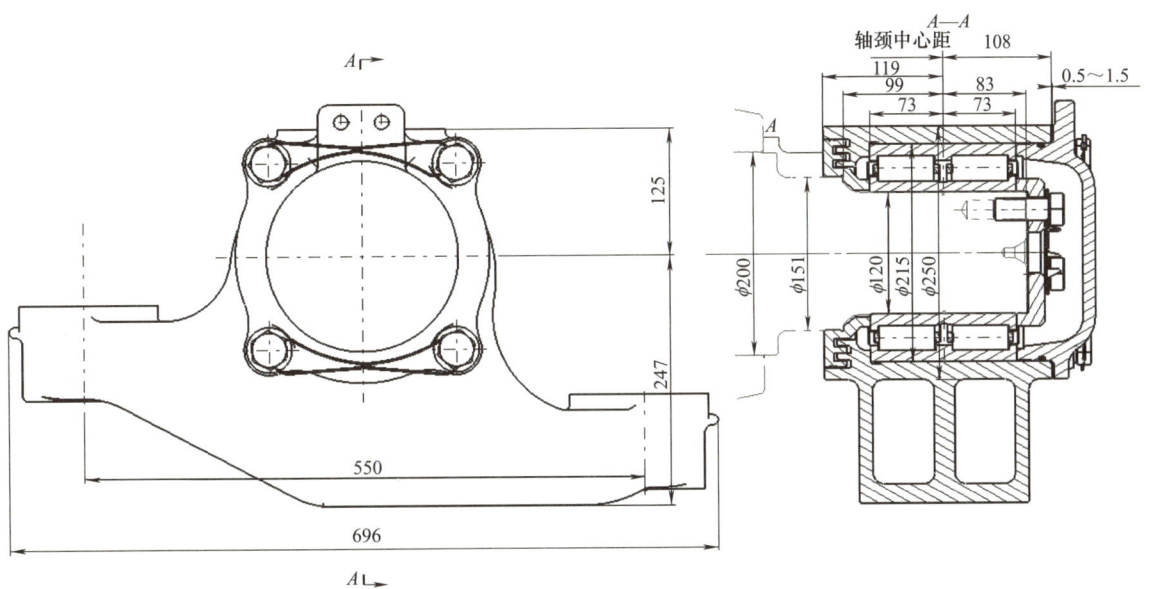

图 4-9　普通轴端安装组成

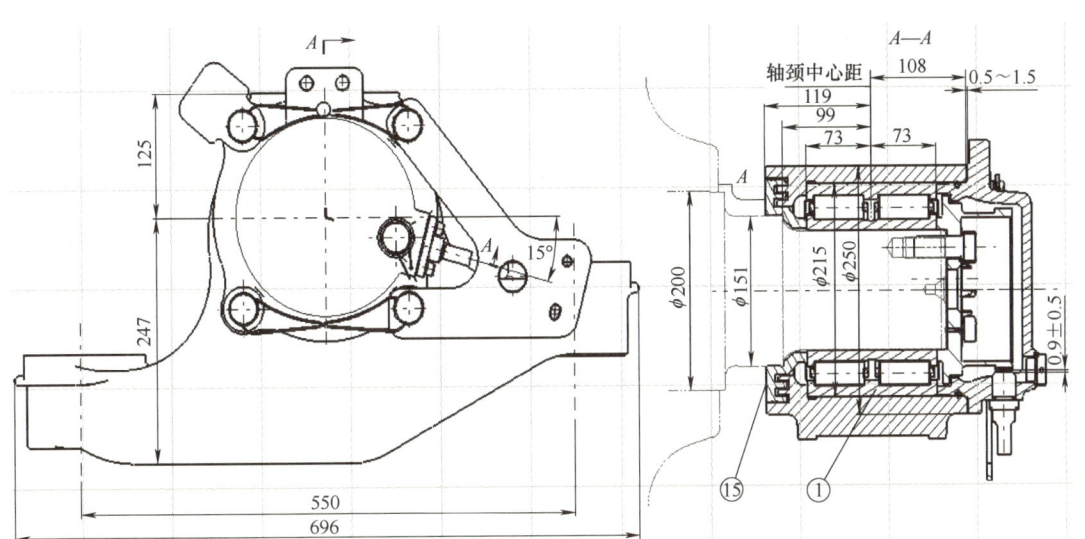

图 4-10　防滑轴端安装组成

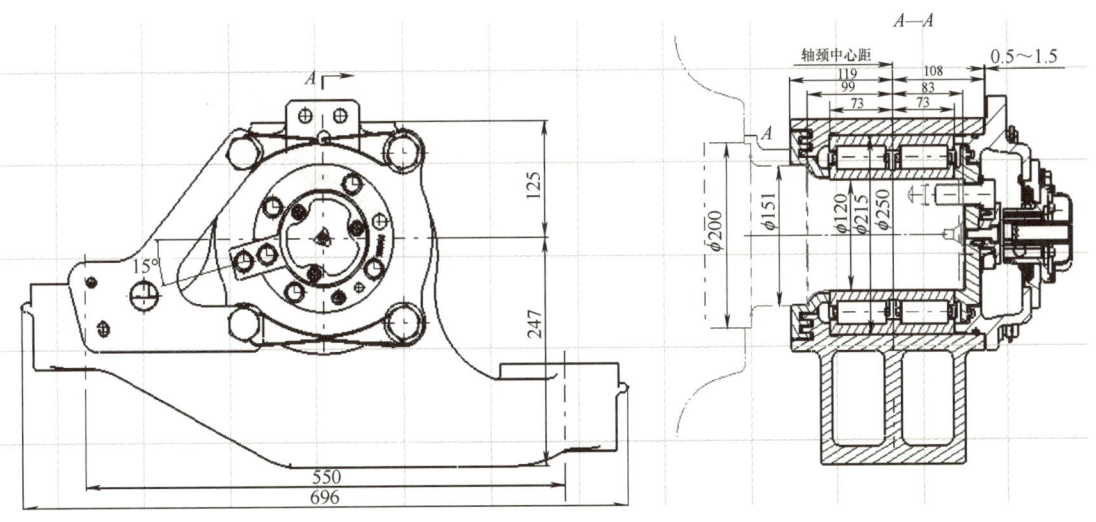

图 4-11　接地轴端安装组成

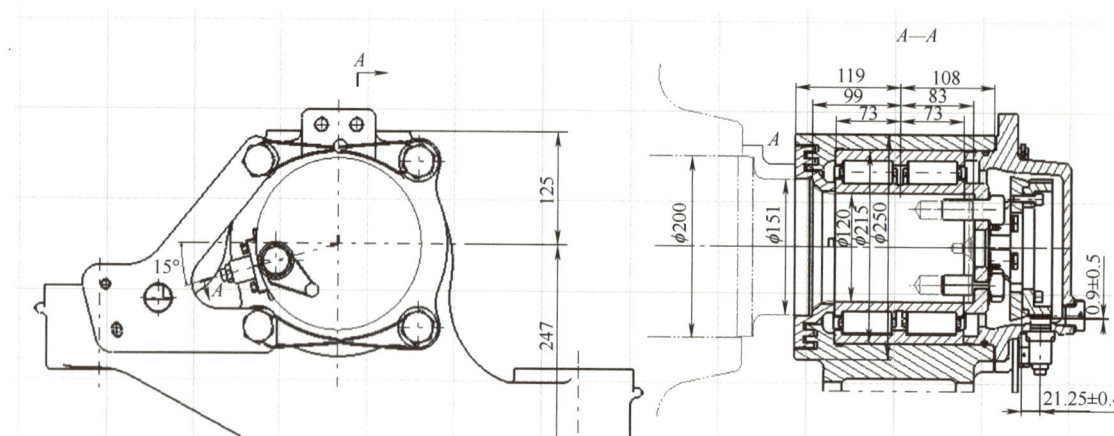

图 4-12 测速轴端安装组成

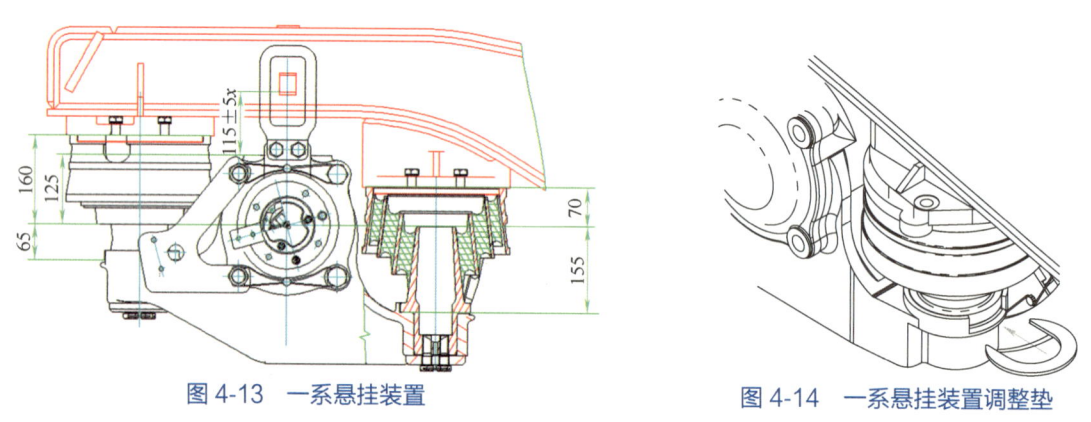

图 4-13 一系悬挂装置

图 4-14 一系悬挂装置调整垫

2）二系悬挂装置。二系悬挂装置主要包含的零部件有空气弹簧、差压阀、高度调整阀、水平杠杆、调整杆、安全吊链等，如图 4-15 所示。

（4）牵引装置 每个转向架设一套中央牵引装置，如图 4-16 所示，采用传统的 Z 形拉杆结构。

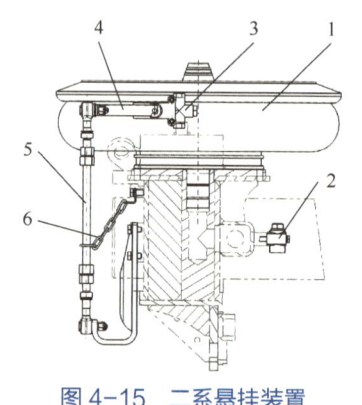

图 4-15 二系悬挂装置
1—空气弹簧 2—差压阀 3—高度调整阀
4—水平杠杆 5—调整杆 6—安全吊链

图 4-16 中央牵引装置

牵引装置主要由中心销、牵引梁、横向挡、横向减振器、中心销套、牵引拉杆等组成，如图 4-17 所示。

中心销的上端通过定位脐和 8 个螺栓固定在车体的枕梁中心，下端插入牵引梁内，通过中心销套将中心销与牵引梁固定在一起，牵引梁和构架之间通过两个呈 Z 形布置的牵引拉杆连接。中心销套为橡胶金属件,内、外层均为金属件,中间层为橡胶件,这种结构消除了中心销、中心销套、牵引梁之间的间隙,实现了无间隙牵引,中心销套中的橡胶层变形还可以满足车体和转向架之间的相对转动,从而消除了磨耗。中心销、牵引梁与中心销套的配合均为金属件之间的配合,消除了橡胶蠕变的影响,保证了性能的稳定。

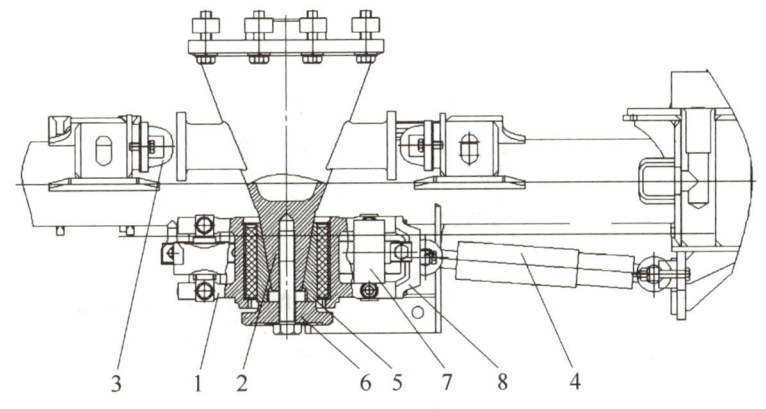

图 4-17 中央牵引装置的组成

1—牵引梁组成 2—中心销 3—横向挡组成 4—横向减振器
5—中心销套 6—下盖 7—牵引拉杆 8—减振器座

(5) **基础制动装置** 基础制动装置采用闸瓦踏面制动形式。转向架的每根轴上配置普通制动缸和停放制动缸各 1 套,采用斜对称布置。停放制动缸可以通过手动方式进行缓解。基础制动配管固定在构架上,与车体的连接软管采用集中上车的布置方式以方便连接和检查。所有单元制动缸内均设有闸瓦间隙自动调整器。当由于闸瓦或车轮的磨耗,使闸瓦和车轮的间隙大于规定值时,闸瓦间隙调整器就会自动动作,保证闸瓦间隙始终保持在规定的范围内。拖车基础制动装置如图 4-18 所示,动车基础制动装置如图 4-19 所示。

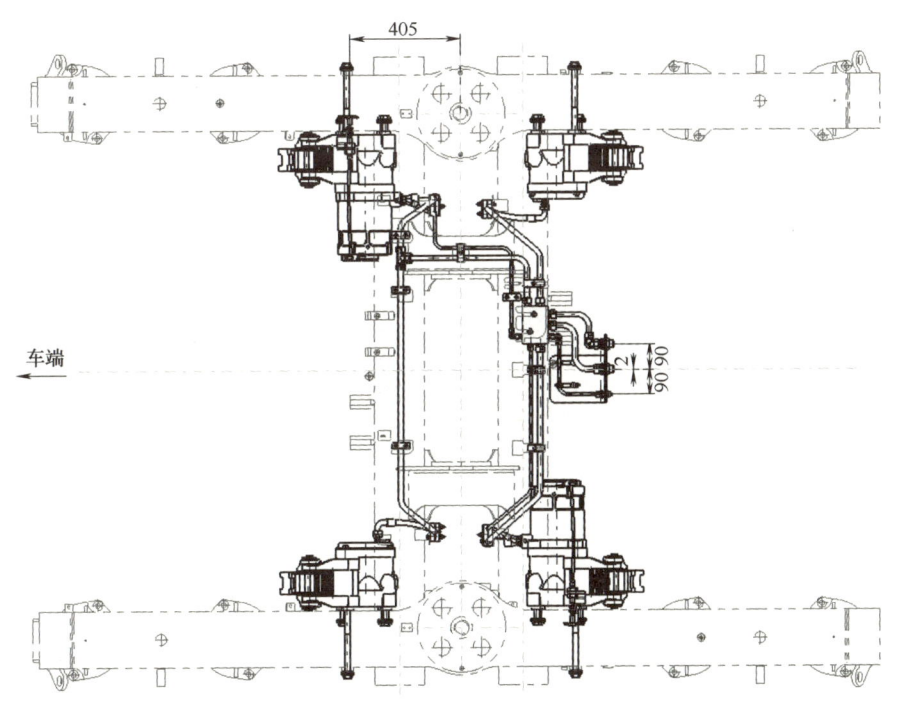

图 4-18 拖车基础制动装置

(6) **驱动装置** 如图 4-20 所示,每台动车转向架装有两套驱动装置,包括牵引电动机、齿轮箱和联轴节。牵引电动机采用架悬式,通过安装螺栓安装在构架的电动机吊座上。齿轮箱为平行轴式，箱体采用分体式结构。齿轮减速箱箱体的一端通过轴承安装于车轴上，箱体的另一端通过吊杆弹性地吊装于构架横梁的齿轮箱吊座上。齿轮箱具有良好的润滑系统和密封系统，保证润滑油不会泄漏。齿轮箱采用高强度合金钢制成的斜齿轮为一级减速，齿轮使用寿命大于300万千米。联轴节为WN齿式。

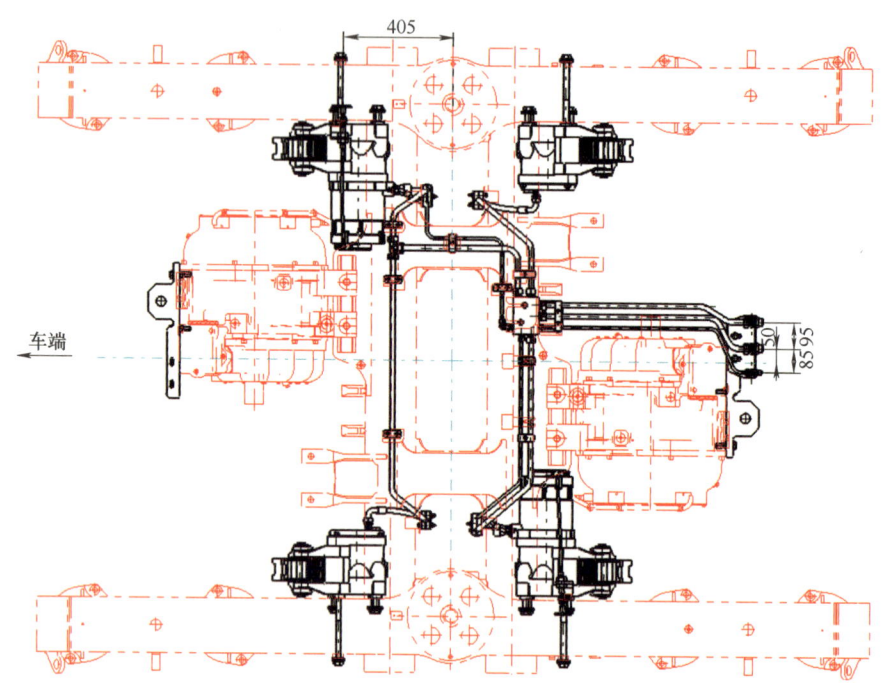

图 4-19 动车基础制动装置

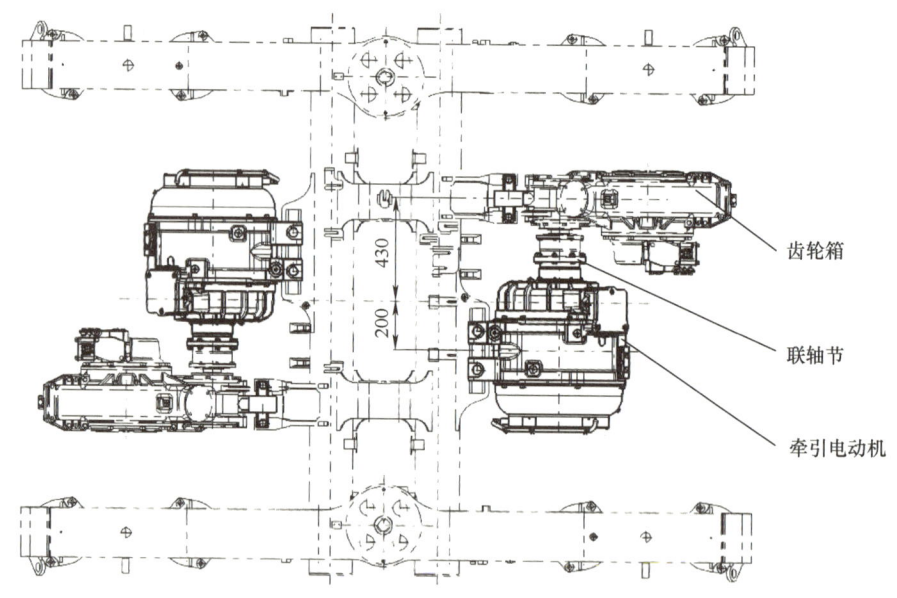

图 4-20 驱动装置

（7）天线安装　根据信号系统的需要，在头车一位转向架的一位端装有信标天线（部分车型在侧梁下部装有波导天线）。天线安装如图4-21所示。应答器天线安装梁由管梁和钢板焊接而成。天线梁与构架之间采用螺栓连接，方便检修维护。信标天线高度调整时，在空车状态时，天线安装面距轨面的高度为180±3mm。当辗钢轮磨损时，可以通过调整安装座上调整垫的厚度来调整，保证天线的高度在规定范围内。波导天线在辗钢轮磨损时无须调整。

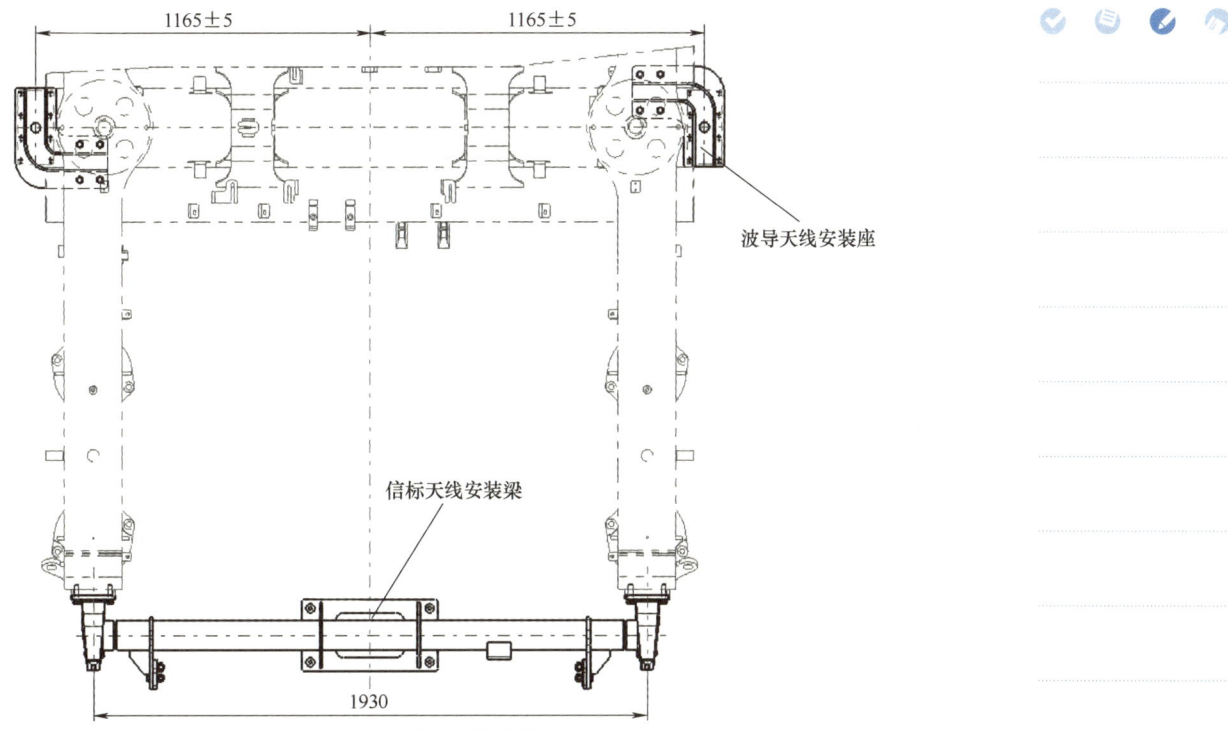

图 4-21 天线安装

(8) 轮缘润滑装置 如图 4-22 所示,轮缘润滑装置为液态油气润滑,分别安装在列车的两个 T_c 车的两个转向架上,轮缘润滑装置喷嘴直接向列车前进方向的第一个轮对的车轮轮缘上喷射润滑剂,通过车辆的运行将油脂传递到线路的所有轨道和其他车轮上,达到全线润滑的目的。

知识拓展

地铁智能巡检机器人

传统的车辆日常检查主要以检修作业人员目视检查为主,通过沿列车两侧、车下及车上行走发现列车存在的缺陷或故障。随着数字化、智能化的发展,城市轨道交通车辆智能巡检机器人逐渐被投用于车辆检修中,实现关键设备智能巡检与智慧运维。

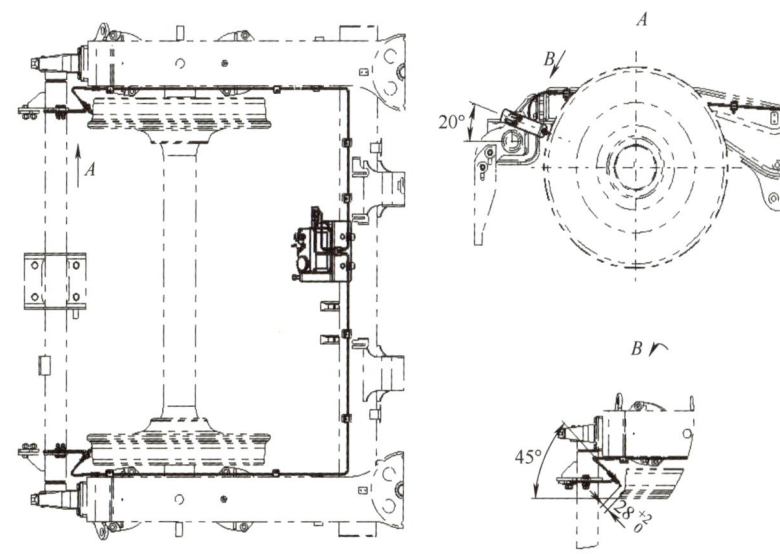

图 4-22 轮缘润滑装置的组成

智能巡检机器人采用智能机器人技术、SLAM 自主导航技术、多自由度柔性协作机械臂控制技术、高清光学成像技术、图像模式识别技术、AI 深度学习算法等先进技术,能对车底关键检修点进行 2D/3D 高清成像,智能判断车底关键部件异常状态,实现多股道自动转运以及车辆巡检作业的自动检测、智能分析与故障诊断,同时能适应多机器人群体协同作业,解决了地铁车辆检测设备无法自动转轨、具有检测盲区等不足。

智能巡检机器人助力车辆检修模式的转变,随着智能巡检机器人的功能日益完善,可实现"人机结合"的车辆巡检模式。该模式可解决人工作业过程中的疲劳和不稳定问题,同时可进一步保证车辆检修作业的安全和质量,又为检修排班模式的优化和调整提供了支撑。

任务 4.2　转向架参数的测量

任务描述

为确保转向架的性能达到要求，保证转向架各零部件状态良好，安装配合尺寸符合要求，需要对转向架的相关参数进行检查及测量。本任务主要完成转向架主要技术参数的测量，确保转向架各参数满足安装使用及检修限度要求。

学习目标

1. 知识目标
1）掌握转向架技术参数的测量方法。
2）掌握测量工具的使用方法。

2. 能力目标
1）具备制订检修作业计划和检修任务的能力。
2）具备按照作业指导书的要求完成转向架技术参数的测量并准确记录的能力。

3. 素养目标
1）培养学生严谨的职业态度。
2）培养学生安全作业、标准作业的意识。
3）培养学生团队协作的意识。

任务工单

任务工单见表 4-6。

表 4-6　任务工单

工　单	转向架参数的测量				
任　务	按照作业指导书的要求完成转向架技术参数的测量				
班　级			姓　名		
学习小组			工作时间		

填写说明：
1. 根据测量结果填写数据，在选项后面框中画钩。
2. 测量结果若有异常，在"转向架参数测量记录补充说明"栏中做详细记录。

序号	测量项目		测量结果			
1	车轮外形	轮缘高度	标准值：27~35mm			
			1 位	2 位	3 位	4 位
			3 处轮缘高度 ①　　mm ②　　mm ③　　mm	3 处轮缘高度 ①　　mm ②　　mm ③　　mm	3 处轮缘高度 ①　　mm ②　　mm ③　　mm	3 处轮缘高度 ①　　mm ②　　mm ③　　mm
			测量平均值： 　　mm	测量平均值： 　　mm	测量平均值： 　　mm	测量平均值： 　　mm
			正　常☐ 不正常☐	正　常☐ 不正常☐	正　常☐ 不正常☐	正　常☐ 不正常☐

（续）

序号	测量项目	测量结果			
2	车轮外形 / 轮缘厚度	标准值：23~32.5mm			
		1 位	2 位	3 位	4 位
		3 处轮缘厚度 ①　　mm ②　　mm ③　　mm	3 处轮缘厚度 ①　　mm ②　　mm ③　　mm	3 处轮缘厚度 ①　　mm ②　　mm ③　　mm	3 处轮缘厚度 ①　　mm ②　　mm ③　　mm
		测量平均值： 　　mm	测量平均值： 　　mm	测量平均值： 　　mm	测量平均值： 　　mm
		正　常□ 不正常□	正　常□ 不正常□	正　常□ 不正常□	正　常□ 不正常□
3	垂直磨耗	标准值：＜3mm			
		1 位	2 位	3 位	4 位
		垂直磨耗 正　常□ 不正常□	垂直磨耗 正　常□ 不正常□	垂直磨耗 正　常□ 不正常□	垂直磨耗 正　常□ 不正常□
4	轮对内侧距	标准值：1353±2mm			
		1 轴		2 轴	
		轮对内侧距 ①　　mm ②　　mm ③　　mm		轮对内侧距 ①　　mm ②　　mm ③　　mm	
		测量平均值： 　　mm		测量平均值： 　　mm	
		轮对内侧距 正　常□ 不正常□		轮对内侧距 正　常□ 不正常□	
5	车轮直径	标准值：轮径＞770mm，同一轴轮径差不大于3mm，同一转向架车轮径差不大于6mm			
		1 位	2 位	3 位	4 位
		3 处轮径值 ①　　mm ②　　mm ③　　mm	3 处轮径值 ①　　mm ②　　mm ③　　mm	3 处轮径值 ①　　mm ②　　mm ③　　mm	3 处轮径值 ①　　mm ②　　mm ③　　mm
		测量平均值： 　　mm	测量平均值： 　　mm	测量平均值： 　　mm	测量平均值： 　　mm
		1 轴轮径差：　　mm 2 轴轮径差：　　mm 转向架轮径差：　　mm			

转向架参数测量记录补充说明：

任务准备

实施作业前,需根据任务工单的要求制订作业计划,明确作业任务要求,制定标准化作业流程,并完成表4-7的填写。

表4-7 作业计划表

作业项目	转向架参数的测量		
作业场地	检修库	作业设备	地铁列车转向架
作业整体要求			
1. 按照要求穿戴好劳保用品。 2. 作业前,确认相应轨道接触网断电并挂好接地线、受电弓降弓、列车处于断电状态,断开蓄电池控制开关。 3. 列车两端放置"禁止动车"牌,两端司机室升弓按钮处挂"禁止升弓"牌,列车上电旋钮处挂"禁止合闸"牌。 4. 作业结束后,清洁现场并复位工具。			
作业工具、工装及耗材			
序号	名称	数量	备注
1	第四种检查器	1个	
2	轮对内距尺	1个	
3	轮径尺	1个	
主要作业项			
储备知识点			
作业分工			
作业人员		检验人员	
监督人员		评价人员	
日期:			

任务实施

按作业指导书(表4-8)进行任务实施。

表4-8 作业指导书

序号	项目	作业内容及方法	图示
1	测量轮缘高度	1)使用第四种检查器对车轮轮缘高度进行测量 2)测量时,选取车轮可测到的3个点(均匀分布在可测范围内)进行测量,取平均值,数据保留1位小数并填入记录表	 踏面垂直磨耗

（续）

序号	项　目	作业内容及方法	图　示
1	测量轮缘高度	3）轮缘高度值＝轮缘高度标准值（27mm）+踏面垂直磨耗值 4）轮缘高度标准值：27~35mm	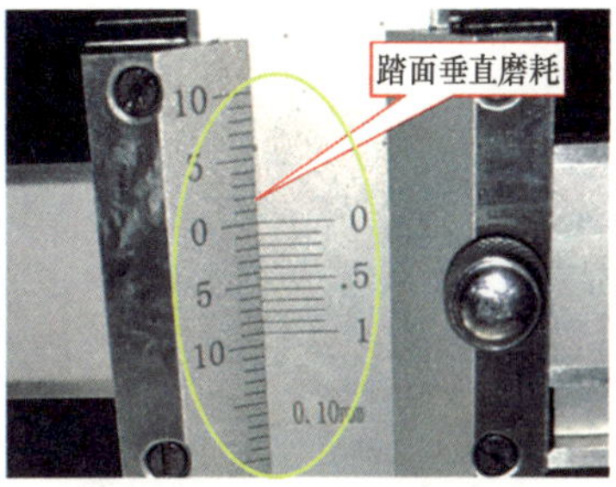
2	测量轮缘厚度	1）使用第四种检查器对车轮轮缘厚度进行测量 2）测量时，选取车轮可测到的3个点（均匀分布在可测范围内）进行测量，取平均值，数据保留1位小数并填入记录表 3）轮缘厚度标准值：23~32.5mm	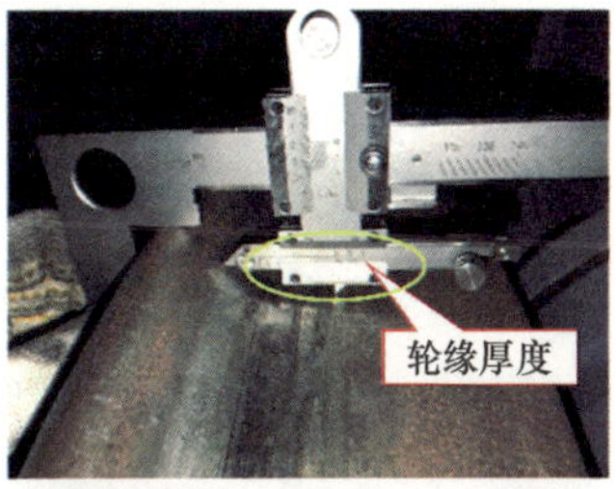 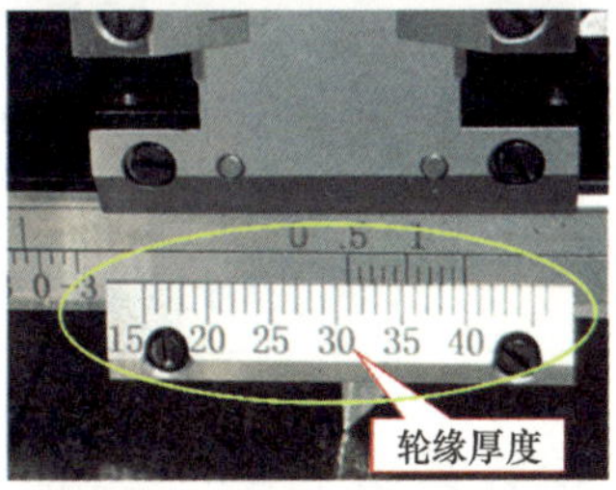
3	测量垂直磨耗	1）使用第四种检查器对垂直磨耗进行测量 2）测量时，选取车轮可测到的3个点（均匀分布在可测范围内）进行测量 3）轮缘垂直磨耗标准值：＜3mm	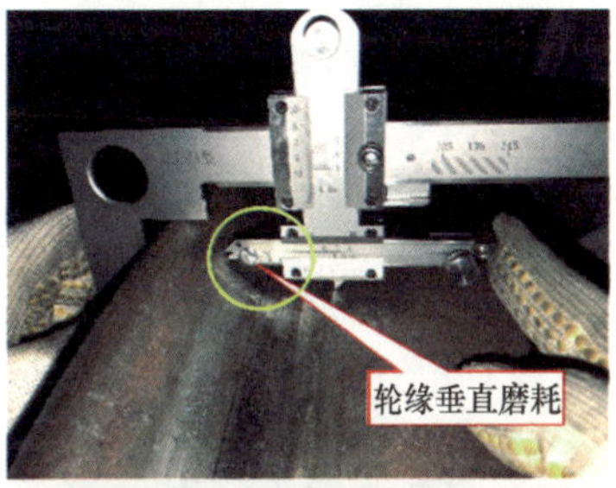 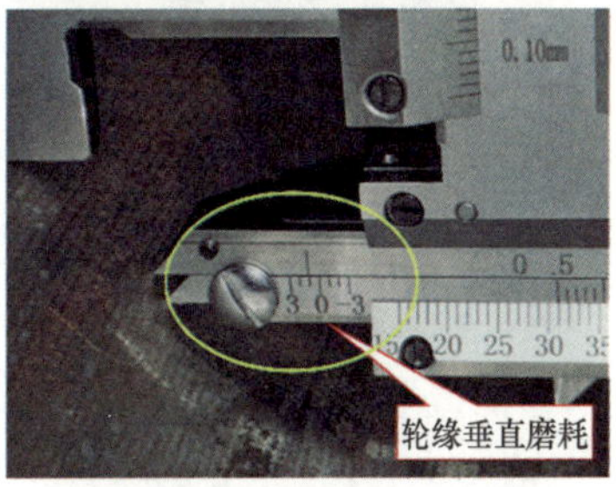
4	测量轮对内侧距	1）使用轮对内距尺进行测量	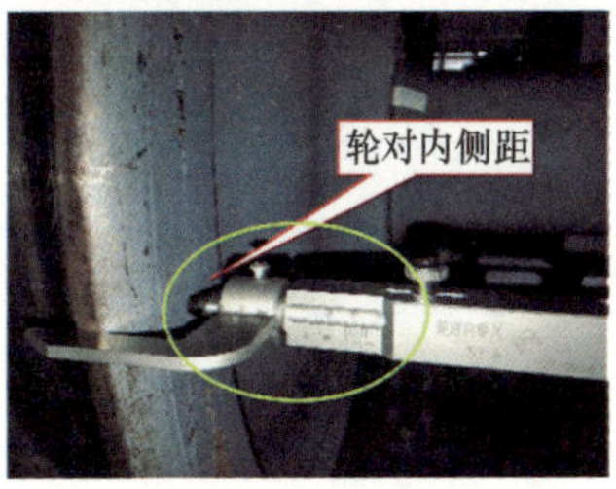

（续）

序号	项 目	作业内容及方法	图 示
4	测量轮对内侧距	2）测量时，取3点测量，取平均值填入记录表 3）轮对内侧距标准值：1353±2mm	
5	测量车轮直径	1）使用轮径尺进行测量 2）测量时，选取车轮可测到的3个点（均匀分布在可测范围内）进行测量，取平均值，测量轮径并填入记录表，数据保留1位小数 3）直径应大于770mm，同一轴轮径差不大于3mm，同一转向架车轮径差不大于6mm	

评价反馈

小组之间进行交流，总结任务学习和实施过程中出现的问题、解决的方法，收获的知识及技能。以小组为单位，选择演示文稿、报告及视频等形式中的一种或多种，汇报小组学习成果。

任务考核评价主要涉及：①对知识点的理解与运用评价；②任务实施过程中的计划制订、知识获取、安全规范、任务实施、任务完成等；③小组任务实施中的知识、技能及素养的提升。

任务量化评分表见表4-9。

表4-9 任务量化评分表

考核项目	评分标准	分数	学生自评	小组互评	教师评价	小计
知识掌握	是否掌握任务基础知识	10				
任务计划	是否正确、合理	10				
作业安全	有无安全隐患	10				
现场5S	是否做到	10				
操作过程	是否正确、合理	20				
任务完成情况	是否标准规范	20				
工具、设备的使用	是否正确、规范	5				
任务工单的填写	工单填写是否完整、正确	5				
团队合作	是否和谐	5				

（续）

考核项目	评分标准	分数	学生自评	小组互评	教师评价	小计
劳动纪律	是否能严格遵守	5				
总分		100				
得分						

教师签字：　　　　　　　　　　　　　　年　月　日

注：若违反操作规程，出现人身伤害或设备损坏的严重事故，本任务考核得 0 分。教师评价分数占总分的 60%，小组互评分数占总分的 20%，学生自评分数占总分的 20%。

知识储备

转向架参数测量及量具使用

1. 车轮第四种检查器

LLJ-4A 型第四种检查器是测量车轮轮缘踏面相关尺寸及缺陷的一种专用检测量具。该检查器以车轮踏面滚动圆（即距车轮内侧面 70mm 处的基线）为测量基准。轮缘厚度的测点与车轮踏面滚动圆的距离始终保持恒定，不会因车轮踏面的磨耗而改变。图 4-23 所示为第四种检查器的结构。

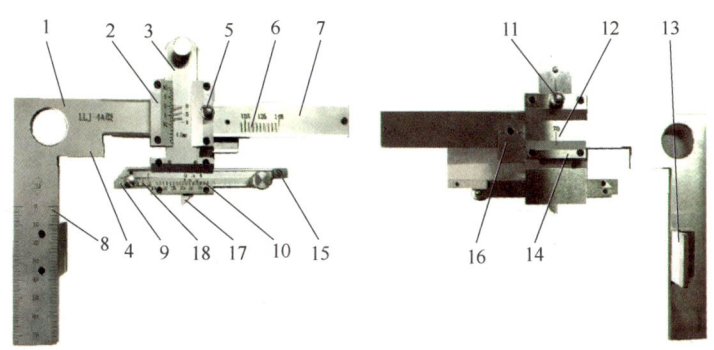

图 4-23　第四种检查器的结构

1—主尺　2—踏面圆周磨耗测尺框　3—踏面圆周磨耗测尺　4—轮缘高度测量定位面
5—尺框紧固螺钉　6—轮辋宽度测尺　7—止钉　8—轮辋厚度测尺　9—轮缘厚度测尺
10—轮缘厚度测尺框　11—踏面磨耗尺紧固螺钉　12—主尺背面滚动圆定位刻线
13—定位角铁　14—踏面磨耗尺框背面滚动圆刻线　15—垂直磨耗测尺
16—定位挡块　17—踏面磨耗测头　18—垂直磨耗刻线

LLJ-4A 型第四种检查器具有测量车轮踏面圆周磨耗、轮缘厚度、轮缘垂直磨耗、轮缘高度、轮辋宽度、轮辋厚度、踏面擦伤深度和长度、踏面剥离深度和长度等功能。

（1）检查第四种检查器

1）确定定检（年、月、日）是否过期。

2）检查第四种检查器零部件是否齐全，有无破损，有无误差，游标移动是否顺畅。

（2）测量车轮踏面圆周磨耗深度　将踏面磨耗尺框背面滚动圆刻线与主尺背面滚动圆刻线对正，拧紧踏面圆周磨耗尺框紧固螺钉。推动踏面圆周磨耗测尺，使其测头接触车轮踏面，读取踏面圆周磨耗测尺上面刻线与踏面圆周磨耗测尺框刻线相重合的数值，即为踏面圆周磨耗数值。

（3）测量轮缘厚度　在完成踏面圆周磨耗测量操作后，推动轮缘厚度测尺，使其测头接触轮缘，读取轮缘厚度测尺上面主刻线与轮缘厚度尺框刻线相重合的数值，即为轮缘厚度数值。

（4）测量踏面擦伤和凹陷深度　尺框带着踏面磨耗测尺在导板上左右移动到擦伤或凹陷最深处，即可测量磨耗型踏面局部擦伤或凹陷深度尺寸。

（5）测量轮辋厚度　将检查器置于车轮上，同轮缘顶部和轮辋内侧面靠紧，从轮辋厚度测尺与轮辋内径密贴处读出数值，此值减去踏面磨耗值即为轮辋厚度。

2. 轮对内距尺

轨道交通车辆轮对内距尺是用于测量车辆轮对内侧距离的专用计量器具。图 4-24 所示为 LLJ-NJ-B 型轮对内距尺的结构。

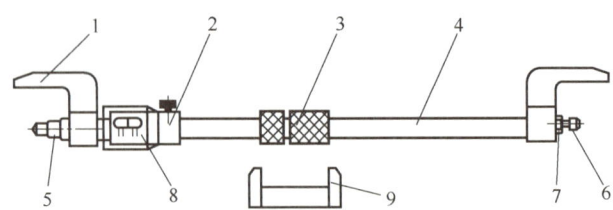

图 4-24　LLJ-NJ-B 型轮对内距尺的结构

1—限位钩　2—示值标套　3—接杆插接器　4—尺身　5—活动测杆
6—调整测头　7—锁紧螺母　8—放大镜　9—校对块

轮对内距尺测量按照下列步骤进行：

1）用于现场作业，检测、测量车轮轮对内距前，拉动活动测杆检查是否运动平稳、灵活，无卡紧或松动现象，内部弹簧工作可靠，螺母紧靠，放大镜目视清晰，无破损等影响测量的现象。

2）LLJ-NJ-B 型组合式轮对内距尺使用时，先装配连接杆插接器，对准凸凹口插入贴紧后，旋转螺口，用校对块检查连杆插接器的两端面符合校对块的内聚力，即符合内距尺整体尺寸精度，表示经反复拆卸的内距尺整体尺寸精度没有变化，否则重新装配或检查问题所在。

3）轮对内距尺使用时，将检查尺 C、D 两部分均放在轮缘顶点上（图 4-25），尺杆与车轴中心线平行，使 C 部先推向一侧车轮轮缘内侧面并紧靠 B 边，然后推动活动测尺 E 部，使 A 边靠紧另一侧轮缘内侧面，将 E 部螺栓拧紧，E 部上的中间刻线所对 D 部上的刻度即为轮对内侧距离的尺寸。测量时，须将车轮圆周方向每 120° 测量 1 处，共测量 3 处。

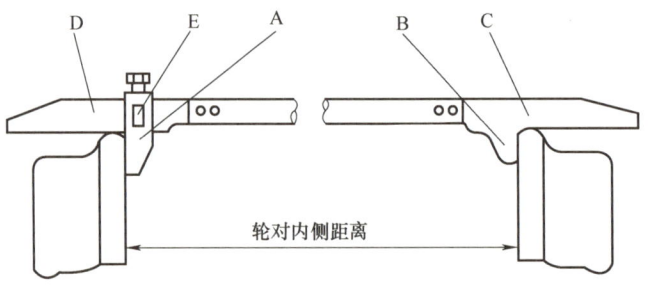

图 4-25　轮对内距测量

3. 轮径尺

轮径尺如图 4-26 所示，用于测量城市轨道交通车辆车轮滚动圆直径，设计有机械指示表和数显表读数方式，但都可以直接读出直径值。车辆轮径尺由测量块、构架、提手、指示表等组成，用于校对城市轨道交通车辆轮径。轮径尺"零位"的标准圆是一段圆弧。该轮径尺采用 V 形三点式间接测量直接读数原理，具有测量误差小、示值稳定性好、直接读出直径值、质量小、操作方便的特点。轮径尺参数见表 4-10。

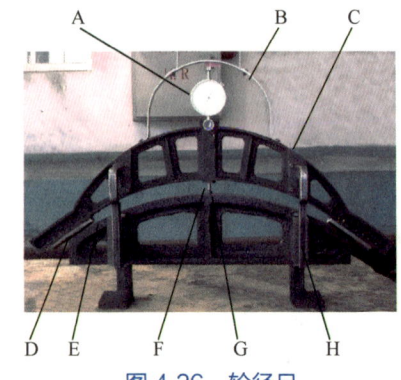

图 4-26　轮径尺

A—指示表　B—提手　C—构架　D—测量块
E—标准圆　F—测杆　G—测头　H—定位块

表 4-10 轮径尺参数

型号	测量范围/mm	分度值/mm	左右轮直径差测量极限误差	车轮直径测量极限误差	质量/kg	标准圆名义直径/mm
GF922-DT	760~860	0.1	0.15	−0.5~0	1.4	810

轮径尺使用方法及步骤如下：

（1）在标准圆上校对"零位"

1）拧紧指示表测头和测量仪测头，以免校对"零位"或做测量时测头松动而带来测量误差。

2）在测量仪上装上指示表。

3）用布清洁测量块、指示表测头与标准圆接触表面，保证表面光滑。

4）将轮径尺放置在标准圆上，保证两测量块均与标准圆弧面接触良好，定位架与标准圆定位端面密贴，然后通过上下移动指示表，将指示表读数调整为标准圆直径值。

（2）测量轮径

1）测量前，用布清洁车轮踏面测量区域表面及车轮内侧面定位区域，保证接触区域表面光滑。

2）测量时，两手握住轮径尺两端的构架部位，放置在被测车轮上，使定位架与车轮内侧面靠紧（因为有磁性，只要一接触就能保证密贴），两手轻轻压一压，至两测量块均与车轮踏面接触到位，再轻轻按压几次，若指示表指示变化较小，这时即可从指示表中读出直径值。

轮径尺在使用过程中的注意事项

1）使用过程中，应防止对各部件的剧烈摔碰，以免损坏和变形。

2）两测量块是测量仪的关键部位，不得拆动，以免影响测量准确度。

3）标准圆使用后要涂润滑油，以防生锈。较长时间不用时，测头、测量块应涂上润滑油。

4）相对运动部位应经常滴少量洁净润滑油。

5）指示表失灵时，可送计量部门比照百分表进行检修。

6）数字式指示表长时间不使用时，要将蓄电池取出。

任务 4.3 转向架零部件的检查与更换

📊 任务描述

根据检修规程的要求,转向架零部件达到使用限度或发生损伤无法继续使用时,需要对转向架零部件进行更换。本任务主要根据转向架检修修程的要求,完成转向架零部件的拆装、检查及更换,保证转向架零部件功能完好、状态良好。

🎯 学习目标

1. 知识目标

掌握转向架零部件拆卸、安装的工艺流程。

2. 能力目标

1)具备制订检修作业计划和检修任务的能力。
2)具备按照作业指导书的要求完成转向架零部件检查及更换的能力。

3. 素养目标

1)培养学生严谨的职业态度。
2)培养学生安全作业、标准作业的意识。
3)培养学生团队协作的意识。

📋 任务工单

任务工单见表 4-11。

表 4-11 任务工单

工 单	转向架零部件的检查与更换		
任 务	按照作业指导书的要求完成转向架零部件的检查及更换		
班 级		姓 名	
学习小组		工作时间	

填写说明:
1. 按照任务工单要求进行相应部件的更换,更换时需进行相应力矩的施加及防松标记的涂打。
2. 若拆下来的零部件存在缺陷,在转向架零部件的检查与更换补充说明中填写。

序号	更换项目	更换结果	
1	横向减振器	更换位置	
		更换结果	完成☐ 未完成☐
		工 具	
		更换步骤	

（续）

序号	更换项目	更换结果		
2	轴箱前盖	更换位置		
		更换结果	完成□ 未完成□	
		工 具		
		更换步骤		
3	接地电刷	更换位置		
		更换结果	完成□ 未完成□	
		工 具		
		更换步骤		
4	速度传感器	更换位置		
		更换结果	完成□ 未完成□	
		工 具		
		更换步骤		

转向架零部件的检查与更换补充说明：

任务准备

实施作业前，需根据任务工单的要求制订作业计划，明确作业任务要求，制定标准化作业流程，并完成表 4-12 的填写。

表 4-12 作业计划表

作业项目		转向架零部件的检查与更换	
作业场地	检修库	作业设备	地铁列车转向架
作业整体要求			

1. 按照要求穿戴好劳保用品。
2. 作业前，确认相应轨道接触网断电并挂好接地线、受电弓降弓、列车处于断电状态，断开蓄电池控制开关。
3. 列车两端放置"禁止动车"牌，两端司机室升弓按钮处挂"禁止升弓"牌，列车上电旋钮处挂"禁止合闸"牌。
4. 作业结束后，清洁现场并复位工具。

（续）

作业工具、工装及耗材			
序号	名 称	数量	备 注
1	钢丝钳	1把	
2	塞尺	1把	
3	呆扳手	1套	
4	扭力扳手	3把	
5	记号笔	2支	
6	清洗剂	1瓶	
主要作业项			
储备知识点			
作业分工			
作业人员		检验人员	
监督人员		评价人员	
日期：			

任务实施

按作业指导书（表4-13）进行任务实施。

表4-13 作业指导书

序号	项目	作业程序及标准	图 示
1	更换横向减振器	1）用扳手松开减振器固定螺栓，依次取下螺栓、垫片 2）取下横向减振器放置在待存区 3）用清洗剂清洗减振器安装面和安装孔，用擦拭布擦拭，清除原有防松标记	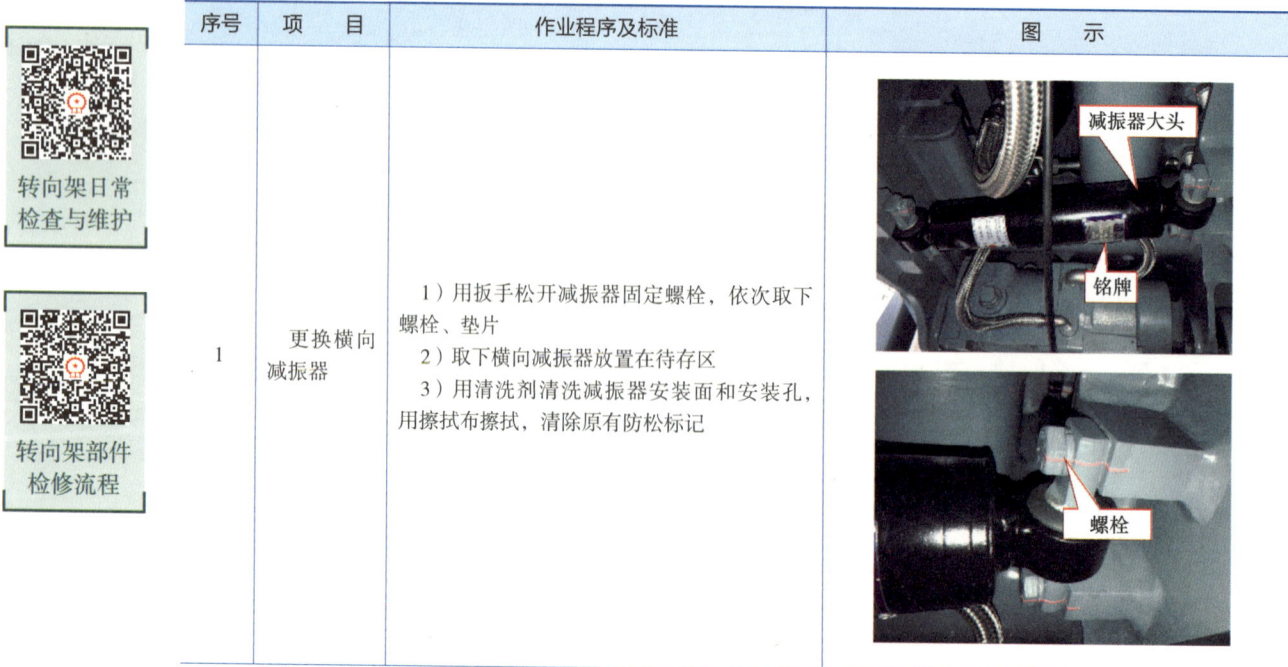

（续）

序号	项　目	作业程序及标准	图　示
1	更换横向减振器	4）使用新的螺栓、垫片安装新的横向减振器，横向减振器大头朝构架中心，铭牌朝下 5）使用力矩扳手紧固螺栓并涂打防松标记	
2	更换轴箱前盖	1）用钳子拆下防松铁丝 2）使用套筒、棘轮扳手松开轴箱前盖螺栓 3）拆下轴箱前盖放置在待存区 4）清除原有防松标记 5）在新轴箱前盖密封橡胶圈上涂润滑剂，将新的轴箱前盖复位，并按规定进行安装，对角线轮流紧固螺栓用100N·m的力矩紧固，打防松标记，绑扎防松铁丝	 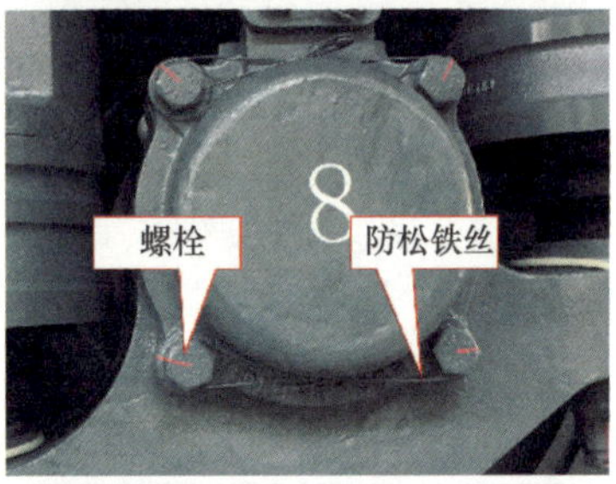
3	更换接地电刷	1）用六角扳手松开端盖的3颗内六角圆柱头螺钉M6×16，取下端盖 2）用挑针取下刷架上的O形密封圈，用六角扳手松开电刷的3颗内六角圆柱头螺钉M6×16，将电刷从电刷架中抽出 3）取出电刷，测量电刷高度是否达到磨耗极限（5mm以内）。如果达到或接近，则进行更换 4）将3个电刷插入本体3个内腔，固定电刷的电缆接线端子，调整电缆角度，使得卷簧能够自由通过，紧固3个M6×16螺栓、M6的碟形垫片（力矩为8.5N·m），涂打防松标记。将O形圈装到刷架的沟槽内，O形圈安装后应无损伤、无扭曲变形	  

序号	项目	作业程序及标准	图示
3	更换接地电刷	5）端盖组装，用3个M6×16螺栓串上尼龙垫、金属垫，将端盖安装到刷架上，安装过程中注意调整电刷电缆不能与弹夹、端盖接磨，紧固力矩为8.5N·m，涂打防松标记。安装完成后，双手按压接地装置，电刷活动应无卡滞	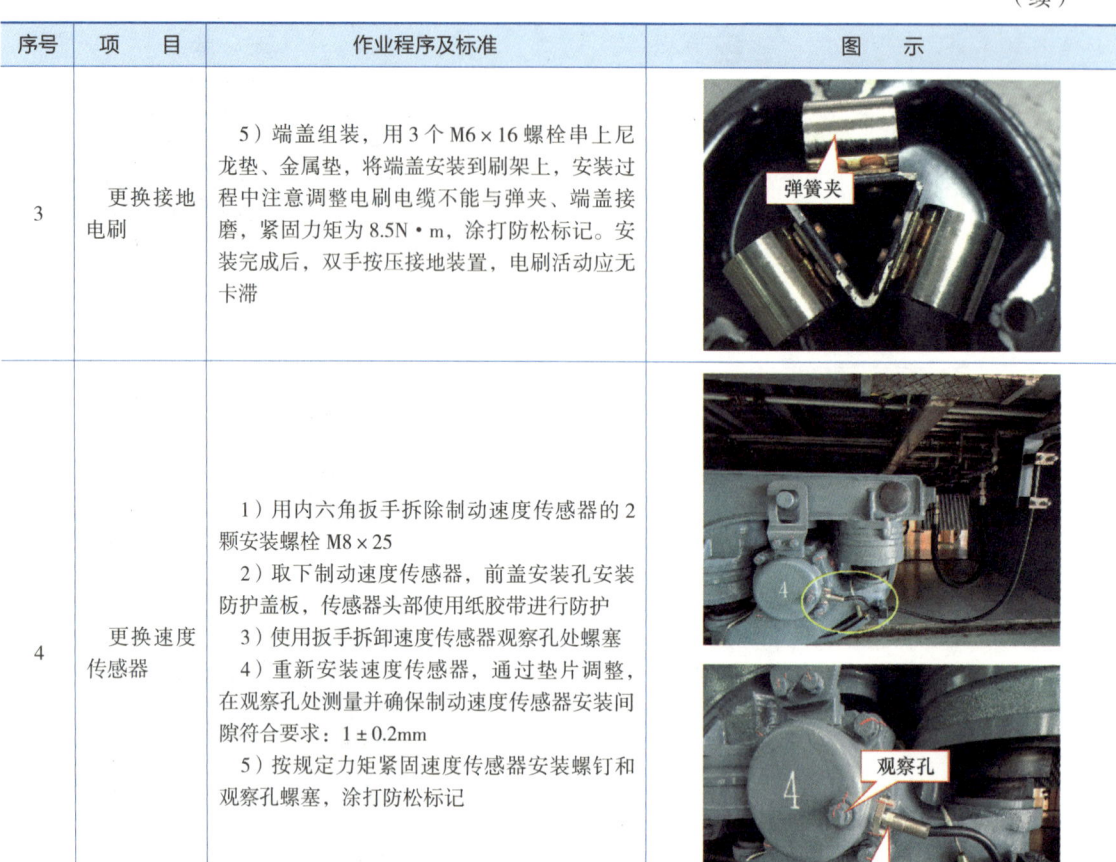
4	更换速度传感器	1）用内六角扳手拆除制动速度传感器的2颗安装螺栓M8×25 2）取下制动速度传感器，前盖安装孔安装防护盖板，传感器头部使用纸胶带进行防护 3）使用扳手拆卸速度传感器观察孔处螺塞 4）重新安装速度传感器，通过垫片调整，在观察孔处测量并确保制动速度传感器安装间隙符合要求：1±0.2mm 5）按规定力矩紧固速度传感器安装螺钉和观察孔螺塞，涂打防松标记	

评价反馈

小组之间进行交流，总结任务学习和实施过程中出现的问题、解决的方法，收获的知识及技能。以小组为单位，选择演示文稿、报告及视频等形式中的一种或多种，汇报小组学习成果。

任务考核评价主要涉及：①对知识点的理解与运用评价；②任务实施过程中的计划制订、知识获取、安全规范、任务实施、任务完成等；③小组任务实施中的知识、技能及素养的提升。

任务量化评分表见表4-14。

表4-14 任务量化评分表

考核项目	评分标准	分数	学生自评	小组互评	教师评价	小计
知识掌握	是否掌握任务基础知识	10				
任务计划	是否正确、合理	10				
作业安全	有无安全隐患	10				
现场5S	是否做到	10				
操作过程	是否正确、合理	20				
任务完成情况	是否标准规范	20				
工具、设备的使用	是否正确、规范	5				

（续）

考核项目	评分标准	分数	学生自评	小组互评	教师评价	小计
任务工单的填写	工单填写是否完整、正确	5				
团队合作	是否和谐	5				
劳动纪律	是否能严格遵守	5				
总分		100				
得分						

教师签字：　　　　　　　　　　　　　　　年　月　日

注：若违反操作规程，出现人身伤害或设备损坏的严重事故，本任务考核得 0 分。教师评价分数占总分的 60%，小组互评分数占总分的 20%，学生自评分数占总分的 20%。

知识储备

1. 转向架大修总体要求

转向架大修时，需对转向架进行分解、清洗、去漆、探伤、检修、涂装、组装、试验，对各部件进行清洁、检修、试验。

1）转向架的部件包括轮对轴箱装置、基础制动装置、一系悬挂装置、中心销组成、横向油压减振器、牵引拉杆组成、横向缓冲器、垂向止挡、空气弹簧组成、齿轮传动装置、联轴节、高度阀调整杆组成、安全钢索、各制动管路、轮润滑缘装置、各传感器电缆、各轴端装置、水平梁、TIA 天线、铭牌。

2）转向架拆卸后须及时对裸露在外的金属表面涂油或用纸胶带进行防护。

3）部件清洗须采用水和中性清洗液（温度不超过 60℃）。清洗时，须对各管口、部件装配安装面、线缆插头、构架工艺安装孔等部位做防水处理，防止生锈。构架清洗后应无积垢、无油脂，清洗后需对构架所有外露装配表面涂防锈油脂。

4）需要使用通止规检查所有部件上的安装螺纹孔，螺纹孔内应无毛刺、污垢。车轴轴端三孔螺纹不得损坏。

5）各部件组装、安装用紧固件、橡胶件应及时更新。

6）构架检修前，须清除构架所有螺纹孔内异物并作有效封堵，在清洗、去漆、探伤、喷漆等过程中，螺纹孔内不得有异物进入。

7）禁止对转向架轮对组成（包括车轮、车轴、轴箱组成等部件）实施电焊打火作业。

8）及时更新齿轮箱吊杆与构架连接的紧固件、橡胶垫、润滑油油漏、开口销、润滑油、脂。

9）拆卸前，对大、小轴承的游隙、齿轮啮合侧隙进行测量并记录。

10）在转向架检修过程中，零部件的表面涂装按相关涂装规定执行。

2. 检修构架

1）对构架进行清洗、打砂、探伤（使用磁粉探伤检查转向架构架的关键焊缝）、气密性试验、涂装。

2）构架焊缝应无裂纹等缺陷。出现裂纹等缺陷时须打磨焊修，焊修后焊缝表面须打磨处理并再次探伤检查。

3）构架表面应无划伤、磕碰等缺陷。

4）对构架尺寸进行测量，并做好记录，对弯曲变形超限的构架进行调修。

5）构架检修后，对构架横梁附加气室进行气密性试验，充入 600kPa 空气，压力稳定后保压 5min，泄漏量不超过 10kPa。

3. 检修轮对轴箱组成

（1）车轮

1）车轮进行清洗、探伤、外观检查、镟修、参数调整，检修完成后涂装面漆，与齿轮箱、轴箱组装进行跑合试验。

2）踏面不得有剥离、擦伤及沟槽等，同一轮对的两个车轮轮辋宽度差应小于2mm，同一轮对两侧轮径差应小于1mm，同一转向架轮径差应小于2mm，同一辆车轮径差应小于3mm。轮缘尺寸、踏面有缺陷或参数超过前述标准的，应按《机车车辆车轮轮缘踏面外形》（TB/T 449—2016）的相关标准进行车轮轮缘踏面的修复。

3）车轮磨耗后车轮直径减小到规定值时，需在空气弹簧与空气弹簧座之间加调整垫调整车体高度，牵引销与车体枕梁之间应相应地加相同厚度的调整垫并记录加垫厚度。

4）更新车轮时，须满足以下要求：

① 同一车轴上需组装同厂家、同型号、同材质的车轮。

② 车轮更新时，原车轴不得原形重复压装，需对车轴轮座进行加工处理。加工后，轮座尺寸形位公差及表面粗糙度需满足图样要求。

③ 轮、轴压装需进行选配测量，保证过盈量。

④ 轮对组装后，轮对内侧距符合1353±2mm，内侧距三点差不大于1mm，轮位差不大于1mm。

（2）车轴

1）对车轴进行超声波探伤，镶入部应无裂纹。对车轴轴颈、防尘板座及轮座两侧外露圆弧位置进行磁粉探伤，轴身应无损伤、无裂纹。

2）轴颈检查要求在室温下进行，必须停放在室内8h以后进行，确保测量数据准确。检查轴颈表面，应无划痕、锈蚀等缺陷。

3）车轴不能进行焊接等可能对车轴产生热损伤的操作。

（3）轴箱组成

1）清洁轴箱体，整体去漆后磁粉探伤，应无裂纹。

2）各安装配合面彻底除锈。

3）轴箱组装完毕后，应转动灵活且无漏油等异常，轴向游隙满足要求。

4）轴箱组装后，需进行跑合试验。跑合试验时，不得有异响、卡死、温升异常等现象。运转时，全程测量轴箱外各点的温升，不得超过环境温度30℃，并做好记录。

5）清洗及检查轴箱后盖，应无裂纹、变形等缺陷，不允许焊修。

6）轴箱后盖迷宫槽不得有凹陷、变形，若有锈蚀、毛刺、尖角，应消除。

7）检查轴箱前盖槽，去除锐边毛刺，消除锈蚀部位。

8）轴箱前盖和后盖所有密封圈应及时更新。

9）轴箱前盖安装后，需在标志牌上刻打轴号、组装日期。

10）轴端压盖和轴端测速齿轮清洗后，应进行外观检查，出现裂纹、损坏、变形扭曲、齿轮缺损，应及时进行更新，出现安装螺纹孔损坏时应及时更新，螺栓、垫圈、防松铁丝、止转垫圈应及时更新。

11）防尘圈清洗后进行检查，迷宫槽不得有凹陷、变形，若有锈蚀、毛刺、尖角，应消除。

12）轴箱吊耳进行磁粉探伤检查，应无裂纹。

（4）轴承

1）滚动轴承用专用工装进行拆卸、安装，轴承进行分解、清洗、检修。

2）检查轴承，应无剥离、擦伤、电蚀、挡圈卡伤、缺损等表面损伤，密封圈配合部位无残留痕迹。

3）清洗前，对轴承各部位的润滑脂进行检查，润滑脂颜色、稠度等有变化或与其他轴承比较有异常时，需做进一步化验检查。

4) 轴承挡圈的内径、挡边面等应无磨损、卡伤、锈蚀等异常情况。

5) 轴承间隔圈的挡边面等应无磨损、卡伤、锈蚀等异常情况。

6) 防尘挡圈内表面无损伤。

7) 轴承迷宫式密封圈应及时换新。

8) 轴颈及防尘挡圈座应符合标准，防尘挡圈和防尘挡圈座选配应满足过盈量标准要求。

9) 车轴与滚动轴承的配合面应涂抹润滑剂。

10) 安装轴承时，作用压力应符合标准要求。压好后，应保证轴承内圈端部与防尘挡圈密贴。轴承内圈与车轴的过盈量应满足要求。

（5）轴端设备

1) 检查接地摩擦盘的状态，摩擦表面划痕深度应小于标准限值。

2) 检查盖、弹簧、电刷导块、压力装置、端子等零部件，对损坏的零部件应及时进行更新、更新有锈蚀的端子。

3) 检查接地电缆时，要求测试电缆导通状态，应良好，线缆绝缘层应无破损。

4) 更新轴端装置组成密封圈、制动速度传感器、管卡、密封垫、信号传感器紧固件。

5) 制动速度传感器安装间隙应满足要求。

4. 检修牵引装置

（1）牵引梁组成

1) 牵引梁组成焊缝进行磁粉探伤检测，应无裂纹。其余部位应无锈蚀、变形、裂损等异常。

2) 牵引销、牵引销座拆卸清洁后，进行渗透探伤检测，应无裂纹、无变形等缺陷。牵引销螺母外观状态应良好，无变形，螺纹应无损伤。

3) 牵引销螺纹应无缺扣、乱丝、变形。

4) 复合弹簧应及时更新。

（2）牵引拉杆组成

1) 牵引拉杆橡胶节点应及时更新。

2) 牵引拉杆整体抛光除锈后探伤，应无裂纹。

3) 安装后，牵引拉杆与构架及牵引梁连接配合面应密贴。

5. 检修一系悬挂装置

1) 叠层橡胶弹簧、螺栓、止转垫圈、铁丝应及时更新。

2) 对一系弹簧调整垫进行除锈处理，更新严重锈蚀且打磨无效的调整垫。

3) 动车、拖车叠层橡胶弹簧性能参数值不同，须标识区分。装车时，注意动车、拖车之分（动车转向架装带"M"标识的叠簧，拖车转向架装带"T"标识的叠簧），左、右件之分（左体弹簧带有"L"标识，右体弹簧带有"R"标识）。

4) 安装调整垫时，应保证在同一轴箱体的两个叠簧下加相同厚度的调整垫。

5) 组装轴箱弹簧时，轴箱座上应涂铁道Ⅲ型脂。

6. 检修二系悬挂装置

（1）空气弹簧组成

1) 更新空气弹簧组成（包括O形密封圈）。

2) 各连接处油润良好，涂抹铁道Ⅲ型脂。

3) 底座不得有严重的锈蚀，深度不大于2mm。

4) 落车后检查，确认空气弹簧上面板与车体的空气弹簧座之间密贴。

（2）油压减振器

1) 分解横向油压减振器，更新橡胶节点、油封、各橡胶件、密封环、紧固件、防松垫片、减振器油。

2）重新组装后进行性能试验。

3）依据《机车车辆油压减振器技术条件》TB/T 1491—2015 的规定，进行阻尼力试验和泄漏试验，泄漏试验后减振器应无泄漏。

4）检修合格后，须对油压减振器表面重新喷涂油漆。

（3）高度调节阀组成

1）检查高度阀调节杆状态：杆体应无扭曲变形，两端关节轴承或万向轴应无卡滞、电蚀现象。更新橡胶件及紧固件。

2）调节杆座表面应无锈蚀现象。

3）对高度阀杆进行分解（关节轴承不分解），并对杆体及螺纹进行清洗，清洗干净后重新组装并加注防锈油，组装后外露螺纹位置在装车前涂抹防锈油。

4）更新橡胶件、挡圈、弹簧等。

5）对高度调节阀进行试验。

（4）差压阀

1）外观清洁及检查，应干净、无损坏。

2）清洗内部零部件及检查，应干净、无损伤。

3）组装时，更新橡胶件、弹簧等。

4）进行差压阀试验台试验。

（5）安全钢索

1）清洁安全钢索，对断股的钢索进行更新。

2）活动端头索具套环内孔两侧应清洁、无污垢，调整端头关节轴承球头表面应清洁、无污垢。表面涂抹锂基润滑脂。

3）钢索尼龙套应及时更新。

4）垫片有折断现象时应及时更新。

5）关节轴承球头应无卡死、无变形、无裂纹，不锈钢套应无松动、窜出，防松螺母应无松动。

6）钢丝绳断丝或受外力产生永久性变形，或者连接套变形，安全钢索应更新。

7）检修合格的安全钢索抽检进行拉力试验，应不脱出、无断股。

8）整车落成安装安全钢索后，安全钢索调整后的自由伸缩量应满足要求。

9）装车后，在空气弹簧充风前检查钢丝绳，不得磨损空气弹簧胶囊及构架。

7. 检修驱动装置

（1）齿轮箱组成

1）清洗、分解检修齿轮箱。

2）齿轮箱外表面清洗，无污物。箱体外观无磕碰、裂纹、腐蚀等缺陷，对应力点齿轮箱上箱体吊杆座部位、下箱体放油孔底板处进行探伤。

3）检查小齿轮轴，轴表面应光滑，无拉伤、无裂纹，轴伸端应无损伤，螺纹部分及注油孔应良好。

4）齿轮箱大、小齿轮齿面磁粉探伤，无裂纹、剥离和异常磨耗。

5）小齿轮轴承应及时更新。

6）大轴承清洗后，检查表面无剥离、擦伤、挡圈卡伤、缺损等损伤。

7）检查齿轮箱支架，齿轮箱支架受力点（螺栓连接处）探伤，应无裂纹等缺陷。

8）检查磁性加、放油螺塞，磁头无铁屑及铁片吸附，清洁磁性螺塞。

9）用脱漆剂清除吊杆表面的油漆后进行磁粉探伤检查，更新专用衬套，销轴应紧固并防松良好。

10）齿轮箱吊杆调整垫应无变形、损坏，吊杆安装后不得偏斜，带槽螺母及开口销应安装良好，螺纹部位及螺母座面须预涂二硫化钼。

11）更新齿轮箱润滑油，清洁齿轮箱油位观察玻璃。

12）各密封面及迷宫槽不得损伤。

13）组装好的齿轮箱组成须进行齿轮传动装置跑合试验。

（2）联轴节

1）联轴节外观状态检查，用煤油清洗，对联轴节本体进行磁粉探伤检查，有裂纹时应及时更新。各零部件不得有损伤、变形、裂纹。

2）缓冲橡胶、挠性板、紧固件应及时更新。

3）轴端螺母应紧固良好。

（3）接地装置

1）线缆外观检查，应无破损、变色，加热缩管、接线端子应无裂纹、变色或烧损痕迹。有断裂或松脱的，需重新压接。

2）内部清洁，应无异物、无烧损痕迹。

3）专用垫片、密封垫片、紧固件、推力弹簧、绝缘垫、绝缘套管应及时更新。

4）电刷线缆断股不超过10%，螺栓压接紧固。

5）检查接地电刷，应无裂纹或变色，绞合线或接线端子应无变色或断股，电刷在电刷架中的动作应灵活，在滑环的电刷接触面上应无锈蚀或异常磨损。

8. 检修附属装置

（1）横向止挡、垂向止挡

1）横向止挡橡胶件应及时更新，各部件应无损伤、无裂纹。

2）垂向止挡螺栓、螺母状态应良好，无变形。

（2）水平梁

1）清洗水平梁及安装座表面污物。

2）水平梁及安装座所有焊缝磁粉探伤，应无裂纹。

3）水平梁安装座橡胶关节和止挡应及时更新。

4）各部件安装应紧固良好，无异常。

5）天线安装座焊缝探伤检查。

6）排障器应无扭曲、无变形，对焊缝位置处进行磁粉探伤，应无裂纹。

（3）制动管路

1）制动管路须进行清洗、高压风吹扫。在管路组装或分解过程中，须及时对管口做好防护。

2）更新所有管接头的密封圈、卡套、管卡和制动软管。

3）管路做分解检查，外观应无磨损、变形和裂纹等缺陷。

4）管路组装前，用高压风清除管路内杂质和灰尘。

5）管路组装时，所有紧固件的螺纹结合面应涂螺纹锁固胶243，管螺纹密封处的螺纹结合面须涂密封胶577，管道连接处涂抹凡士林润滑。

（4）轮缘润滑装置

1）轮缘润滑装置状态检查及清洁：分解检修油箱、管路、气动泵、油气分配器，清洗各零部件，更新O形圈、润滑脂，气动泵组装后功能试验应正常。

2）安装时，调整喷嘴距轮缘的位置，喷口距轮缘距离在25~30mm之间，喷嘴中心与车轮内侧面的夹角应为30°~45°。

9. 检修转向架

（1）转向架组装与试验

1）进行气密性试验，在空气弹簧工作高度条件下，两侧空气弹簧及附加气室同时充入

500kPa 压力空气，保压 15min，压力下降不大于 25kPa，检查各管路及空气弹簧座平面，不得有泄漏。

2）各紧固件按照规定力矩要求紧固到位，涂打防松标记应规范。

3）按要求进行空载试验、动作试验、气密性试验。

4）测量转向架轮对接地电阻，轮对两踏面间的电阻应不大于 0.01Ω。

5）所有设备、配管和电缆线应留有足够的空间，防止在车辆通过曲线及运行时被剐蹭、扯拽。

（2）转向架落成

1）进行轮重差调整。

2）在标准轨上，当车体落在转向架上及空气弹簧充气前，测量构架测量基准面到车体空气弹簧基准面的距离。充气后，调整高度阀调节杆长度，保证构架测量基准面到车体空气弹簧基准面的距离满足要求，否则添加调整垫。

3）整车落成后，在 AW0 状态下测量一系止挡间隙。

4）排障器下端面到轨面距离应满足要求。

5）TIA 天线最底面距轨面高度应满足要求。

6）横向止挡与与中心销座侧面之间距离应满足（10±1）mm。

7）垂向止档螺栓与牵引梁间隙应满足（30±3）mm。

8）中央牵引下端盖间隙应满足 10~15mm。

9）牵引电动机的小轴中心和小齿轮小轴中心之间的高度差（联轴节偏心量）应满足要求。

10）测量转向架两侧车轴距离值，同一转向架的两侧车轴距离值之差不得大于 1mm，且每侧轴距须为（2200±2）mm。

11）轮缘润滑装置喷嘴的调整：喷嘴喷口处应对准轮缘内侧，间距在 25~30mm 之间，喷嘴中心与车轮内侧面的夹角应为 30°~45°。

项目 5
城市轨道交通车辆车钩缓冲装置的检修

任务 5.1 车钩缓冲装置的检查

任务描述

车钩缓冲装置用来实现车辆和车辆之间的连接,并传递和缓和列车在运行中或在调车时产生的纵向力和冲击力。本任务主要完成车钩缓冲装置的检查,确保车钩缓冲装置各零部件外观正常、连接可靠、功能正常。

学习目标

1. 知识目标
1)掌握车钩缓冲装置的结构和作用。
2)掌握车钩缓冲装置检查与维护的作业内容及方法。

2. 能力目标
1)具备制订检修作业计划和检修任务的能力。
2)具备按照作业指导书的要求完成车钩缓冲装置的检查与维护的能力。

3. 素养目标
1)培养学生严谨的职业态度。
2)培养学生安全作业、标准作业的意识。
3)培养学生团队协作的意识。

任务工单

任务工单见表 5-1。

表 5-1 任务工单

工 单	车钩缓冲装置的检查		
任 务	按照作业指导书的要求完成车钩缓冲装置的检查与维护,保证车钩缓冲装置外观正常、连接可靠、部件功能良好		
班 级		姓 名	
学习小组		工作时间	

填写说明:
1. 检查结果若无缺陷情况,在"正常"选项后面框中画钩。
2. 检查结果若有缺陷情况,在"不正常"选项后面框中画钩,并在"车钩缓冲装置的检查记录补充说明"栏中做详细记录。

序号	分 类	检查项目	检查结果
1	半自动车钩	外观	正常□ 不正常□
2		钩头	正常□ 不正常□
3		连接环	正常□ 不正常□
4		手动解钩功能	正常□ 不正常□
5		接地电缆状态	正常□ 不正常□
6		总风管、前端密封圈状态	正常□ 不正常□
7		压溃管及指示销状态	正常□ 不正常□
8		紧固件	正常□ 不正常□
9		对中装置	正常□ 不正常□

（续）

序号	分类	检查项目	检查结果
10	半自动车钩	解钩拉手	正常□ 不正常□
11		车钩钩锁及中心销	正常□ 不正常□
12		车钩高度调整橡胶支撑及支架	正常□ 不正常□
13	半永久车钩	外观	正常□ 不正常□
14		压溃管及指示销状态	正常□ 不正常□
15		连接卡环	正常□ 不正常□
16		紧固件	正常□ 不正常□
17		总风管密封状态	正常□ 不正常□
18		接地电缆状态	正常□ 不正常□
19		车钩高度调整橡胶支撑及支架	正常□ 不正常□

车钩缓冲装置的检查记录补充说明（必要时填写）：

任务准备

实施作业前，需根据任务工单的要求制订作业计划，明确作业任务要求，制定标准化作业流程，并完成表 5-2 的填写。

表 5-2　作业计划表

作业项目		车钩缓冲装置的检查	
作业场地	检修库	作业设备	地铁列车车钩缓冲装置
作业整体要求			
1. 按照要求穿戴好劳保用品。 2. 作业前，确认相应轨道接触网断电并挂好接地线、受电弓降弓、列车处于断电状态，断开蓄电池控制开关。 3. 列车两端放置"禁止动车"牌，两端司机室升弓按钮处挂"禁止升弓"牌，列车上电旋钮处挂"禁止合闸"牌。 4. 作业结束后，清洁现场并复位工具。			
作业工具、工装及耗材			
序号	名称	数量	备注
1	手电筒	1个	
2	擦拭布	若干	
主要作业项			
储备知识点			
作业分工			
作业人员		检验人员	
监督人员		评价人员	
日期：			

任务实施

按作业指导书（表5-3）进行任务实施。

表5-3 作业指导书

序号	项 目	作业程序及标准	图 示
1	半自动车钩	目视检查外观，应无损坏、无裂纹，各部件表面油漆应无破损、无剥落	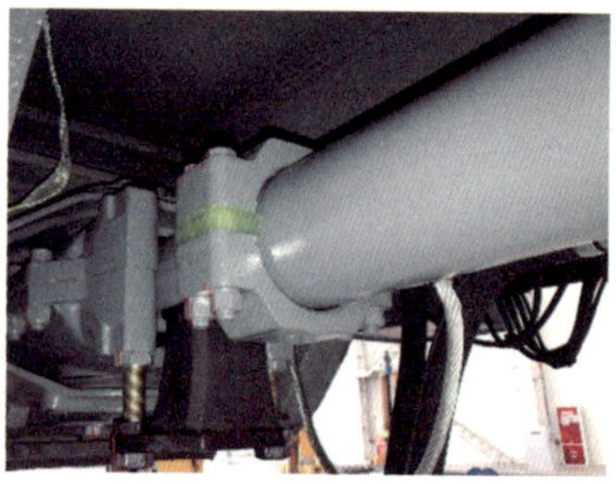
		目视检查钩头，应无异物，连接面良好，钩头干净、无锈蚀	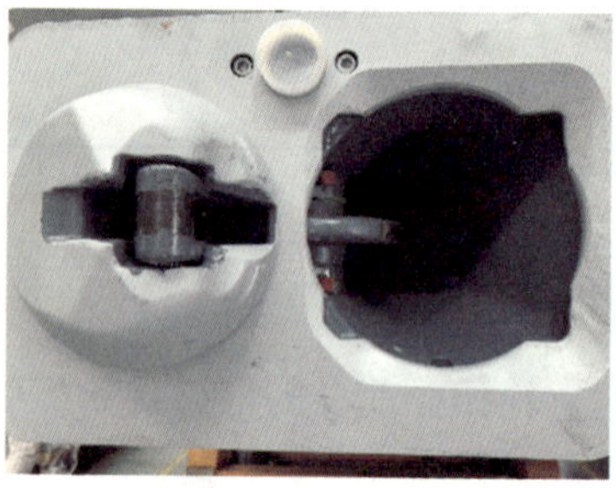
		检查连接环外观，应良好，螺栓应无损坏或遗失，推动接口处应无松动	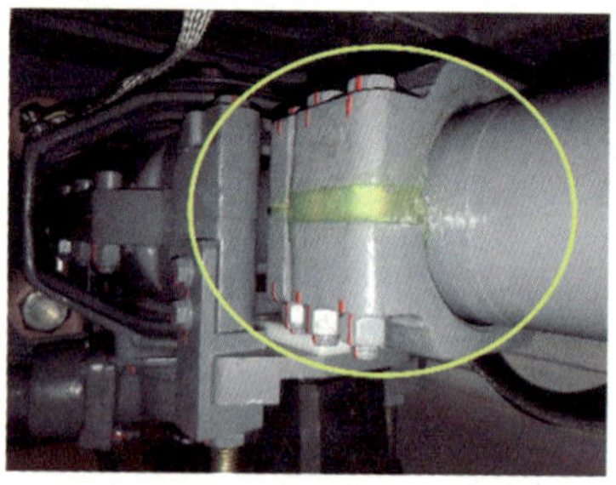
		手动推动解锁手柄，检查钩头拉簧状态，应良好、解钩手柄功能正常	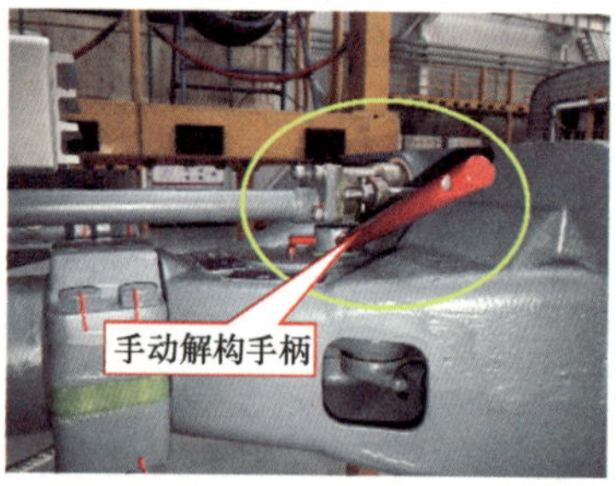 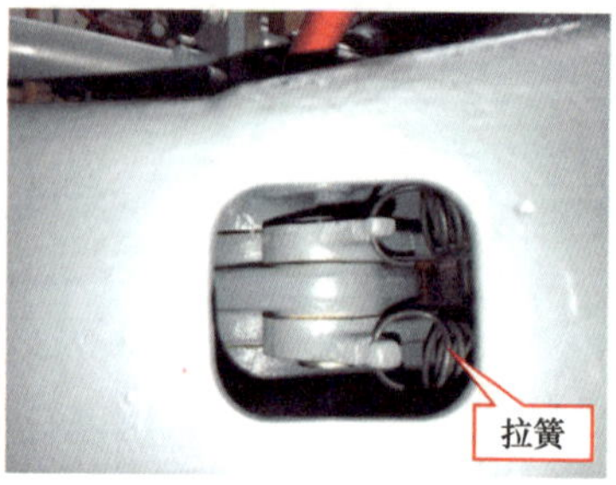

项目 5　城市轨道交通车辆车钩缓冲装置的检修

（续）

序号	项目	作业程序及标准	图示
1	半自动车钩	目视检查接地电缆，应安装牢固、无破损、无接磨	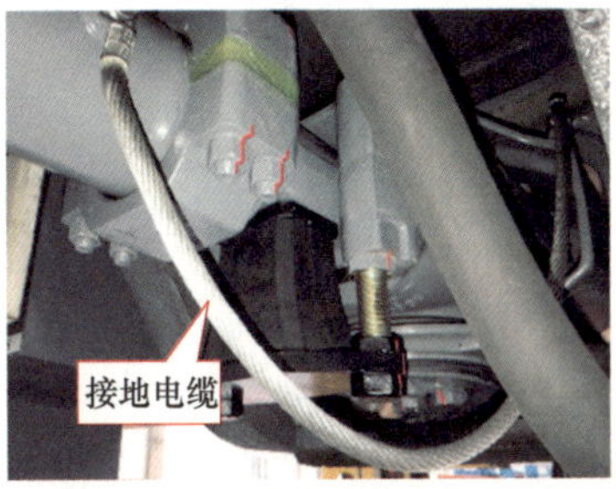 （接地电缆）
		1）目视检查总风管管口，应干净、无异物；O 形密封圈安装应良好 2）目视检查风管防护盖，应无缺失 3）耳听检查总风管路，应无漏气	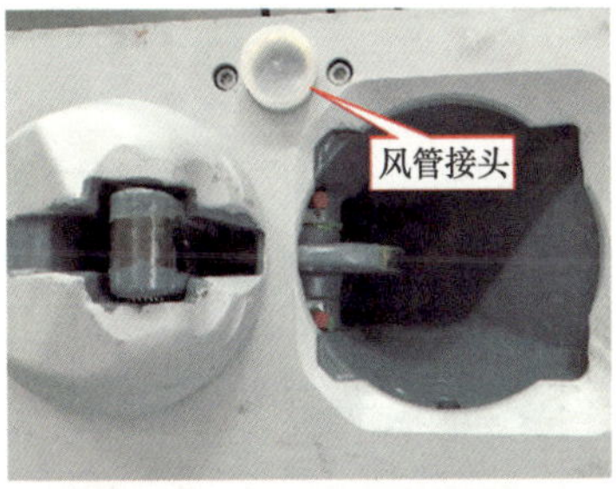 （风管接头）
		1）目视检查压溃管，应无损伤、无变形，表面油漆应无破损 2）压溃管指示销应未触发	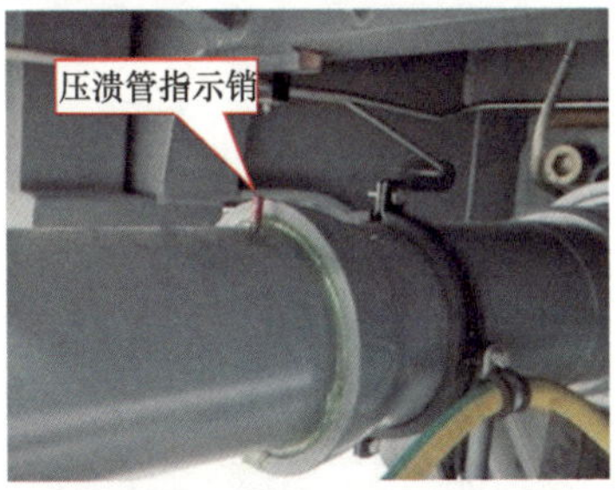 （压溃管指示销）
		检查各安装螺栓和连接螺栓，应无松动	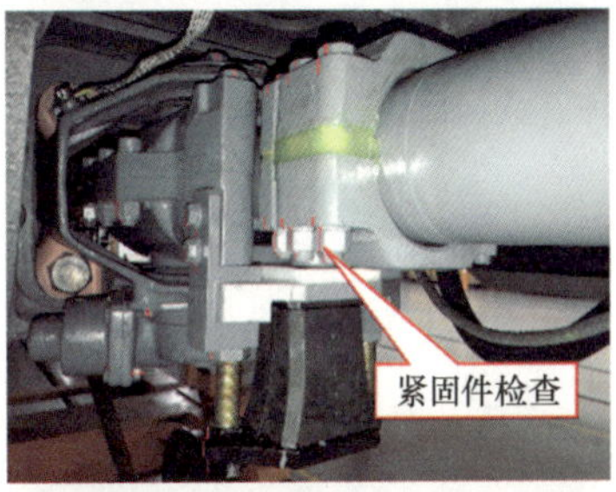 （紧固件检查）
		1）检查对中装置的紧固螺母和螺栓，应无损坏、位置正常 2）用手推动检查对中装置，应功能正常	
		拉动手动解钩手柄，从车钩的正面可以看到连挂机构的运动。连挂机构应能自由移动，没有任何松弛或阻滞。检查指示器是否指到正确连挂位置（红色箭头对准红色刻度线）	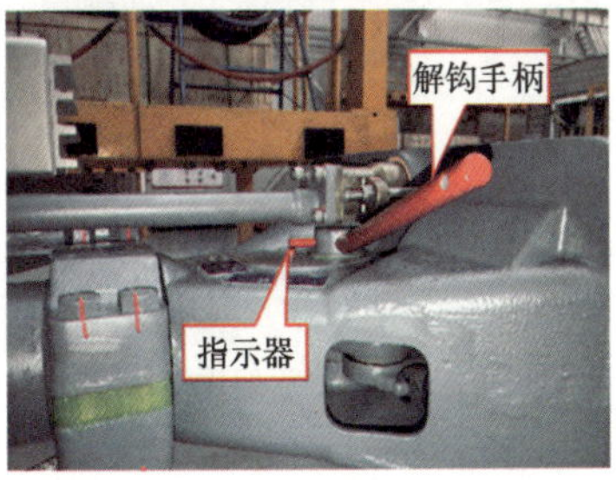 （解钩手柄、指示器）

（续）

序号	项　目	作业程序及标准	图　示
1	半自动车钩	1）检查车钩钩锁，应运动自如、润滑良好 2）手动推动解锁手柄，检查车钩中心销轴承，应转动灵活、润滑良好	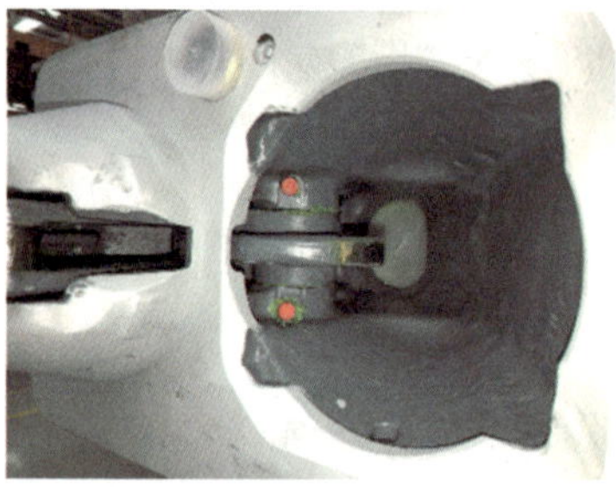
		目视检查车钩高度调整橡胶支撑及支架外观，应良好、无裂纹	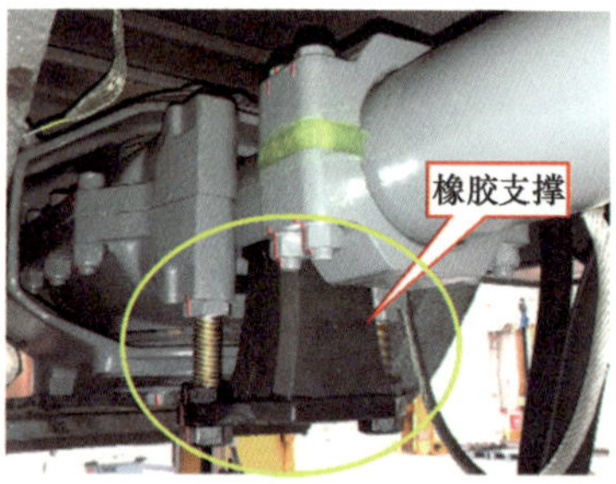
2	半永久车钩	目视检查外观，应无损坏、无裂纹；各部件表面油漆应无破损、无剥落	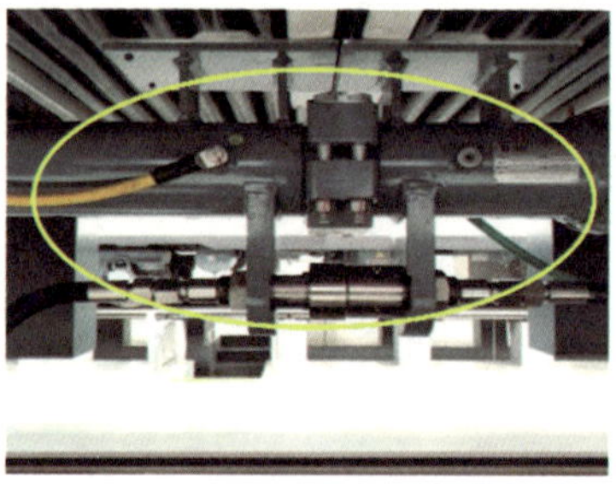
		1）目视检查压溃管，应无损伤、无变形，表面油漆应无破损 2）压溃管指示销应未触发	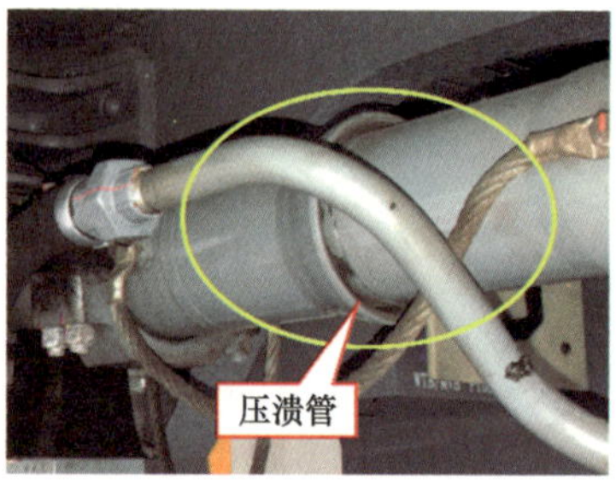
		检查连接环外观，应良好，螺栓应无损坏或遗失，推动接口处应无松动	
		检查各紧固件，应紧固状态良好，防松标记应无错位	—

（续）

序号	项　目	作业程序及标准	图　示
2	半永久车钩	检查总风管密封状态，耳听检查总风管路，应无漏气	风管连接
		目视检查接地电缆，应安装牢固、无破损、无接磨	接地电缆
		目视检查车钩高度调整橡胶支撑及支架外观，应良好、无裂纹	橡胶支撑

 评价反馈

小组之间进行交流，总结任务学习和实施过程中出现的问题、解决的方法，收获的知识及技能。以小组为单位，选择演示文稿、报告及视频等形式中的一种或多种，汇报小组学习成果。

任务考核评价主要涉及：①对知识点的理解与运用评价；②任务实施过程中的计划制订、知识获取、安全规范、任务实施、任务完成等；③小组任务实施中的知识、技能及素养的提升。

任务量化评分表见表5-4。

表5-4　任务量化评分表

考核项目	评分标准	分数	学生自评	小组互评	教师评价	小计
知识掌握	是否掌握任务基础知识	10				
任务计划	是否正确、合理	10				
作业安全	有无安全隐患	10				
现场5S	是否做到	10				
操作过程	是否正确、合理	20				
任务完成情况	是否标准规范	20				
工具、设备的使用	是否正确、规范	5				

（续）

考核项目	评分标准	分数	学生自评	小组互评	教师评价	小计
任务工单的填写	工单填写是否完整、正确	5				
团队合作	是否和谐	5				
劳动纪律	是否能严格遵守	5				
总分		100				
得分						

教师签字：　　　　　　　　　　　　　　　　　　　年　月　日

注：若违反操作规程，出现人身伤害或设备损坏的严重事故，本任务考核得 0 分。教师评价分数占总分的 60%，小组互评分数占总分的 20%，学生自评分数占总分的 20%。

知识储备

车钩缓冲装置是车辆最基本的也是最重要的部件之一，用于连接列车的各个车厢，连通列车内部的机械、风路和电路，从而使车辆形成一个整体。车钩缓冲装置能够为车辆传递牵引和制动力，缓和列车在运行中或调车时所产生的纵向冲击力，并且车钩缓冲装置具有一定的转动功能，能够使车辆顺利通过曲线。

1. 全自动车钩缓冲装置

全自动车钩在车钩头上设置有空气管路接口和电气插接器，车钩可以实现机械连挂、空气管路连接和电气连接。电气插接器配置动作风缸及相应机构，可以实现机械、空气和电气的全自动连接和分离，可由司机在司机室内完成操作。全自动车钩缓冲装置用于列车的头、尾部，由连挂系统、电气插接器、缓冲系统、控制系统等几部分组成，如图 5-1 所示。

连挂系统采用密接式（330 型）地铁车钩缓冲装置，集成机械连挂和风路连通的功能，可自动或人工进行解钩操作。缓冲系统采用气液缓冲器，用来吸收车辆正常连挂及运行过程中的冲击能量，具有行程大、吸收能量能力强等特点。

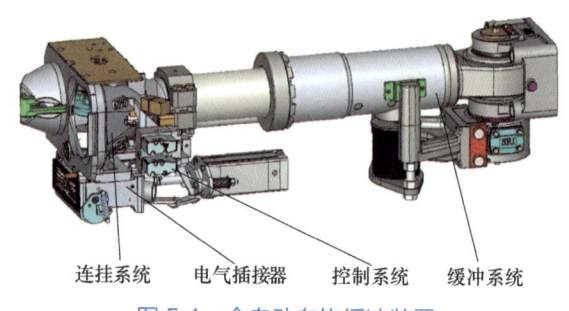

图 5-1　全自动车钩缓冲装置

（1）连挂系统　连挂系统主体为机械连挂系统，采用 330 型车钩，机械连挂下方正中带一个风管插接器，如图 5-2 所示。

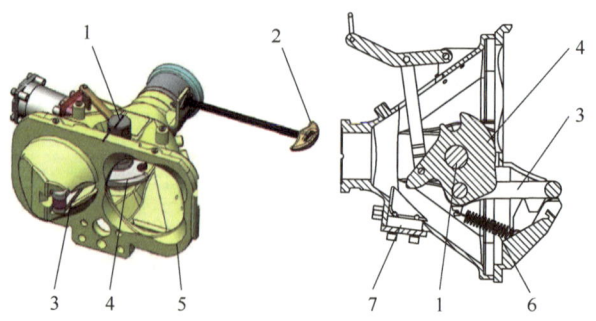

图 5-2　连挂系统

1—中心销　2—解钩手柄　3—连挂杆　4—钩舌　5—钩体　6—回复弹簧　7—解钩气缸

1)机械车钩。330 型机械车钩内部有钩舌、连挂杆、回复弹簧、解钩手柄等。

机械连挂系统工作状态有待连挂位（同时也是锁定位）和全开位两种。

当车钩要连挂时，通过两车钩的相互撞击，钩体内部的钩舌等机构发生顺时针旋转（图 5-3），在两钩相互连挂过程中，对方连挂杆推动本钩钩舌等连挂机构旋转到一定角度，然后在回复弹簧的作用下迅速回复到锁定位，到达完全连挂后车钩连挂机构的位置状态。

在开钩时，向解钩气缸充风或者人工扳动解钩手柄，使钩体内部的钩舌及其他机构旋转到最大角度，到达全开位，此时两车钩可以正常分离，然后释放解钩手柄，在回复弹簧力的作用下，钩舌等其他内部机构回复到待连挂位（图 5-4）。

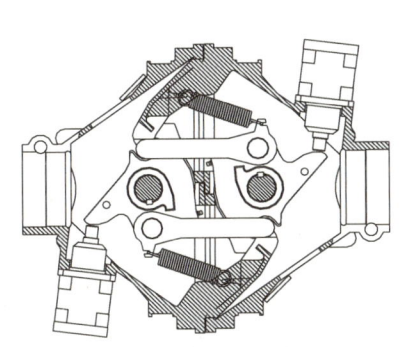 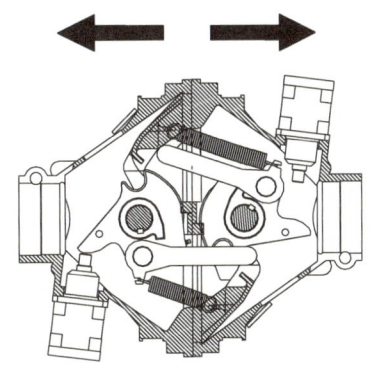

图 5-3　车钩在已连挂的位置状态　　　　　　图 5-4　解钩时的位置状态

2）机械车钩连挂指示。连挂系统主轴及钩体处设置有连挂状态指示器，如图 5-5 所示。通过检查主轴刻度槽与钩体刻度槽的重合状态来迅速判断车钩是否连挂到位。该状态指示器的特点是可以从车钩上方直接进行检查，操作简易快捷，大大方便了日常检修操作。

3）风管插接器。全自动车钩缓冲装置连挂系统钩体上装有主风管插接器和解钩风管插接器（图 5-6）。主风管插接器用于列车主供风管路的连接，可在列车连挂时自动打开列车管路，在列车分解时自动关断风路。解钩风管插接器用于自动解钩操作时的解钩供风管路连接，解钩风管插接器是直通式的，没有自动连通和关闭功能。

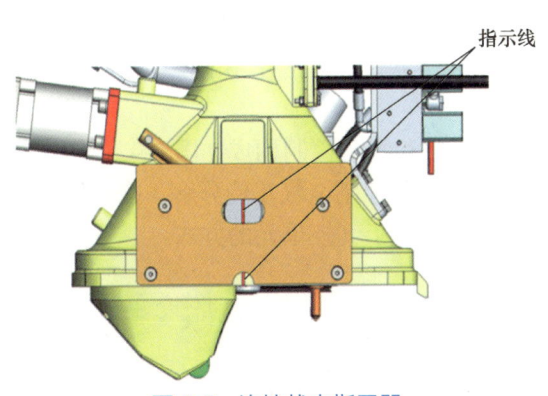 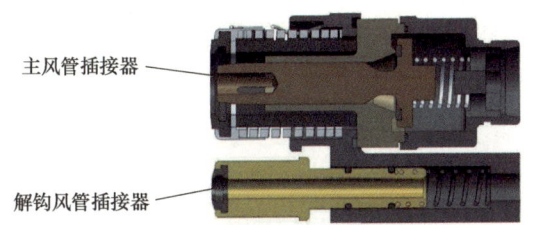

图 5-5　连挂状态指示器　　　　　　图 5-6　风管插接器结构示意图

主风管插接器在未连挂状态时，阀杆在后部的阀杆弹簧和气压作用下向前伸出连挂面，阀杆密封圈被压紧，阀口关闭，后部压力空气被截断，起到关闭主供风管路的作用。连挂完成后，由于两侧车钩上的风管插接器互相挤压，压簧和橡胶柱被压缩，前盖和前端密封回缩到连挂面，同时阀杆被压缩向后运动，阀杆密封圈与阀口脱离，阀口被打开，风管被连通。两个风管插接器连挂后，风压可以顺利从风管插接器中通过。

主风管插接器风路示意图如图 5-7 所示。风压首先从左侧风管进入后安装座，通过后安装座内部多孔的结构进入风管插接器，再通过阀杆上设计的孔槽结构到达风管连接面，然后通过右侧阀杆上设计的孔槽结构，最后通过右侧后安装座到达右侧风管。

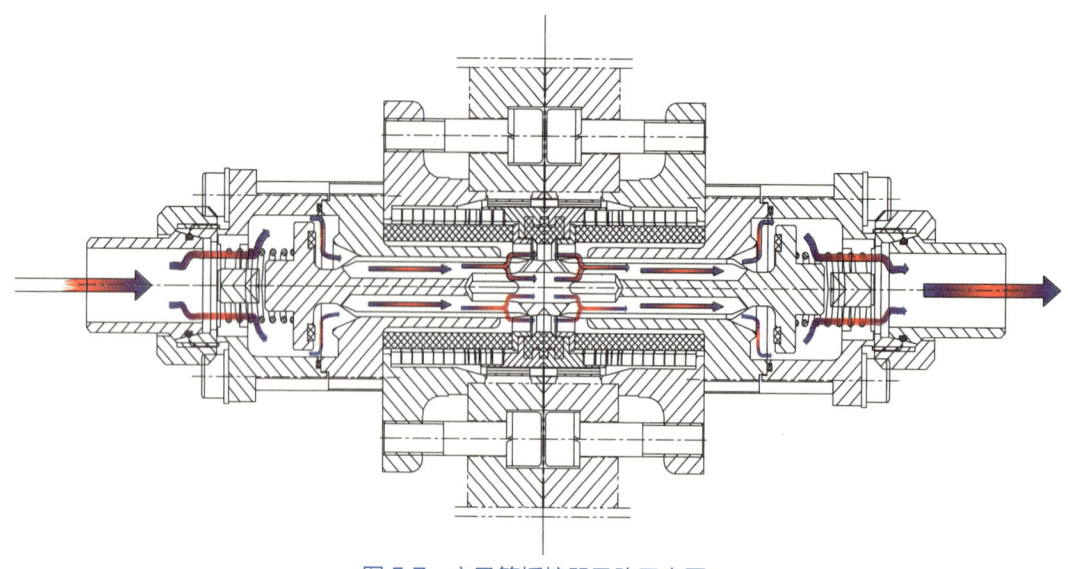

图 5-7　主风管插接器风路示意图

（2）电气插接器　电气插接器（图 5-8）是全自动车钩缓冲装置中执行列车之间电路自动连通和分解的功能模块，随机械车钩的自动连挂和解钩作用，实现两列车电气线路的自动连挂和分离。全自动车钩缓冲装置采用了下置式电气车钩，与现有电气车钩悬挂方式相同。电气车钩采用直推方式实现连挂，推送元件为双向气缸。电气车钩主要由壳体、开盖机构、前盖、绝缘台、触点、前端密封、二次定位和导向杆座等构成。其中，二次定位、前端密封、触点和开盖机构作为兼容现有电气车钩的接口，其连挂接口尺寸保持和原型电气车钩相同，能够满足互相连挂的要求。

当车钩处于待连挂状态时，电气插接器在推送气缸的作用下处于回缩状态，电气插接器防雨前盖正常关闭。

当车钩连挂时，首先完成机械车钩的连挂，机械车钩连挂完成后，触发电气插接器的连挂，气缸将电气插接器向前推出，同时电气插接器防雨前盖打开，电气插接器连挂面紧靠在一起实现连挂。

当车钩分解时，首先进行电气插接器的分解，电气插接器在气缸的作用下回退，同时电气插接器防雨前盖关闭；然后进行机械车钩的分解。

1）电气车钩控制系统。电气车钩控制系统由推送机构和气动控制构成（图 5-9），作用是在机械车钩连挂完成后控制电气车钩推出连挂；在机械解钩前控制电气车钩分解。推送机构是电气车钩的驱动执行机构，采用直推方式实现，气动控制采用了气控单元的方式。

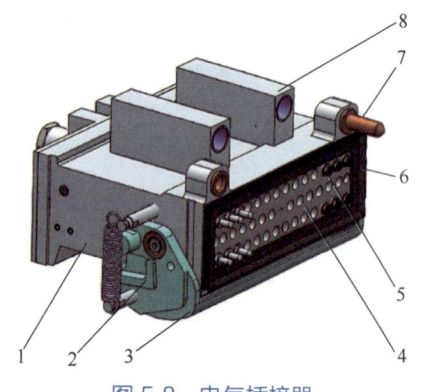

图 5-8　电气插接器
1—壳体　2—开盖机构　3—前盖
4—绝缘台　5—触点　6—前端密封
7—二次定位　8—导向杆座

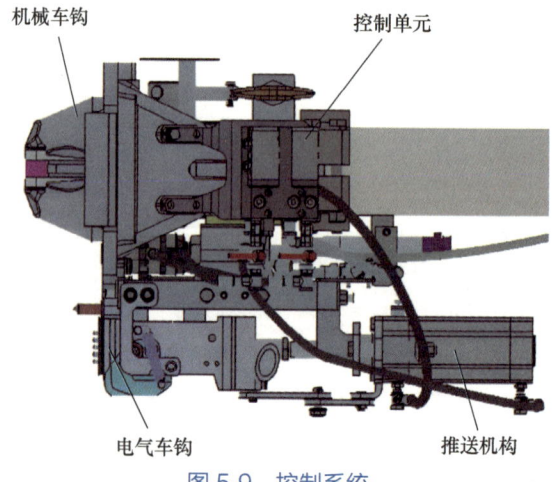

图 5-9　控制系统

2）推送机构。推送机构采用了直推的方式，如图 5-10 所示，主要由导向杆、气缸和气缸悬挂部件组成。导向杆保证了电气车钩能够按照设计的轨道运动，气缸提供推出和缩回的驱动力，气缸悬挂保证了气缸安装和弹性行程的需要。气缸具有自锁功能，在推出和缩回时能够自动锁定，以防止在没有空气压力或气压不足时电气车钩保持在动作位。

3）控制原理。控制系统采用了集成气控单元的形式，电气车钩的推送和缩回均由气动控制系统控制，其工作原理如图 5-11 所示。

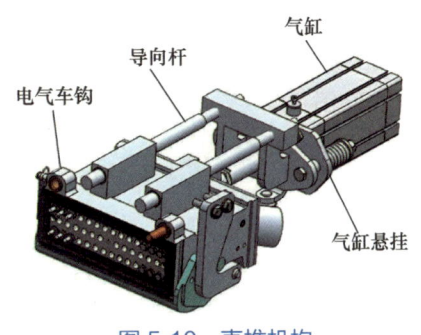

图 5-10　直推机构

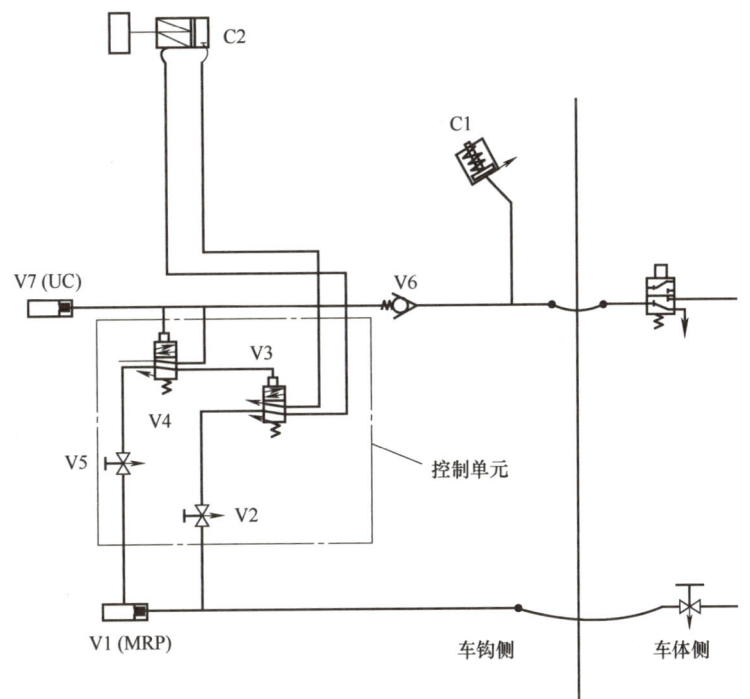

图 5-11　气动控制系统工作原理

V1—主风管插接器　V2、V5—手动截止阀　V3、V4—单气控两位五通阀
V6—单向阀　V7—解钩风管插接器　C1—解钩气缸　C2—推送气缸

集成的气控单元将控制系统中的控制阀类元件集成在一个单元体上，采用单元体内部气路通道代替控制阀间交换所需的管路，减少交换软管的同时，增加相应过滤措施，提高阀内控制空气的质量，改善阀类使用环境，提高可靠性。控制系统工作原理如下：

① 待挂状态。在待挂状态时，机械车钩未进行连挂，从车体端的输入只有 V1 后部有压力空气。此时压力空气通过 V2 进入控制单元内部，压力空气到达 V3 分配端，由于 V3 处于弹簧作用位，所以压力空气经过分配流向 C2 前端。C2 在压力空气作用下回退，带动电气车钩回缩保持在待挂位。

② 连挂状态。在连挂状态时，机械车钩连挂完成后，V1 被连通。V1 阀口被打开，压力空气从其后端流入前端，并经 V5 进入控制单元内部。压力空气到达 V4 分配端，由于 V4 处于弹簧作用位，所以压力空气经过分配流向 V3 控制端。V3 在压力空气作用下换向，将原先分配给 C2 前端的压力空气分配给 C2 的后端。C2 在压力空气推送下向前推出，带动电气车钩向前推出进行连挂，完成后保持在连挂位。

③ 解钩状态。在解钩时，司机控制向解钩管路充风，压力空气从车体进入解钩管路，一路到达 C1 后端，另一路经过 V6 进入控制单元，到达 V4 控制端。V4 在压力空气作用下换向，

将原先分配给 V3 控制端的压力空气分配给解钩管路流向 V4 的控制端，用以保持 V4 处于控制位。V3 在控制压力消失后重新回复到弹簧作用位，将分配给 C2 后端的压力空气重新分配给 C2 的前端。C2 在压力空气作用下缩回，带动电气车钩退回到待挂位。

（3）缓冲系统　缓冲系统采用气液缓冲器，由安装吊挂系统和气液缓冲器两部分组成。气液缓冲器在结构上与安装吊挂系统融为一体，承担车钩缓冲装置的弹性缓冲、水平对中、垂直支撑等功能，如图 5-12 所示。

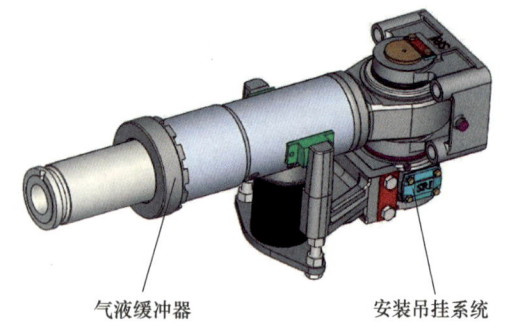

图 5-12　缓冲系统结构示意图

气液缓冲器由气液缓冲器芯子、碟簧组成、橡胶轴承、壳体和牵引杆等组成，如图 5-13 所示。

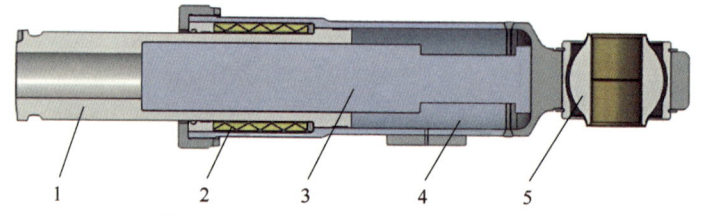

图 5-13　气液缓冲器内部结构示意图

1—牵引杆　2—碟簧组成　3—缓冲器芯子　4—壳体　5—橡胶轴承

当缓冲器受压时，力传递路线：牵引杆→缓冲器芯子→壳体→橡胶轴承→安装吊挂系统→车体；当缓冲器受拉时，力传递路线：牵引杆→碟簧组成→壳体→橡胶轴承→安装吊挂系统→车体。缓冲器在拉、压工况下分别为碟簧和缓冲器芯子吸收能量。

（4）主要性能参数　主要性能参数见表 5-5。

表 5-5　全自动车钩缓冲装置参数

全自动车钩			
纵向拉伸屈服载荷 /kN			≥ 600
纵向压缩屈服载荷 /kN			≥ 600
最大水平转角			± 45°
最大主动对中角			± 15°
最大垂直转角			± 6°
气液缓冲器参数			
压缩时		行程 /mm	≤ 150
		最大阻抗力 /kN	≤ 500
牵引时		行程 /mm	≤ 22
		最大阻抗力 /kN	≤ 390
电气插接器			
额定电压 /V			DC110
触头形式			接触式
防水等级			
单体时：EN60529（IEC 529）			IP54
连接时：EN60529（IEC 529）			IP56

2. 头车半自动车钩缓冲装置

半自动车钩缓冲装置位于列车的头、尾端,其作用是保证列车与列车之间的自动连接和手动分解。车钩可以在连挂时完成车组之间机械和风路的连接,并在分解车钩的同时,自动断开风路的连接。

如图5-14所示,头车半自动车钩缓冲装置用于6辆编组的列车头、尾端,由连挂系统、压溃装置、缓冲系统和过载保护装置等部分组成。

(1)风管插接器 头车连挂系统钩体上装有自闭塞式风管插接器(总风管、连挂面上方),如图5-15所示,可以在列车连挂时自动连通列车管路,在列车分解时自动关断管路。

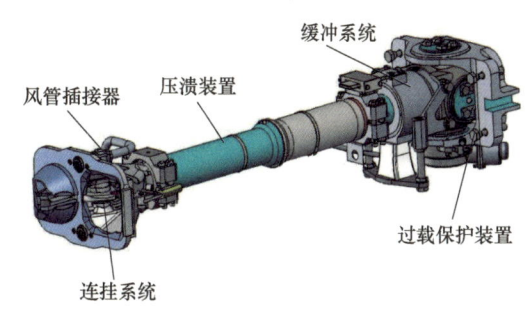

图5-14 头车半自动车钩缓冲装置组成

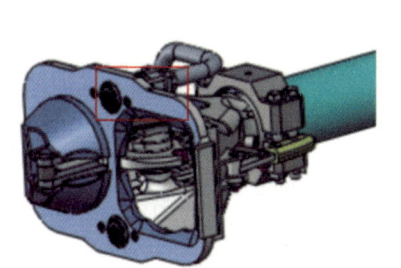 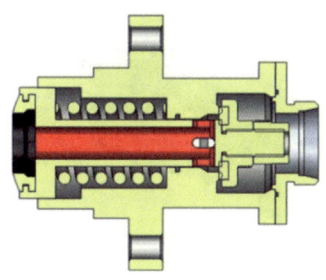

图5-15 风管插接器的结构

(2)连挂系统 330型密接式车钩内部由钩舌、连挂杆、回复弹簧、解钩手柄等构成,如图5-16所示。

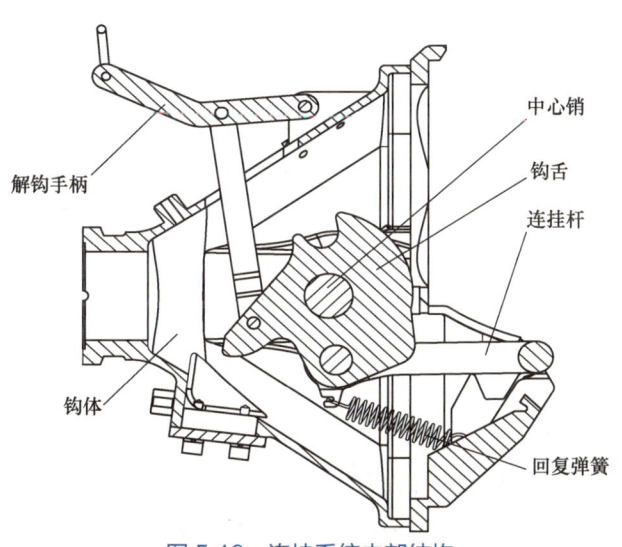

图5-16 连挂系统内部结构

车钩有待连挂位(同时也是锁定位)和全开位两种状态。当车钩要连挂时,通过两车钩的相互撞击,钩体内部的钩舌等机构发生旋转,对方钩体的凸锥推动本钩钩舌等连挂机构旋转到最大角度,到达全开位,然后在回复弹簧的作用下迅速回复到锁定位,到达完全连挂后车钩连挂机构的位置状态。

在开钩时,人工扳动解钩手柄,使钩体内部的钩舌及其他机构旋转到最大角度,到达全开位,此时两车钩可以正常分离;然后释放解钩手柄,在回复弹簧力的作用下,钩舌等其他内部机构回复到待连挂位,如图5-17和图5-18所示。

为了便于在车辆侧方快速识别连挂状态,在连挂系统解钩手柄侧面设置了连挂状态指示器,如图5-19所示。通过检查指针与刻度槽的重合状态可迅速判断车钩是否连挂到位。该状态指示器的特点是不但可以从车钩上方进行检查,也可以从侧面进行检查。

(3)压溃装置 半自动车钩缓冲装置的压溃装置采用膨胀式压溃管。压溃管具有较大的能量吸收能力,当列车在运行或连挂过程中发生碰撞,车钩缓冲装置受到的纵向压载荷大于设定值时,压溃管就产生塑性变形,最大限度地吸收冲击能量,以达到保证车上人身安全和保护车辆设备的目的。压溃装置上部设置了一个触发判断的指示销,如图5-20所示。当压溃管触发时,指示销被剪断,由此来判断压溃管触发。

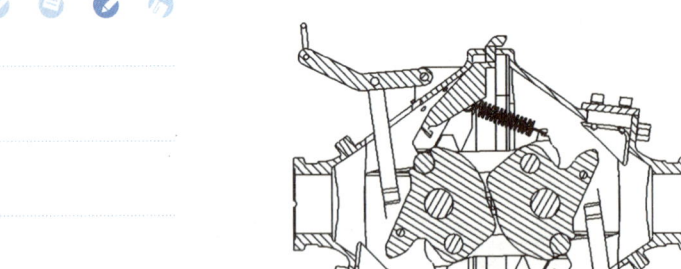

图 5-17　车钩在已连挂的位置状态

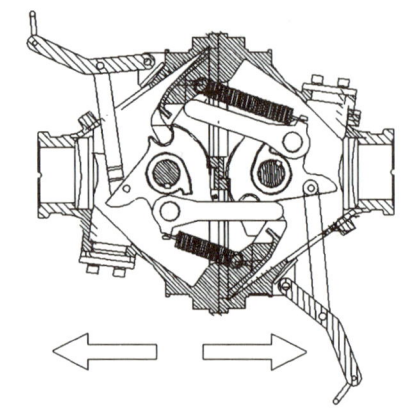

图 5-18　连挂机构在手动解钩时的位置状态

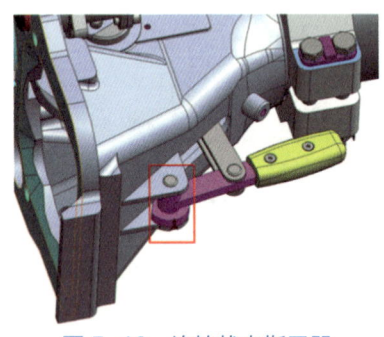

图 5-19　连挂状态指示器

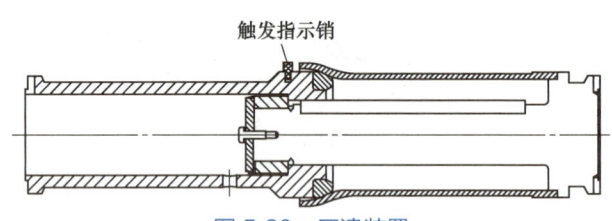

图 5-20　压溃装置

（4）缓冲系统　半自动车钩缓冲装置的缓冲系统采用弹性胶泥缓冲系统，由安装吊挂系统和弹性胶泥缓冲器两部分组成。弹性胶泥缓冲器在结构上与安装吊挂系统融为一体，承担车钩缓冲装置的弹性缓冲、水平对中、垂直支撑等功能，如图 5-21 所示。

弹性胶泥缓冲器通过安装吊挂系统的拉压转换，在拉、压两个方向均能吸收 24kJ 能量。相比紧凑式缓冲器常用的橡胶吸能元件而言，弹性胶泥缓冲器的使用寿命更长，能量吸收特性和舒适度更高。

支撑装置支撑整个车钩缓冲装置保持水平。回转装置为整个车钩缓冲装置提供水平和垂直面内的转动自由度。对中装置使整个车钩缓冲装置向纵向中心线回复、使其自动对中。

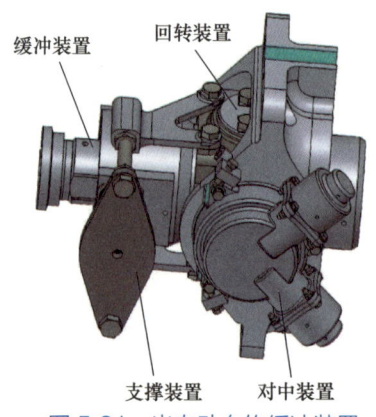

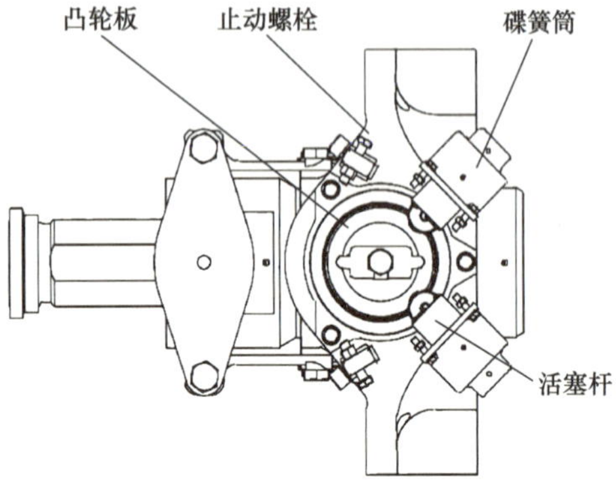

图 5-21　半自动车钩缓冲装置

水平对中机构可以在弹簧力作用下对回转轴施加对中回复力，为整个车钩缓冲装置提供一定范围内的水平对中力矩，保证整个车钩缓冲装置在待连挂状态下保持处于纵向中心线上，便于连挂。一旦车钩缓冲装置发生了水平摆动，两个对称的碟簧筒中的碟簧活塞就会推动凸轮板，产生一个回复力矩。凸轮板外形可以保证使对中装置在角度较小时也具有足够的对中力。在对中装置中，对中机构弹簧力为整个钩缓装置提供一定范围内的水平对中力矩，使其在水平 ±15° 范围之内有较大对中旋转力矩，在超过 ±15° 后对中力矩消失，但车钩缓冲装置可继续旋转到 ±23° 的范围，以方便在特殊环境下的检修作业。半自动车钩对中装置如图 5-22 所示。

图 5-22　半自动车钩对中装置

（5）过载保护装置　车钩缓冲装置上设置过载保护装置，如图5-14所示。当车钩缓冲装置在正常牵引状态时，安装座将牵引力直接传递给车体，过载保护螺栓并不承受牵引力；当车钩缓冲装置在正常顶推状态时，纵向压缩力通过过载保护螺栓传递到车体。当车钩缓冲装置受到的压缩载荷达到过载保护装置额定触发力时，装置上的过载保护螺栓（图5-23）断裂，安装座与安装板脱离，车钩在压缩力的作用下可向后运动。

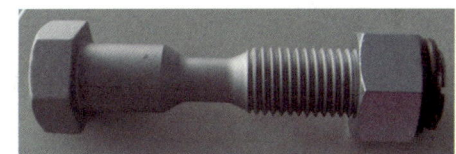

图 5-23　过载保护螺栓

3. 半永久车钩缓冲装置

半永久车钩缓冲装置分为半永久带缓冲器车钩缓冲装置和半永久带压溃管车钩缓冲装置，两种半永久车钩缓冲装置在列车的中间断面成对使用，用于列车内部车辆之间机械和风路的人工连接和分解。半永久车钩缓冲装置分为 A、B、C、D 4 种，A 型和 D 型半永久车钩缓冲装置带有压溃装置，B 型半永久车钩缓冲装置带弹性胶泥缓冲器和压溃装置，C 型半永久车钩缓冲装置带有弹性胶泥缓冲器，A 型和 B 型半永久车钩缓冲装置在中间第一、五断面成对使用，D 型和 C 型半永久车钩缓冲装置在剩余中间断面使用，中间采用卡环连接。连接方式为：

+Tc A+B M D+C M D+C M C+D M B+A Tc +

（1）只带压溃管半永久车钩缓冲装置（A 型）　如图 5-24 所示，A 型半永久车钩缓冲装置头部是凸凹锥的卡环连接结构，中部加装了压溃管，以满足整列车冲击工况的能量吸收要求。

在半永久车钩头部集成了直通式的总风管插接器，可以在连接车钩缓冲装置的同时完成列车内部总风的连接，如图 5-25 所示。

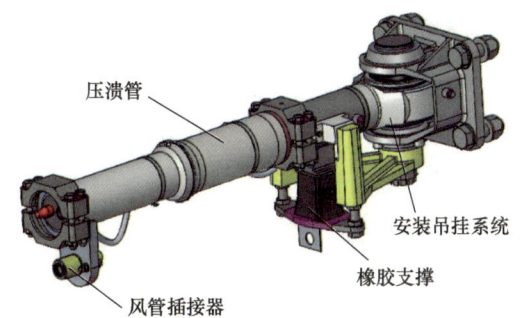

图 5-24　A 型半永久车钩缓冲装置

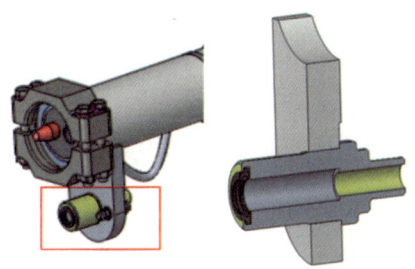

图 5-25　总风管插接器

半永久车钩回转机构使用关节轴承，保证车钩在水平和垂直面一定范围内自由旋转，并带有自支撑功能，在车钩分解状态下可以保持车钩处于水平。

（2）带压溃管和缓冲器的半永久车钩缓冲装置（B 型）　B 型半永久车钩缓冲装置采用了弹性胶泥缓冲器，头部是凸凹锥的卡环连接结构，中部由压溃装置和缓冲器组成的串联结构，以满足整列车冲击工况的能量吸收要求，如图 5-26 所示。

弹性胶泥缓冲器主要由弹性体、弹性胶泥芯子、内半筒总成和壳体等零部件组成，如图 5-27 所示。车钩受牵引力时，牵引力通过内半筒总成把力传递到弹性胶泥芯子上，弹性胶泥芯子把力传递到缓冲器壳体上，最后通过回转机构把力传递到车体上；车钩受压时，压力传递的顺序依次为弹性体、弹性胶泥芯子、内半筒总成、缓冲器壳体。

回转机构采用与 A 部分半永久车钩相同的结构。

该半永久车钩缓冲装置头部集成了直通式的总风管插接器，和 A 部分车钩风管插接器连接，保证列车车间风路系统的连通。

（3）C 型半永久车钩缓冲装置与 D 型半永久车钩缓冲装置　如图 5-28 所示，C 型半永久车钩缓冲装置与 B 型半永久车钩缓冲装置相比较，取消了端部的压溃管，其他结构相同。

如图 5-29 所示，D 型半永久车钩缓冲装置和 A 型半永久车钩缓冲装置结构相同，只是压溃管的行程略小。

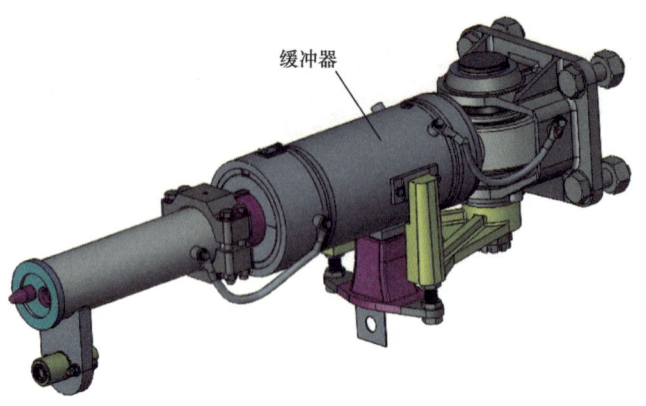

图 5-26　B 型半永久车钩缓冲装置

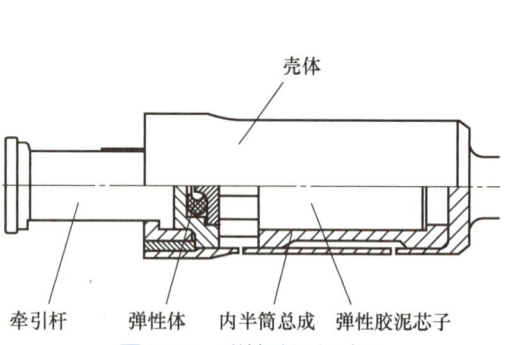

图 5-27　弹性胶泥缓冲器

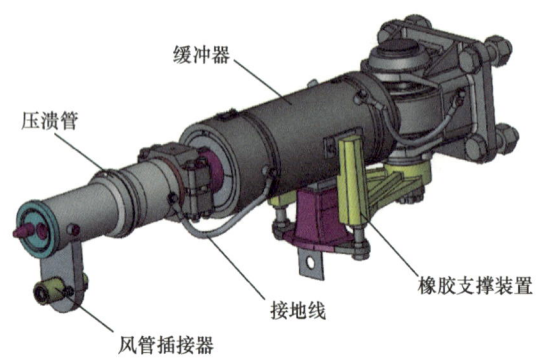

图 5-28　C 型半永久车钩缓冲装置

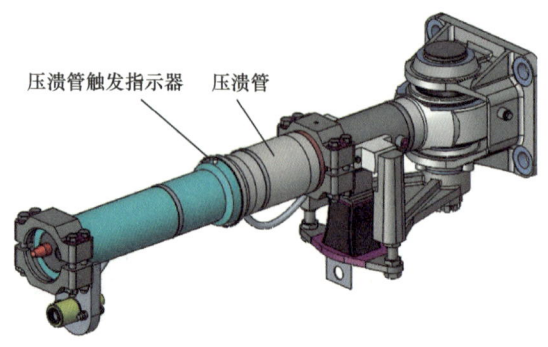

图 5-29　D 型半永久车钩缓冲装置

4. 车钩缓冲装置的性能参数

车钩缓冲装置的性能参数见表 5-6~表 5-10。

表 5-6　头车半自动车钩缓冲装置参数

头车半自动车钩缓冲装置	
纵向拉伸屈服载荷 /kN	≥ 640
纵向压缩屈服载荷 /kN	≥ 800
车钩长度 /mm	1520
最大主动对中角	± 15°
最大垂直转角	± 6°
压　溃　管	
行程 /mm	330
稳态力 /kN	750
过载保护螺栓触发力 /kN	800
缓　冲　器	
行程 /mm	≤ 55

表 5-7　A 型半永久车钩缓冲装置参数

A 型半永久车钩缓冲装置	
车钩质量 /kg	≤ 224
最大垂直转角	± 6°
最大水平转角	± 35°
压 溃 管	
行程 /mm	290
稳态力 /kN	700

表 5-8　B 型半永久车钩缓冲装置参数

B 型半永久车钩缓冲装置	
车钩质量 /kg	≤ 300
最大垂直转角	± 6°
最大水平转角	± 35°
压 溃 管	
行程 /mm	110
稳态力 /kN	600
弹性胶泥缓冲器	
初压力 /kN	20~35
行程 /mm	≤ 73
最大阻抗力 /kN	≤ 550

表 5-9　C 型半永久车钩缓冲装置参数

C 型半永久车钩缓冲装置	
车钩质量 /kg	≤ 300
最大垂直转角	± 6°
最大水平转角	± 35°
弹性胶泥缓冲器	
初压力 /kN	20~35
行程 /mm	≤ 73
最大阻抗力 /kN	≤ 550

表 5-10　D 型半永久车钩缓冲装置参数

D 型半永久车钩缓冲装置	
车钩质量 /kg	≤ 223
最大垂直转角	± 6°
最大水平转角	± 35°
压 溃 管	
行程 /mm	200
稳态力 /kN	600

任务 5.2　车钩的清洁与润滑

任务描述

车钩是车辆牵引连挂装置的重要组成部分，主要用来连接车辆，同时起到传递和缓和纵向冲击力的作用。本任务主要完成车钩的清洁与润滑作业，确保车钩各零部件外观正常、动作正常。

学习目标

1. 知识目标

掌握车钩的清洁与润滑作业内容及方法。

2. 能力目标

1）具备制订检修作业计划和检修任务的能力。
2）具备按照作业指导书的要求完成车钩清洁与润滑的能力。

3. 素养目标

1）培养学生严谨的职业态度。
2）培养学生安全作业、标准作业的意识。
3）培养学生团队协作的意识。

任务工单

任务工单见表 5-11。

表 5-11　任务工单

工　单	车钩的清洁与润滑		
任　务	按照作业指导书的要求完成车钩的清洁与润滑，保证车钩缓冲装置外观正常、部件功能状态良好。		
班　级		姓　名	
学习小组		工作时间	

填写说明：
1. 完成作业流程，在"完成"选项后面框中画钩。
2. 未完成作业流程，在"未完成"选项后面框中画钩，并在"车钩的清洁与润滑记录补充说明"中填写具体描述。

序号	作业项目	结　果	
1	清洁车钩表面	完成□	未完成□
2	清洁风管插接器	完成□	未完成□
3	润滑压溃管	完成□	未完成□
4	润滑卡环	完成□	未完成□
5	润滑车钩连挂机构	完成□	未完成□
6	润滑橡胶支撑螺栓裸露螺纹	完成□	未完成□

车钩的清洁与润滑记录补充说明（必要时填写）：

任务准备

实施作业前,需根据任务工单的要求制订作业计划,明确作业任务要求,制定标准化作业流程,并完成表 5-12 的填写。

表 5-12 作业计划表

作业项目	车钩的清洁与润滑		
作业场地	检修库	作业设备	地铁列车车钩
作业整体要求			
1. 按照要求穿戴好劳保用品,断开车门断路器。 2. 作业前,确认相应轨道接触网断电并挂好接地线、受电弓降弓、列车处于断电状态,断开蓄电池控制开关。 3. 列车两端放置"禁止动车"牌,两端司机室升弓按钮处挂"禁止升弓"牌,列车上电旋钮处挂"禁止合闸"牌。 4. 作业结束后,清洁现场并复位工具。			
作业工具、工装及耗材			
序号	名 称	数量	备 注
1	手电筒	1 个	
2	AUTOL TOP 2000	若干	
3	MOLYKOTE 1000	若干	
4	无纺布	若干	
5	毛刷	1 把	
主要作业项			
储备知识点			
作业分工			
作业人员		检验人员	
监督人员		评价人员	
日期:			

任务实施

按作业指导书(表 5-13)进行任务实施。

表 5-13 作业指导书

序号	项 目	作业程序及标准	图 示
1	清洁车钩表面	用清洗剂及干净的擦拭布清洁车钩表面	 车钩表面

（续）

序号	项　目	作业程序及标准	图　示
2	清洁风管插接器	用高压气枪清洁风管插接器，再用无纺布擦拭管口表面，重新粘贴风管贴纸或盖好防护盖	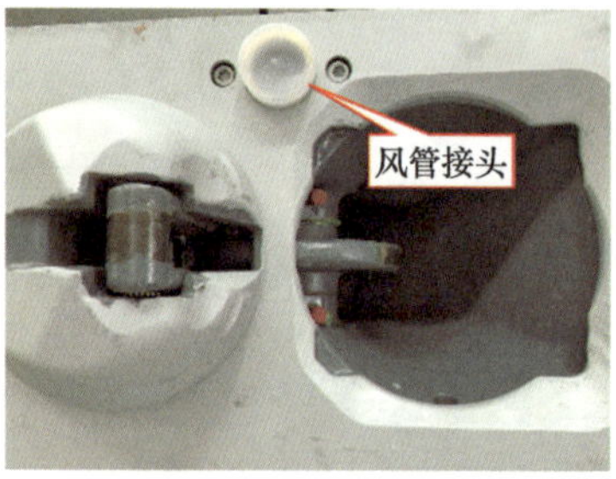 风管接头
3	润滑压溃管	使用 AUTOL TOP 2000 润滑脂润滑压溃管与钩身间隙	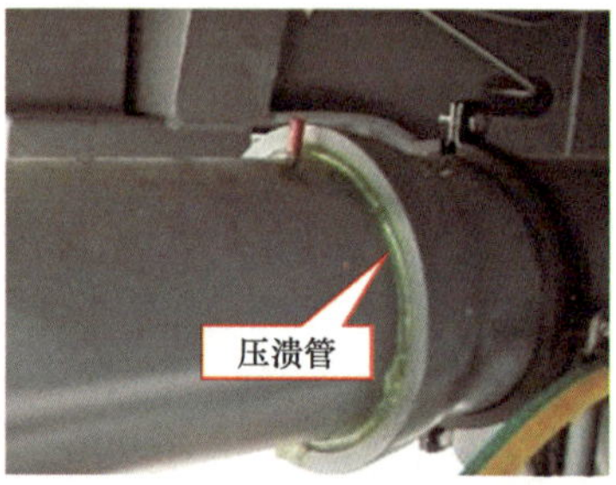 压溃管
4	润滑卡环	使用 AUTOL TOP 2000 对卡环连接螺栓裸露部分进行润滑	 卡环
5	润滑车钩连挂机构	使用 AUTOL TOP 2000 对车钩头、凹锥、钩舌口、连挂杆及中心销进行润滑，要求润滑部位活动自如，油脂光洁平整	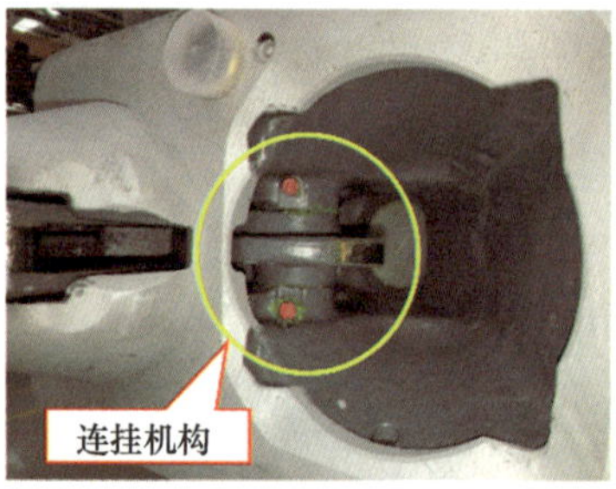 连挂机构
6	润滑橡胶支撑螺栓裸露螺纹	用毛刷将 MOLYKOTE 1000 均匀涂抹在螺栓表面，要求涂抹油脂后螺纹表面覆盖一层油脂膜，螺纹表面无裸露	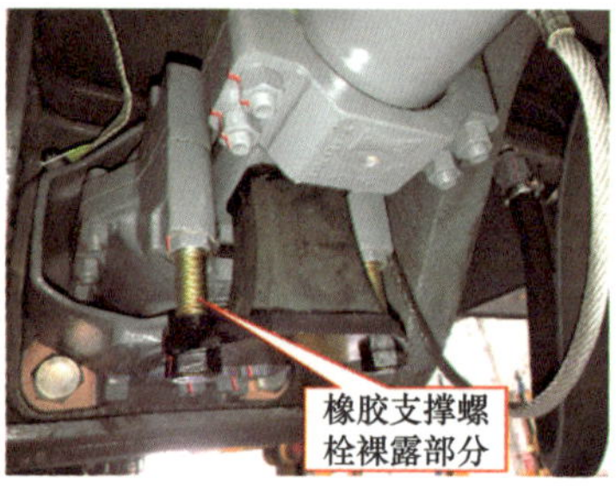 橡胶支撑螺栓裸露部分

评价反馈

小组之间进行交流，总结任务学习和实施过程中出现的问题、解决的方法，收获的知识及技能。以小组为单位，选择演示文稿、报告及视频等形式中的一种或多种，汇报小组学习成果。

任务考核评价主要涉及：①对知识点的理解与运用评价；②任务实施过程中的计划制订、知识获取、安全规范、任务实施、任务完成等；③小组任务实施中的知识、技能及素养的提升。

任务量化评分表见表 5-14。

表 5-14 任务量化评分表

考核项目	评分标准	分数	学生自评	小组互评	教师评价	小计
知识掌握	是否掌握任务基础知识	10				
任务计划	是否正确、合理	10				
作业安全	有无安全隐患	10				
现场 5S	是否做到	10				
操作过程	是否正确、合理	20				
任务完成情况	是否标准规范	20				
工具、设备的使用	是否正确、规范	5				
任务工单的填写	工单填写是否完整、正确	5				
团队合作	是否和谐	5				
劳动纪律	是否能严格遵守	5				
总分		100				
得分						

教师签字：　　　　　　　　　　　　　　年　月　日

注：若违反操作规程，出现人身伤害或设备损坏的严重事故，本任务考核得 0 分。教师评价分数占总分的 60%，小组互评分数占总分的 20%，学生自评分数占总分的 20%。

知识储备

1. 润滑剂

AUTOL TOP2000 润滑脂是一种全合成特种润滑脂，具有超长的使用寿命、卓越的抗极压性能、优异的耐盐碱水性能、特殊的黏附性能，适用于动车、地铁等高速列车车钩缓冲装置的润滑。

MOLYKOTE-1000 是 MOLYKOTE 润滑脂的一个型号，是高温螺栓连接用固体润滑油膏，主要成分是固体润滑剂、矿物油、增稠剂、金属粉末，不含铅或镍，适用于受到 650℃ 的高温影响，并且在装配和初始运行之后必须重新拧紧或断开连接的螺栓连接。为了确保恒定的预应力，需要有均匀和稳定的润滑油磨擦系数。

2. 车钩润滑部位

图 5-30 所示为机械车钩钩头及连挂机构。车钩的润滑是车钩检修过程中的一项重要工作，润滑工作的好坏直接影响车钩重要部件的使用寿命。润滑作业主要包括中枢轴套注油、钩舌润滑、钩板室润滑、钩头滑动表面润滑等。

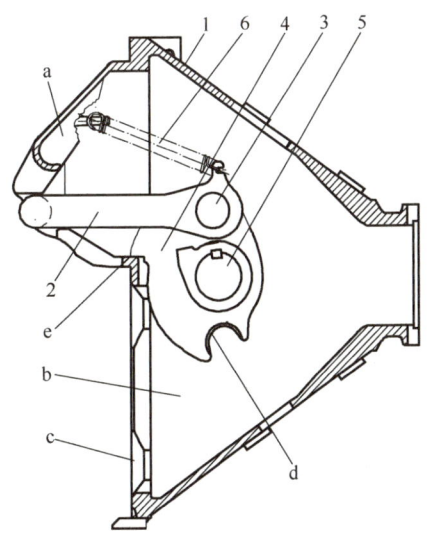

图 5-30　机械车钩钩头及连挂机构

a—凸锥　b—凹锥　c—车钩表面　d—钩板槽
e—限位挡块　1—车钩头外壳　2—钩舌　3—钩舌销
4—钩板　5—中心枢轴　6—拉伸弹簧

任务 5.3　自动车钩的参数测量与调整

📊 任务描述

为确保列车在运营、救援或调车时，车钩连挂正常、可靠，需对车钩钩锁间隙及车钩高度参数进行测量、检查及调整。本任务主要完成头车自动车钩钩锁间隙测量、车钩高度测量及调整。

🎯 学习目标

1. 知识目标

掌握钩锁间隙及高度的测量及调整方法。

2. 能力目标

1）具备制订检修作业计划和检修任务的能力。
2）具备按照作业指导书的要求完成自动车钩的参数测量及调整的能力。

3. 素养目标

1）培养学生严谨的职业态度。
2）培养学生安全作业、标准作业的意识。
3）培养学生团队协作的意识。

📋 任务工单

任务工单见表5-15。

表5-15　任务工单

工　单	自动车钩的参数测量与调整		
任　务	按照作业指导书的要求完成自动车钩的参数测量与调整		
班　级		姓　名	
学习小组		工作时间	

填写说明：
1. 完成自动车钩尺寸测量及调整作业内容，在"完成"选项后面框中画钩。
2. 未完成自动车钩尺寸测量及调整作业内容，在"未完成"选项后面框中画钩。
3. 按要求完成相关参数记录及填写，并在"自动车钩的参数测量与调整记录补充说明"中填写具体描述。

序号	作业项目	结　果
1	测量车钩面水平度	正常☐　不正常☐
2	测量车钩高度	正常☐　不正常☐ 测量高度：
3	调整车钩高度	调整后高度： 力矩值：
4	测量钩锁间隙	正常☐　不正常☐ 钩锁间隙：

自动车钩的参数测量与调整记录补充说明：

项目 5　城市轨道交通车辆车钩缓冲装置的检修

任务准备

实施作业前,需根据任务工单的要求制订作业计划,明确作业任务要求,制定标准化作业流程,并完成表 5-16 的填写。

表 5-16　作业计划表

作业项目		自动车钩的参数测量与调整	
作业场地	检修库	作业设备	地铁列车车钩缓冲装置
作业整体要求			
1. 按照要求穿戴好劳保用品,断开车门断路器。 2. 作业前,确认相应轨道接触网断电并挂好接地线、受电弓降弓、列车处于断电状态,断开蓄电池控制开关。 3. 列车两端放置"禁止动车"牌,两端司机室升弓按钮处挂"禁止升弓"牌,列车上电旋钮处挂"禁止合闸"牌。 4. 作业结束后,清洁现场并复位工具。			
作业工具、工装及耗材			
序号	名　称	数量	备　注
1	水平尺	1 把	
2	铝制平尺	1 把	
3	卷尺	1 把	
4	车钩间隙规	1 套	
5	呆扳手	2 把	
6	扭力扳手	1 把	
7	油漆笔	2 支	
主要作业项			
储备知识点			
作业分工			
作业人员		检验人员	
监督人员		评价人员	
日期:			

任务实施

按作业指导书(表 5-17)进行任务实施。

表 5-17　作业指导书

序号	项　目	作业程序及标准	图　示
1	测量车钩面水平度	在车钩面上方放置水平尺,检查车钩水平情况	—
2	测量车钩高度	1)确认列车停在水平轨道上,列车处于 AW0 状态下 2)用长的铝制平尺(或水平尺)及卷尺测量车钩高度	—

(续)

序号	项目	作业程序及标准	图示
3	调整车钩高度	1）松开车钩调整装置螺母 2）车钩高度低于 660mm 时，逆时针旋转车钩高度调整螺栓；车钩高度高于 670mm 时，顺时针旋转车钩高度调整螺栓 3）调整车钩高度达到标准尺寸范围后，顺时针拧紧上部螺母，然后逆时针拧紧下部螺母 4）作业结束后，重新紧固螺栓，对油漆破损处进行补漆处理	 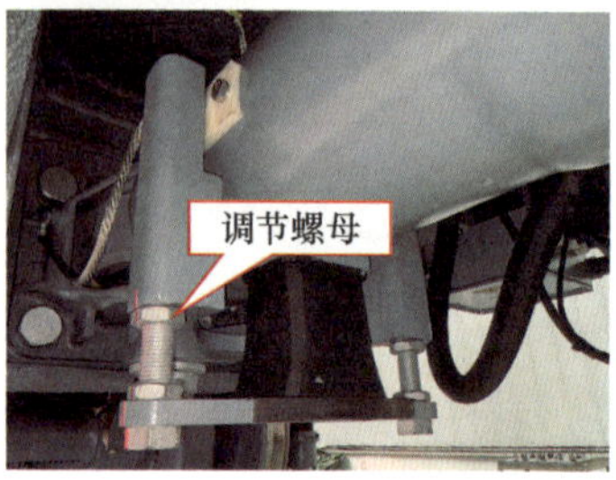 调节螺母
4	测量钩锁间隙	1）将车钩间隙规安装到车钩表面上 2）手动拧紧主控量规上的把手，使车钩模拟与另一车钩连挂 3）读取车钩间隙规的数据	—

评价反馈

小组之间进行交流，总结任务学习和实施过程中出现的问题、解决的方法，收获的知识及技能。以小组为单位，选择演示文稿、报告及视频等形式中的一种或多种，汇报小组学习成果。

任务考核评价主要涉及：①对知识点的理解与运用评价；②任务实施过程中的计划制订、知识获取、安全规范、任务实施、任务完成等；③小组任务实施中的知识、技能及素养的提升。

任务量化评分表见表 5-18。

表 5-18 任务量化评分表

考核项目	评分标准	分数	学生自评	小组互评	教师评价	小计
知识掌握	是否掌握任务基础知识	10				
任务计划	是否正确、合理	10				
作业安全	有无安全隐患	10				
现场 5S	是否做到	10				
操作过程	是否正确、合理	20				
任务完成情况	是否标准规范	20				
工具、设备的使用	是否正确、规范	5				
任务工单的填写	工单填写是否完整、正确	5				
团队合作	是否和谐	5				

（续）

考核项目	评分标准	分数	学生自评	小组互评	教师评价	小计
劳动纪律	是否能严格遵守	5				
	总分	100				
	得分					

教师签字：　　　　　　　　　　　　　　年　月　日

注：若违反操作规程，出现人身伤害或设备损坏的严重事故，本任务考核得 0 分。教师评价分数占总分的 60%，小组互评分数占总分的 20%，学生自评分数占总分的 20%。

知识储备

1. 车钩高度

车钩中心线距轨面的距离称为车钩高度。《地铁车辆通用技术条件》（GB/T 7928—2003）中规定"车钩水平中心线距轨面高可采用 720mm 或 660mm。同一城市地铁车辆宜采用统一尺寸。"

2. 车辆间隙规

自动车钩在使用一段时间后，钩锁之间会产生磨损，当磨损达到一定程度后，会造成两车钩无法正常连挂，严重时甚至造成脱钩事故，因此，应定期检查和调整车钩间隙。车钩间隙调整需使用车钩间隙规，如图 5-31 所示。

图 5-31　车钩间隙规
1—规体　2—测试钩板　3—手柄　4—连杆　5—连杆销

间隙检测步骤如下：

1）检测之前，清理车钩头端面、凹凸锥及钩锁，拆掉间隙规磁铁的保护罩和钩板的钩舌销，卸下钩舌。

2）将间隙规放在适当的位置，使钩板位于车钩端面上。

3）钩住车钩的钩舌，使之咬入间隙规的钩板。

4）通过转动棘轮手柄调节间隙规钩舌板的位置，以便可以插入连接杆销。

5）顺时针转动棘轮手柄，使间隙规处于张紧状态，调节力矩不大于 100N·m。

6）间隙规上的游标尺可精确到 0.1mm，钩锁机构的磨损极限不得超过 2mm。

7）如果超过磨损极限，必须拆下钩头并分解，以检查钩锁零部件的损坏和磨损情况。必要时，应更换。

项目 6
城市轨道交通车辆制动系统的检修

任务 6.1　空气压缩机的维护

任务描述

按照空气压缩机检修规程的要求完成空气压缩机的空气过滤器的更换及换油作业。

学习目标

1. 知识目标

1）掌握空气压缩机的结构及工作原理。
2）掌握空气压缩机维护的工艺流程及操作方法。

2. 能力目标

1）具备制订检修作业计划和检修任务的能力。
2）具备能够按照技术规程的要求完成空气压缩机的维护的能力。

3. 素养目标

1）培养学生严谨的职业态度。
2）培养学生安全作业、标准作业的意识。
3）培养学生团队协作的意识。

任务工单

任务工单见表 6-1。

表 6-1　任务工单

工　单	空气压缩机的维护		
任　务	按照空气压缩机检修规程的要求完成空气压缩机的维护		
班　级		姓　名	
学习小组		工作时间	

填写说明：
1. 完成空气压缩机的维护作业，在"完成"选项后面框中画钩。
2. 未完成空气压缩机维护作业，在"未完成"选项后面框中画钩。

序号	项目	组装结果
1	更换空气压缩机滤芯	完成□　未完成□
2	空气压缩机换油	完成□　未完成□

任务准备

实施作业前，需根据任务工单的要求制订作业计划，明确作业任务要求，制定标准化作业流程，并完成表 6-2 的填写。

表 6-2　作业计划表

作业项目	空气压缩机的维护		
作业场地	检修库	作业设备	地铁列车制动系统

（续）

作业整体要求
1. 检修作业前，须确认车辆已降弓，列车两端放置安全警示防护牌，两端司机室内司控器手柄挂好"禁止操作"的标示牌，两端司机室继电器柜蓄电池开关上挂好"禁止投蓄电池"标示牌。 2. 检修人员须穿戴好安全防护用品。 3. 作业结束后，清洁现场并复位工具，保证人走场清。 4. 换油时，需将空气净化组运转，使油温上升，然后关机，待油气筒内压力降到大气压时，进行放油，以利于放油。

作业工具、工装及耗材			
序号	名　称	数量	备　注
1	套筒扳手	1套	
2	扭力扳手	1把	
3	机油	1瓶	
4	油漆笔	2把	
5	油桶	1个	
6	量杯	1个	

主要作业项

储备知识点

作业分工			
作业人员		检验人员	
监督人员		评价人员	
日期：			

任务实施

按作业指导书（表6-3）进行任务实施。

表6-3　作业指导书

序号	项　目	作业内容及方法	图　示
1	更换空气压缩机滤芯	取下空气滤清器端盖，并清洁	 

(续)

序号	项　目	作业内容及方法	图　示
1	更换空气压缩机滤芯	使用扳手取下滤芯固定螺栓 取下空气滤清器 安装新滤芯 拧紧滤芯固定螺栓 安装空气滤清器端盖	 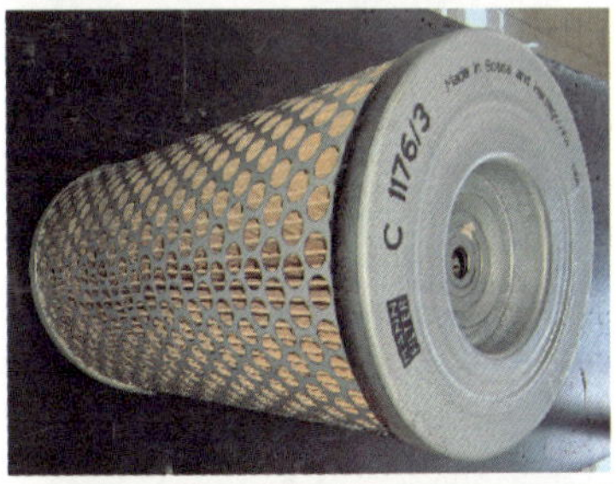 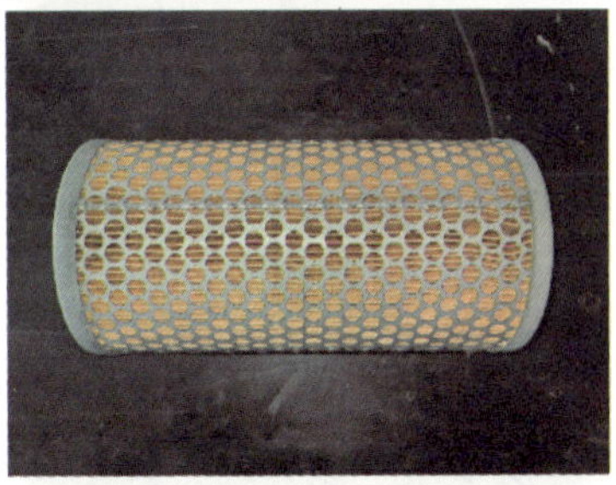 
2	空气压缩机换油	1）在排油口下方放置一个废油桶，用于收集存放排出废油 2）拆卸排油螺塞并取下密封圈进行排油。拆下排油螺塞并取下密封软胶垫，对排油螺塞进行清洁，需擦拭干净，对排油螺塞的螺纹部分进行检查，要求螺纹完好无缺损，不得有缺牙、滑扣现象。检查排油口螺纹，要求螺纹完好无缺损，螺纹部分无油垢、异物黏附。油温可能较高，有烫伤危险；注意排油时油液喷溅，避免造成场地污染 3）拆卸注油螺塞并取下密封圈。拆下的注油螺塞需使用清洗剂清洁擦拭，并对螺纹部分进行检查，要求螺纹完好无缺损，不得有缺牙、滑扣现象。检查注油口螺纹，要求螺纹完好无缺损，螺纹部分无油垢、异物附着	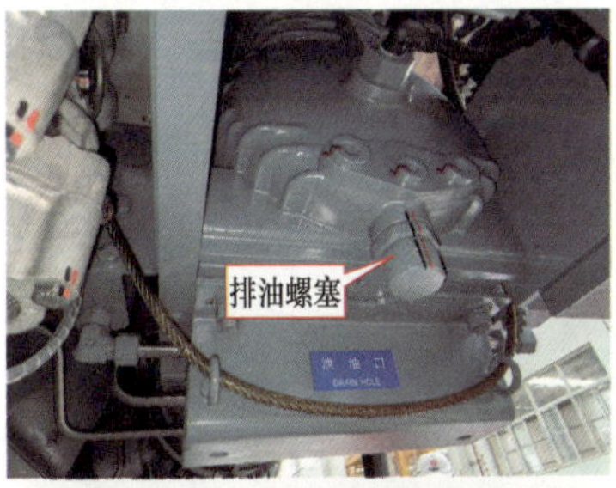 

(续)

序号	项　目	作业内容及方法	图　示
2	空气压缩机换油	4）待废油排尽后，使用量杯注入 0.5L 新油对储油箱进行冲洗，再排出所有油。冲洗排油时，应对冲洗出的油质进行观察，检查油质是否清澈或混有杂质。如浑浊，需适当增加新油量进行清洗 5）等冲洗结束，储油箱余油排尽，更换排油螺塞的密封胶垫，装上排油螺塞并拧紧。排油螺塞的安装力矩为 80N·m，拧紧后打防松标记 6）添加专用油，添加量为 2.8L，油位处在油位计上下刻度线间 7）更换注油螺塞的密封垫，装上注油螺塞并拧紧。注油螺塞的拧紧力矩为 100N·m，拧紧后打上防松标记 8）恢复切断的开关	

评价反馈

小组之间进行交流，总结任务学习和实施过程中出现的问题、解决的方法，收获的知识及技能。以小组为单位，选择演示文稿、报告及视频等形式中的一种或多种，汇报小组学习成果。

任务考核评价主要涉及：①对知识点的理解与运用评价；②任务实施过程中的计划制订、知识获取、安全规范、任务实施、任务完成等；③小组任务实施中的知识、技能及素养的提升。

任务量化评分表见表 6-4。

表 6-4　任务量化评分表

考核项目	评分标准	分数	学生自评	小组互评	教师评价	小计
知识掌握	是否掌握任务基础知识	10				
任务计划	是否正确、合理	10				
作业安全	有无安全隐患	10				
现场 5S	是否做到	10				
操作过程	是否正确、合理	20				
任务完成情况	是否标准规范	20				
工具、设备的使用	是否正确、规范	5				
任务工单的填写	工单填写是否完整、正确	5				
团队合作	是否和谐	5				
劳动纪律	是否能严格遵守	5				
总分		100				
得分						

教师签字：　　　　　　　　　　　　　　　　　　　　　　　年　月　日

注：若违反操作规程，出现人身伤害或设备损坏的严重事故，本任务考核得 0 分。教师评价分数占总分的 60%，小组互评分数占总分的 20%，学生自评分数占总分的 20%。

> 知识储备

1. VV120 活塞式空气压缩机

（1）空气压缩机基本结构　VV120 型空气压缩机的外形、结构示意图如图 6-1、图 6-2 所示。

VV120 型空气压缩机是采用 AC 380、50Hz 交流电动机带动的两级压缩风冷活塞式空气压缩机。该空气压缩机有 2 个低压气缸和 1 个高压气缸。空气压缩机和干燥器共同安装在一个支架上。支架可以直接用螺栓安装在车底。空气压缩机和支架之间有弹性连接装置。

空气压缩机由固定机构、运动机构、进气机构、排气机构、冷却装置和润滑装置等组成。其中，固定机构包括机体、气缸、气缸盖；运动机构包括机轴、连杆、活塞；进气机构、排气机构包括空气过滤器、气阀；冷却装置包括中间冷却器、后冷却器和带有黏性联轴器的散热风扇等。

带有黏性联轴器的散热风扇的作用是根据环境温度和压缩机出口温度，给予连续并且相互独立的冷却控制，从而确保压缩机在适合的工作温度下运行。当散热风扇结冰或附着异物时，黏性联轴节同时充当离合器避免危险。

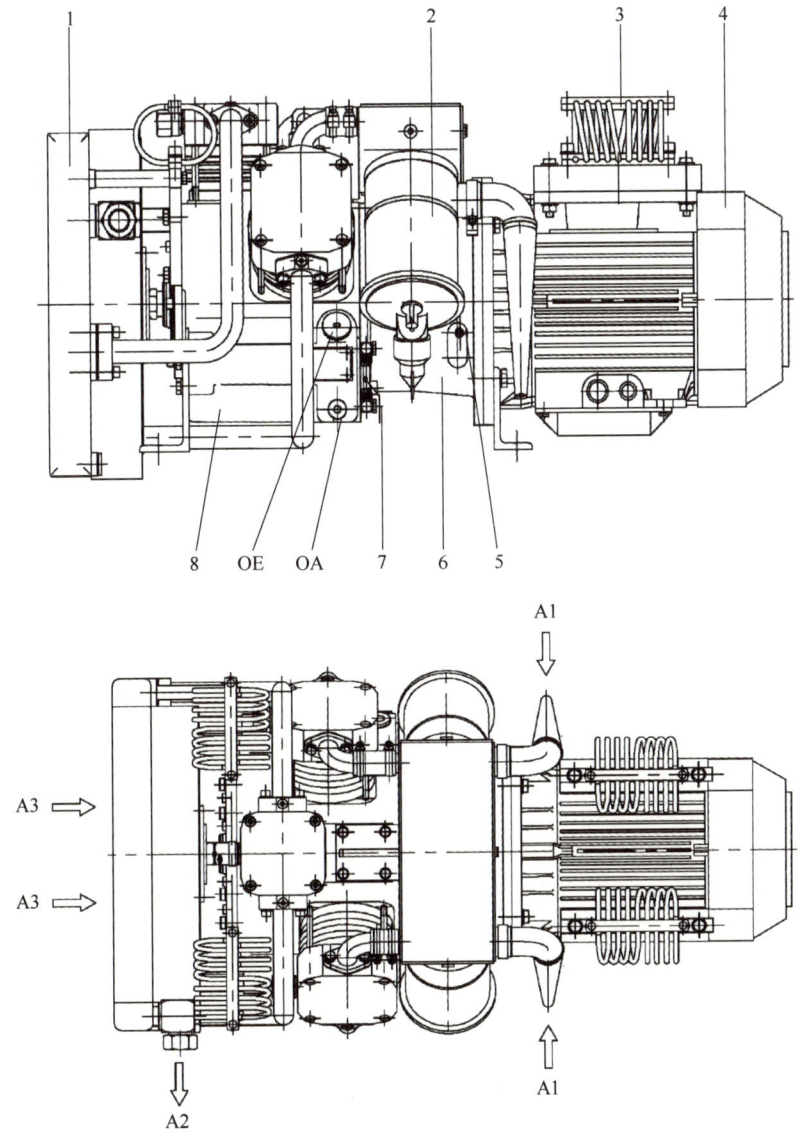

图 6-1　VV120 型空气压缩机的外形示意图

1—冷却器　2—空气滤清器和进口消声器　3—弹簧减振器　4—电动机　5—联轴节
6—中间法兰　7—油位观察管　8—机轴箱　A1—空气入口　A2—空气出口
A3—冷却空气　OA—排油螺塞　OE—油过滤器

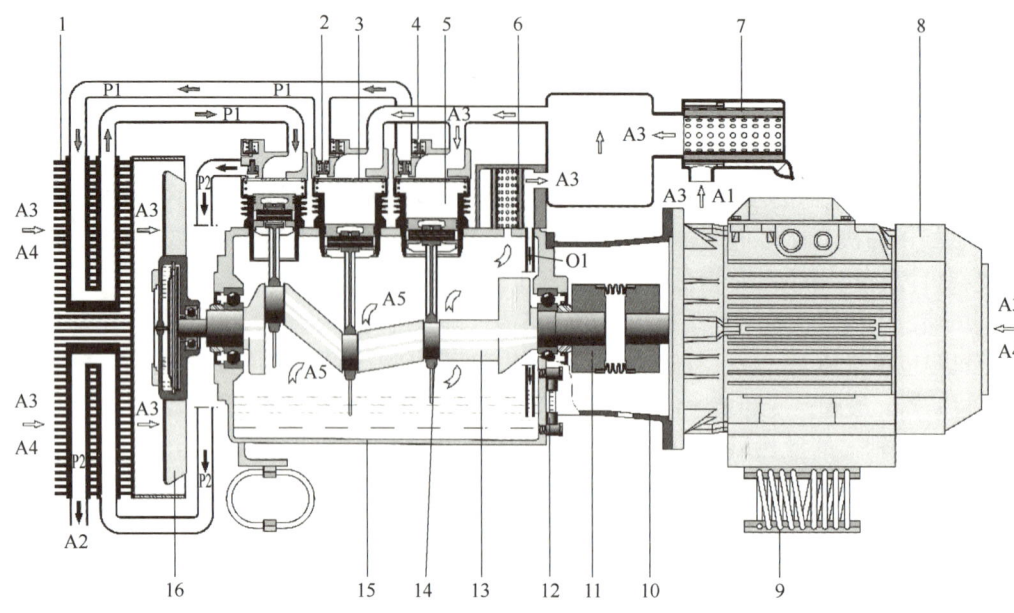

图 6-2 VV120 型空气压缩机的结构示意图

1—冷凝器　2—进气阀　3—止回阀　4—安全阀　5—气缸　6—油滤器　7—空气滤清器　8—电动机
9—弹簧减振器　10—中间法兰　11—波纹联轴节　12—油位观察管　13—机轴　14—连杆
15—机轴箱　16—风扇叶轮　A1—空气入口　A2—空气出口　A3—冷却空气

压缩机与电动机采用波纹联轴节连接，外部采用法兰保护。该联轴节高度耐用，免于维护，扭转刚度强，避免了压缩机内的扭转振动，其自定心凸缘结构避免了电动机与压缩机之间频繁、复杂地工作。

（2）VV120 型空气压缩机的工作原理　电动机通过联轴节驱动空气压缩机机轴转动，曲柄连杆机构带动高、低压气缸活塞同时在气缸内做上下往复运动。当低压活塞下行时，活塞顶面与气缸之间形成真空，经空气滤清器的大气推开吸气阀片（吸气阀片弹簧被压缩）进入低压缸，此时进气阀在弹簧和中冷器内空气压力的作用下关闭。当低压活塞上行时，气缸内的空气被压缩，其压力大于进气阀片上方压力与进气阀弹簧的弹力之和时，压缩进气阀弹簧推开进气阀片，具有一定压力的空气排到缸外，而进气阀片在气缸内压力及其弹簧的作用下关闭。两个低压缸送出的压缩空气都经气缸盖的同一通道进入中冷器，经中冷器冷却后进入高压缸，进行第二次压缩，压缩后的空气由后冷却器冷却进入空气干燥器。

机轴带动连杆转动时，连杆下端的拨杆使机轴箱内的油四处飞散，从而对部件进行润滑。VV120 型空气压缩机空气循环示意图如图 6-3 所示。

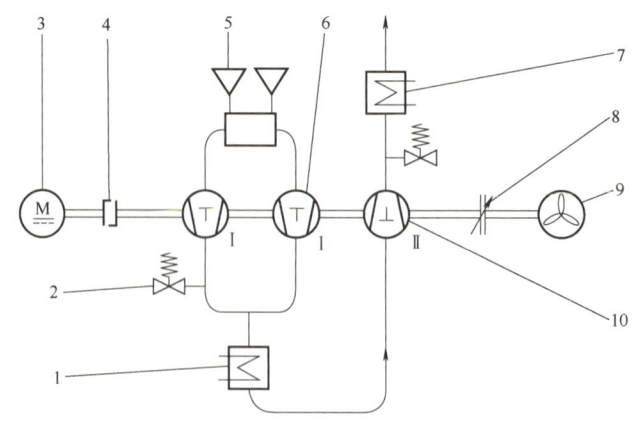

图 6-3 VV120 型空气压缩机空气循环示意图

1—中间冷却器　2—安全阀　3—电动机　4—联轴节　5—干燥型空气滤清器
6—低压气缸　7—后冷却器　8—黏性联轴节　9—叶轮　10—高压气缸

2. 螺杆式空气压缩机

（1）螺杆式空气压缩机的基本结构　螺杆式空气压缩机的结构示意图如图6-4所示。

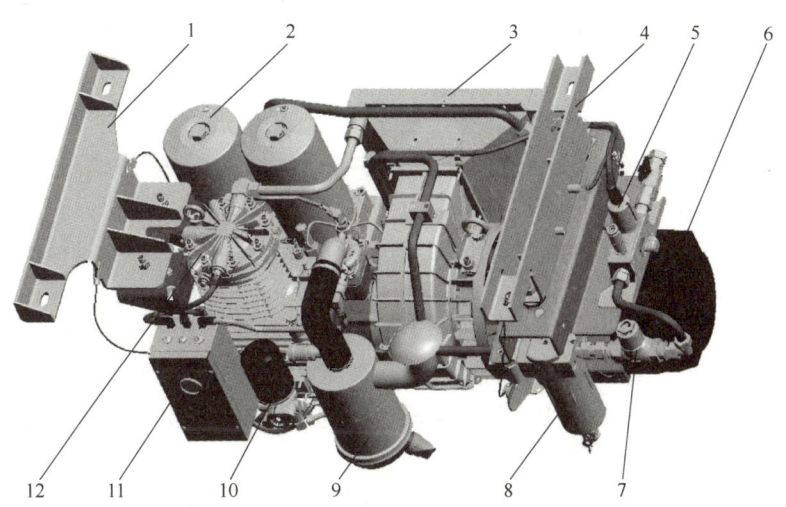

图6-4　螺杆式空气压缩机的结构示意图

1、4—托架　2—双塔干燥器　3—冷却器　5—压力控制器　6—电动机　7—单向阀
8—微油过滤器　9—空气滤清器　10—油过滤器　11—电控单元　12—螺杆压缩机

螺杆式空气压缩机通过电动机带动压缩机旋转，空气通过空气滤清器被吸气压缩后，经中间部件（如冷却器、过滤器和干燥器）从排气口排出。

（2）螺杆式空气压缩机气路原理　图6-5所示为空气压缩机组示意图。

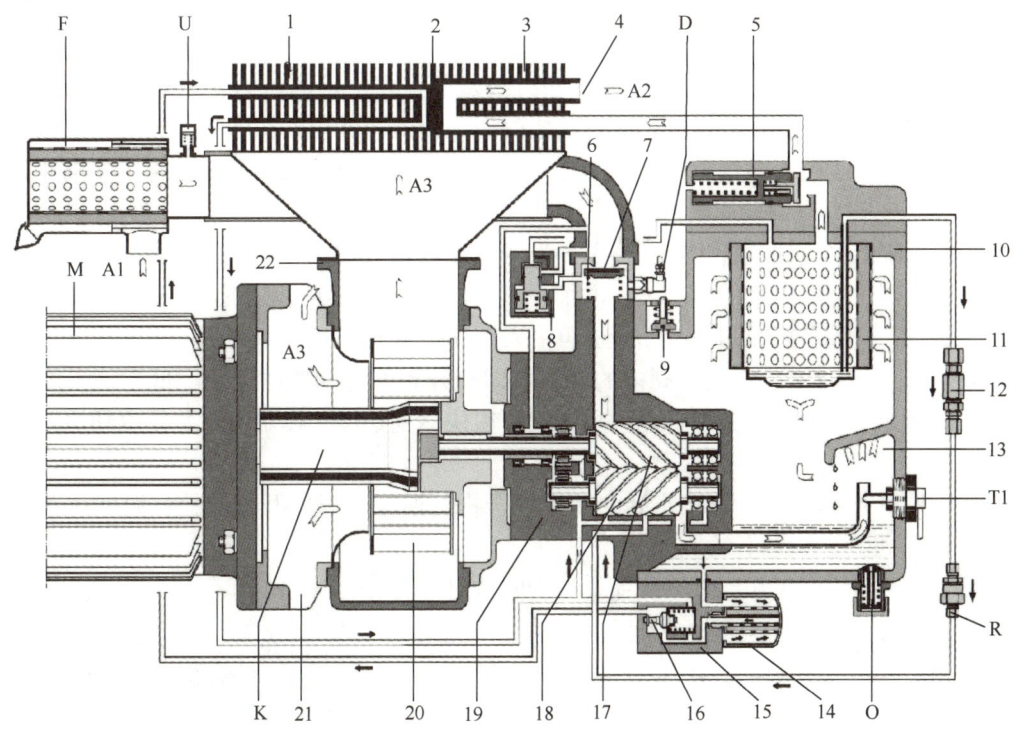

图6-5　空气压缩机组示意图

1—油冷却器　2—冷却器　3—空气冷却器　4—冷却空气出口　5—最小压力阀　6—压缩弹簧　7—进气阀板
8—泄压阀　9—安全阀　10—空气压缩机外壳　11—油细分离器　12—吸油管道过滤器　13—折流板　14—油滤器
15—温控阀（控油单元）　16—调节器　17—副转子　18—主转子　19—空气压缩机　20—离心式风机　21—中托架
22—蜗壳　D—压力开关　O—放油阀　K—联轴器　F—空气滤清器　M—电动机　T1—温度开关
U—真空指示器　R—止回阀　A1—进风口　A2—压缩空气出口　A3—冷空气

空气经空气滤清器过滤后进入空气压缩机。真空指示器显示何时需要对空气滤清器进行维护。空气压缩机的空气经空气压缩机外壳（折流板、油细分离器）后去油，再经过空气冷却器进入压缩空气管道。在压缩过程中用于密封、润滑和散热的油通过温控阀再次被导入空气压缩机。根据油温及由此造成的温控阀调节器的位置，在油温过高时通过中间连接的油冷却器输入油。组合式油/空气冷却器通过离心式风机得到冷空气。

空气压缩机每次关断后，泄压阀将空气压缩机的压力泄放，防止空气压缩机带载起动。压缩机组为自承式紧凑型机组，可通过弹性支承件与车辆相连。空气压缩机已被置入压缩机外壳，油分离器也装在外壳中。中托架和蜗壳为刚性设计，因此使压缩机具有自承式构造。蜗壳用于容纳离心式风机。离心式风机固定在电动机与空气压缩机之间的联轴器上。冷却器设计为气冷和油冷两种结构。

空气经过空气滤清器、进气阀板和压缩弹簧的止回阀功能组进入空气压缩机的进气侧。空气在压缩后通过固定在压缩机单元上的压力套管被压入压缩机单元外壳。

空气压缩机起动后，最小压力阀先是关闭，使空气压缩机外壳内迅速建立起压力，实现油路循环。

当压缩机外壳内的压力达到约650kPa时，最小压力阀开启，压缩空气进入下游管路。如果在达到关闭压力时使压缩机组停止运转，则最小压力阀关闭，以防止被压缩的空气从下游管路中回流到压缩机外壳内。

每次关断压缩机组后，空气压缩机外壳都通泄压阀自动泄压。压缩机组停止运转后，最小压力阀和进气阀板首先关闭。接着，进气管道内的压力由于来自压缩机单元的回流空气而升高，泄压阀开启。空气压缩机外壳的空气可由此流经空气滤清器，从而使外壳内的压力迅速降至300kPa以下；最后空气通过泄压阀内的一个喷嘴将压力慢慢地降到0kPa。

在内部压力较低的情况下，压缩机组在14s内才能再次起动。这个过程可避免产生过多的油泡沫。

由于运转中最小压力阀的作用，使压缩机组始终存在一定的压力，压缩机机组内润滑油在压力作用下经过油过滤器被输送到螺杆式空气压缩机的注油点，并在注油点润滑轴承和转子对。此外，润滑油吸收压缩过程中产生的热量，同时将密封转子之间及转子与压缩机外壳之间的空隙。

从压缩机流出的气油混合物首先通过外壳的折流板进行初次分离，随后在油细分离器内进行精细分离。在此分离出来的油积聚在油细分离器的底部，在压缩机外壳内过压的作用下，经过带有过滤器、喷嘴和止回阀的吸油管道再流入压缩机单元。

如果油温达到83℃，则温控阀内的调节器即打开到油冷却器的通路。低于该温度时，油在冷却器与直接注射口之间分配。以这种方式可很快达到最佳工作温度，并使冷却器达到最佳预热效果。

空气压缩机外壳上压力管接头处的油气混合物的温度由温度开关监控；温度达到极限值时，温度开关关断压缩机组。

（3）空气压缩机的工作原理　压缩机组为间歇启/停工作模式，按照100%工作制式设计。空气的压缩为单级压缩，几乎没有脉动，在压缩过程中通过油进行润滑、密封和散热。

螺杆式空气压缩机为双轴旋转排放式机械，按加压输送原理工作。空气压缩机包括两个相互啮合的有螺旋形沟槽的转子，转子具有不对称的啮合型面，并在一个铸铁壳体内旋转（图6-6）。空气通过空气压缩机外壳中的特殊成形的开口径向流入、轴向流出。

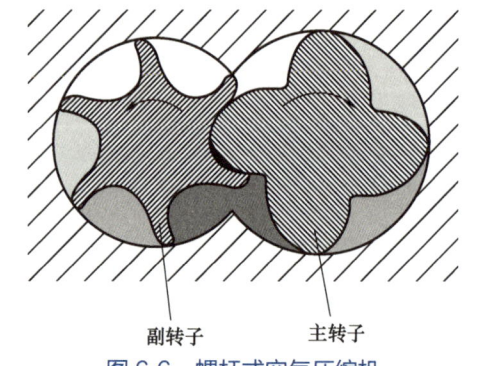

图6-6　螺杆式空气压缩机

随着转子旋转,位于轮齿之间的空气量不断发生变化。若空气入口敞开,空气就被吸入;若两个开口都被转子对遮盖,空气就被压缩,同时被挤到出气口。根据这种结构,内部的压缩比在结构设计时已通过外壳中的开口的位置和大小确定。

为了使转子齿面相互之间以及转子齿面与外壳之间密封,要向压缩机内注油,注入的油吸收并带走压缩时产生的大部分热量,压缩过程几乎等温进行。为了使内部的回流损失尽可能低,转速不得低于设定的最低值。

从动力学上看,此结构避免了使用任何往复运动的部件,例如活塞和阀门,这就在很大程度上保证实现无振动运转和无脉动输送。此外,还能减小支座和联轴节的动态负载,降低驱动装置的成本,使设备运行中的噪声水平相对较低。

3. 空气干燥器

(1) 双塔式空气干燥器的结构　双塔式空气干燥器(图6-7)主要由以下部件组成:2个干燥剂塔(各带有内置的油分离器);支架(带再生塔喷嘴)和2个用于干燥剂塔的止回阀、装在通向主风缸的排放道上的1个中心溢流阀、1个用于控制空气的先导阀、1个双活塞阀(带有内置消声器,用于干燥塔排水)、1个阀用电磁铁和用于控制循环的电路板。

在设备中装有一个自动调温控制的电热芯。每个干燥塔配有一个压力指示器,用于显示干燥剂塔所处的工作状态。例如,如果左干燥剂塔中有压力,说明它处于干燥阶段,则左边的压力指示器上出现一条红杠。如果处于无压状态,说明它处于再生阶段,则这条红杠自动消失。干燥剂塔所处的工作状态可通过压力指示器采集后显示于中间位置上。压力指示器上设有一个压力开关。

(2) 双塔式空气干燥器的工作原理　双塔干燥器同时运行两个工序,即干燥阶段和再生阶段并行。当一个干燥塔中主气流被干燥时,另一干燥塔中的干燥剂则再生,如图6-8所示。

电磁阀体通过从循环控制装置发出的电输入信号而得电;阀座V3打开。从通向压缩空气接口A2的压缩空气管道中分流出来的压缩空气流经开启的阀座V2和V3,流至活塞阀。其中,

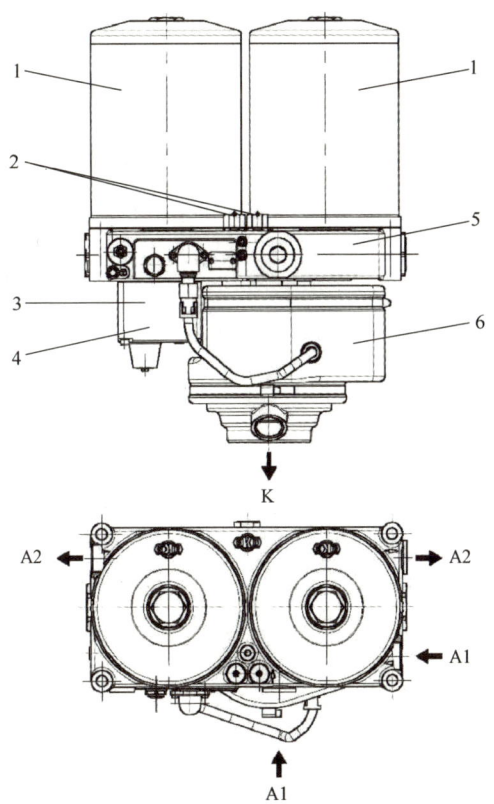

图6-7　双塔式空气干燥器
1—干燥剂塔　2—压力显示器　3—阀用电磁铁
4—阀箱　5—支架　6—双活塞阀　K—排水接管
A1—空气压缩机接口　A2—主风缸接口

先导阀的任务是防止在活塞阀中出现中间位置。它只有在达到必要的转换压力后才打开。转换压力将活塞顶着弹簧力压至下部或上部位置,以此打开阀座V5和V8。

由空气压缩机供给并随之经过再冷却和预排水的压缩空气流经接口A1和开启的阀座V5,流至干燥剂塔b,它从下向上地流过该干燥塔,接着通过中心管再向下,经过止回阀和溢流阀被导向接口A2。

空气在通过干燥剂之前,先要流经油分离器中的拉西环填料。这样,通过多次环流、涡旋和碰撞后,残留在压缩空气中的最小的油滴和水滴都落在拉西环的较大的表面上。然后结成较大的滴液,在重力作用下落到下面的集流室中。

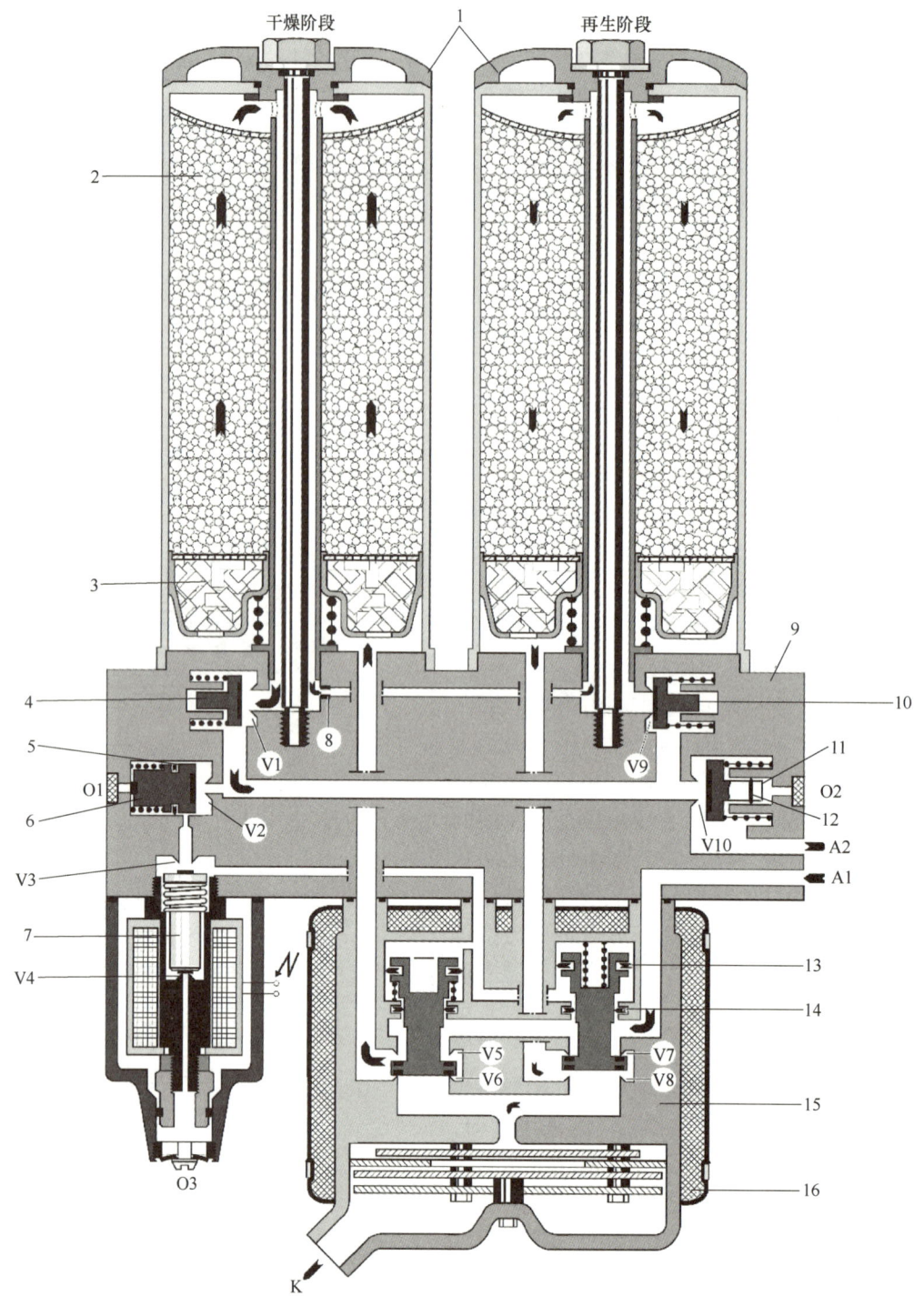

图 6-8 双塔式空气干燥器的工作原理图

1—干燥剂塔 2—干燥器 3—带拉西环的油分离器缸 4、10—止回阀的阀锥 5、12、13、14—K环
6—先导阀的活塞 7—阀用电磁铁 8—再生塔喷嘴 9—支架 11—溢流阀阀盘 15—双活塞阀 16—绝缘套
A1—压缩机前的进风口 A2—通向主风缸的排风口 K—空气/冷凝水 O—排风孔 V—阀座

在通过干燥剂时，空气中的水分被吸走，使压缩空气从干燥塔中流出时的相对湿度小于35%。一部分已干燥的空气被分流出来，经过再生塔喷嘴减压，再通过干燥塔的干燥剂后被送入相反方向。这种减压后的空气称为再生空气，它从需要再生的干燥剂中吸走了水分，并通过开启的阀座 V8 和消声器而排入大气。

当干燥剂即将达到饱和极限时，通过电子控制装置在 $T/2$ 阶段（图 6-9）换接，即阀用电磁铁失电。阀座 V3 关闭，阀座 V4 打开。通向活塞阀的控制线路排气。从而通过弹力将活塞压入上部或下部位置，这样就关闭了阀座 V5 和 V8，并打开了阀座 V6 和 V7。在这种操作位置时，主气流（A1 → A2）在干燥剂塔中被干燥，而干燥剂在干燥剂塔中再生。

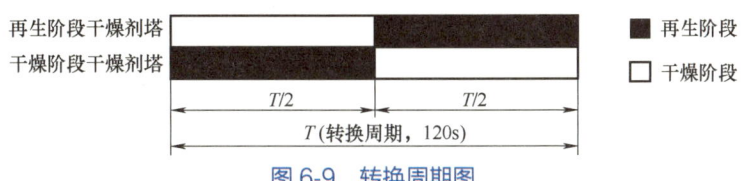

图 6-9　转换周期图

为了使干燥器完好地工作，需要有一定的转换压力，在这种转换压力下先导阀打开并且活塞阀可以转换。溢流阀确保这种压力在设备中迅速形成。通往主风缸的通道直到超过转换压力时才打开。这样可以避免在长时间充气过程中，干燥塔中的干燥剂出现过饱和。两个止回阀可防止空气压缩机停机时主风缸和车辆内管路排气。控制装置与压缩机同时接通。该控制装置按固定程序控制阀用电磁铁的关闭和接通时间。在空转或关闭空气压缩机后，控制装置将接通的实际状态储存下来，当重新接通时继续计数。由此可以确保需要再生的干燥剂能够完全干燥而不至于因推迟转换周期而出现过饱和状况。双塔干燥器的转换控制设计使得转换单元中出现波动时，总能保证有一个干燥塔供应压缩空气。

在双塔式干燥器上，双活塞阀是通过一个自动调温器控制的电热芯进行加热的。这样可防止阀门被冻住，在任何条件下都能保证冷凝水被导流出来。为了尽可能地保持双塔式干燥器的有效功率，在干燥器入口处的空气温度不应高于室外温度，并且不能超过 60℃。决不能将双塔式干燥器安装得紧靠着热源，因为热源会导致干燥剂额外升温。空气压缩机通向双塔式干燥器的输入管路须用不锈钢制作。

任务 6.2　基础制动装置闸瓦的更换

任务描述

采用闸瓦制动方式时,列车在实施制动时,闸瓦与踏面接触并施加制动力,随着列车运行里程和时间的增加,闸瓦会产生磨损,从而造成闸瓦厚度变薄,制动力不足,因此需要根据闸瓦厚度及检修限度要求对闸瓦进行更换。本任务主要结合基础制动装置检修规程,完成闸瓦的更换,确保制动系统功能正常、状态良好。

学习目标

1. 知识目标
1）掌握基础制动装置的类型、结构和工作原理。
2）掌握基础制动装置闸瓦的更换流程及技术要求。

2. 能力目标
1）具备制订检修作业计划和检修任务的能力。
2）具备按照技术规程的要求完成闸瓦更换的能力。

3. 素养目标
1）培养学生严谨的职业态度。
2）培养学生安全作业、标准作业的意识。
3）培养学生团队协作的意识。

任务工单

任务工单见表 6-5。

表 6-5　任务工单

工　单	基础制动装置闸瓦的更换		
任　务	按照技术规程的要求完成闸瓦的拆卸、安装、调试与维护		
班　级		姓　名	
学习小组		工作时间	

填写说明:
1. 完成闸瓦安装作业流程,在"完成"选项后面框中画钩。
2. 未完成闸瓦安装作业流程,在"未完成"选项后面框中画钩。

序号	作业项目	结　果
1	作业准备:操作总风阀	完成□　未完成□
2	作业准备:操作停放制动单元	完成□　未完成□
3	调节闸瓦间隙调整器	完成□　未完成□
4	拆卸闸瓦	完成□　未完成□
5	安装闸瓦	完成□　未完成□
6	调节闸瓦间隙调整器	完成□　未完成□
7	恢复总风阀	完成□　未完成□
8	测试	完成□　未完成□
9	工位清理	完成□　未完成□

（续）

闸瓦更换作业补充说明（必要时填写）：

任务准备

实施作业前，需根据任务工单的要求制订作业计划，明确作业任务要求，制定标准化作业流程，并完成表 6-6 的填写。

表 6-6 作业计划表

作业项目	基础制动装置闸瓦的更换		
作业场地	检修库	作业设备	地铁列车制动系统
作业整体要求			

1. 检修作业前，须确认车辆已降弓，列车两端放置安全警示防护牌，两端司机室内司控器手柄挂好"禁止操作"的标示牌，两端司机室继电器柜蓄电池开关上挂好"禁止投蓄电池"标示牌。
2. 检修人员须穿戴好安全防护用品。
3. 作业结束后，清洁现场并复位工具，保证人走场清。

作业工具、工装及耗材			
序号	名　称	数量	备　注
1	棘轮扳手	1 把	
2	活扳手	1 把	
3	钳子	1 把	
4	橡胶锤	1 把	
5	开口销	1 个	
主要作业项			

储备知识点

作业分工			
作业人员		检验人员	
监督人员		评价人员	

日期：

任务实施

按作业指导书（表 6-7）进行任务实施。

表6-7 作业指导书

序号	项　目	作业内容及方法	图　示
1	作业准备：操作总风阀	切断转向架的截断塞门	
2	作业准备：操作停放制动单元	若是带停放制动装置的单元制动机，则需拉动相应车轴的停放制动手动缓解拉环，之后恢复停放制动手动缓解拉环的扣环	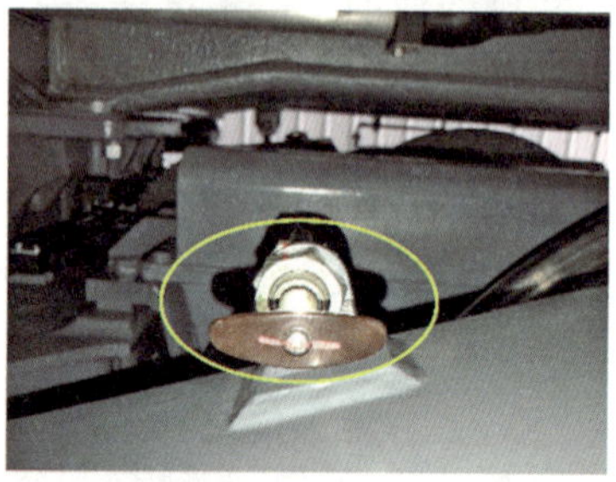
3	调节闸瓦间隙调整器	用活扳手将闸瓦间隙调整器螺母调松至最大间隙位置处（顺时针调整闸瓦间隙增大，逆时针调整闸瓦间隙减小）	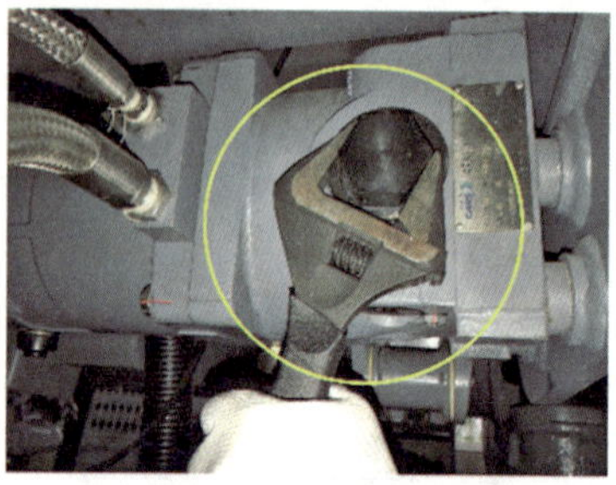
4	拆卸闸瓦	调直开口销并打出，取出闸瓦销，取下闸瓦固定钎，拆除旧闸瓦	 
5	安装闸瓦	安装新闸瓦，插入闸瓦销，对准闸瓦托插入一个新的开口销。新闸瓦有弧面的一侧应朝内，开口销开度 >60°	

（续）

序号	项 目	作业内容及方法	图 示
6	调节闸瓦间隙调整器	用活扳手分2次调整闸瓦间隙值，首先将闸瓦贴合至车轮踏面，然后松离车轮踏面至闸瓦间隙值20mm处，最后再重复一次（顺时针调整闸瓦间隙增大，逆时针调整闸瓦间隙减小）	—
7	恢复总风阀	恢复转向架的截断塞门	
8	测试	1人激活列车，分2~3次操作方向手柄、牵引手柄，施加/缓解列车制动；另1人查看该轴闸瓦间隙值是否已自动调整至8~12mm范围内。否则，须重新进行调整、测试。查看间隙值时只能目测，切勿伸手，闸瓦间隙值8~12mm	—
9	工位清理	清点工具，收拾旧闸瓦、开口销，放至规定处	—

评价反馈

小组之间进行交流，总结任务学习和实施过程中出现的问题、解决的方法，收获的知识及技能。以小组为单位，选择演示文稿、报告及视频等形式中的一种或多种，汇报小组学习成果。

任务考核评价主要涉及：①对知识点的理解与运用评价；②任务实施过程中的计划制订、知识获取、安全规范、任务实施、任务完成等；③小组任务实施中的知识、技能及素养的提升。

任务量化评分表见表6-8。

表6-8　任务量化评分表

考核项目	评分标准	分数	学生自评	小组互评	教师评价	小计
知识掌握	是否掌握任务基础知识	10				
任务计划	是否正确、合理	10				
作业安全	有无安全隐患	10				
现场5S	是否做到	10				
操作过程	是否正确、合理	20				
任务完成情况	是否标准规范	20				
工具、设备的使用	是否正确、规范	5				
任务工单的填写	工单填写是否完整、正确	5				
团队合作	是否和谐	5				
劳动纪律	是否能严格遵守	5				
总分		100				
得分						

教师签字：　　　　　　　　　　　　　　　　　　　　　年　月　日

注：若违反操作规程，出现人身伤害或设备损坏的严重事故，本任务考核得0分。教师评价分数占总分的60%，小组互评分数占总分的20%，学生自评分数占总分的20%。

知识储备

1. 基础制动装置的结构

XFD型踏面制动单元(图6-10)基本结构形式采用楔角放大原理,放大制动单元输出力。XFD型踏面制动单元结构如图6-11、图6-12所示。

图6-10 XFD型踏面制动单元

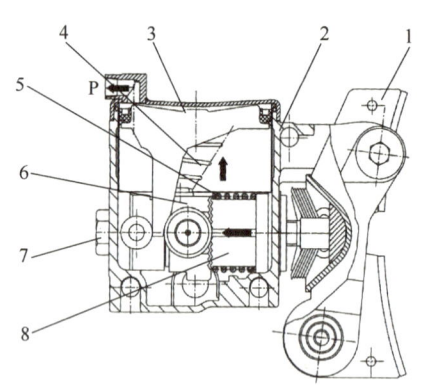

图6-11 XFD-1型踏面制动单元结构
1—瓦托 2—制动缸体 3—倍率勾贝
4—勾贝复原弹簧 5—推筒复原弹簧 6—轴承托架
7—调整后盖 8—推筒(间隙调整器)

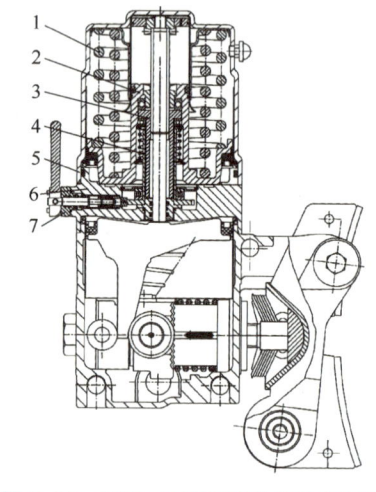

图6-12 XFD-2型带弹簧停车制动器
的踏面制动单元结构
1—弹簧制动主弹簧 2—弹簧制动勾贝 3—螺母 4—棘轮套
5—弹簧制动上罩 6—弹簧制动底座 7—手缓解组成

2. XFD型踏面制动单元的工作原理

(1)正常闸瓦间隙调整

1)制动状态。如图6-13所示,制动时,空气压力进入制动缸,克服勾贝复原弹簧作用力,推动倍率勾贝向下移动,并推动轴承托架及间隙调整器(以下简称推筒)向前移动,推动闸瓦托使闸瓦与车轮踏面接触,从而达到制动效果。

间隙调整器内各部件力的传递过程如图6-14所示。

当制动时,推筒移动,在调整螺杆和闸瓦向前移动的情况下,后引导螺母及齿座向前移动距离A,此距离A为闸瓦与车轮踏面的正常间隙,此时,闸瓦与车轮踏面刚接触。

在空气压力作用下,倍率勾贝继续向下移动,推筒继续向前移动时,在制动缸输出力即闸瓦压力的作用下,间隙调整器及车轮踏面产生弹性变形和位移e,在该力作用下,压缩离合器弹簧E,直至将制动盘B压紧,如图6-15所示。此时由于制动盘夹紧,进而使后引导螺母不能转动。在制动过程中，闸瓦如果磨耗 f 距离，调整螺杆就继续向前移动 f 距离，从而使引导螺母与齿座间产生 f 间隙，此时，调整螺杆共移动距离为 $A+e+f$。

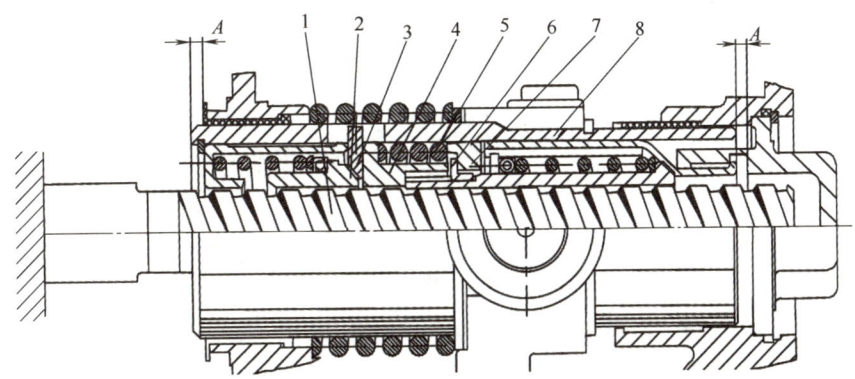

图 6-13　制动作用时正常间隙作用图

1—调整螺杆　2—前调整螺母　3—离合器齿圈　4—前导向套　5—离合器弹簧　6—制动盘　7—压力圈　8—推筒

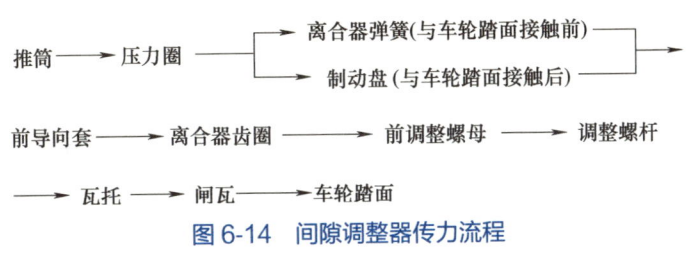

图 6-14　间隙调整器传力流程

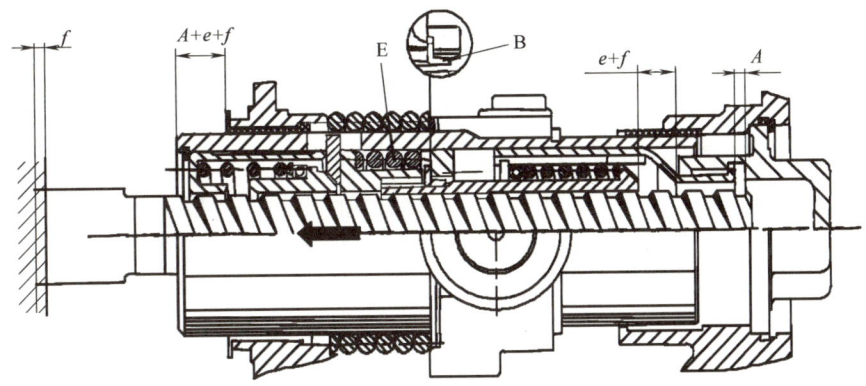

图 6-15　制动作用时闸瓦磨耗间隙增大作用图

2）缓解状态。如图 6-16 所示，缓解时，空气压力由制动缸排出，在勾贝复原弹簧反弹力的作用下，推动倍率勾贝向上移动，在推筒复原弹簧弹簧力的作用下，推筒向后移动，并带动轴承托架向后移动，在推筒后移过程中，间隙调整器动作，同时使闸瓦托和闸瓦离开车轮踏面，使踏面制动单元处于缓解位。

缓解时，在缓解弹簧 H 的力作用下，推筒带动螺杆迅速后退，使闸瓦离开车轮踏面。在作用力消除时，弹性变形及位移随之消除，使制动盘 B 和后引导螺母向后移动距离 e，同时，制动盘 B 松开，后引导螺母锁紧解除，使之可以转动。此时，由于闸瓦已产生磨耗

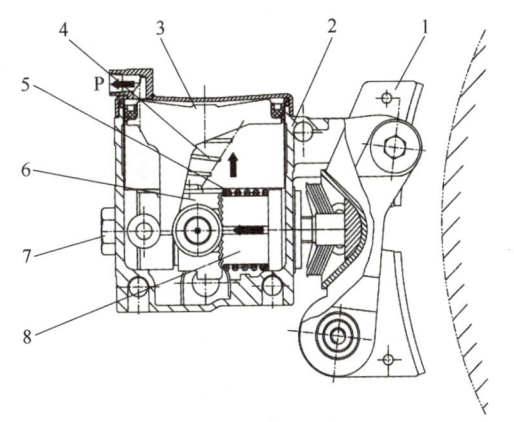

图 6-16　XFD-1 型踏面制动单元缓解位

1—闸瓦托　2—制动缸体　3—倍率勾贝　4—勾贝复原弹簧
5—推筒复原弹簧　6—轴承托架　7—调整后盖　8—推筒

f,后引导螺母与引导齿座之间仍具有距离 f,如图 6-17 所示。在推筒向后移动过程中,在引导弹簧 K 的力作用下,后引导螺母旋转,直至后引导螺母齿与引导齿座接触并啮合,使后引导螺母复位。此时,后引导螺母与调整螺杆之间相对移动距离 f,此距离正好为闸瓦磨耗量。

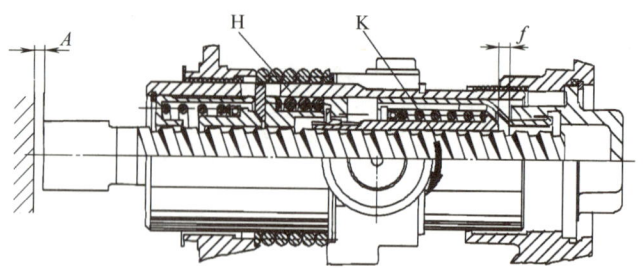

图 6-17 缓解时后引导螺母调整闸瓦磨耗 f 距离动作图

继续缓解时,如图 6-18 所示,后引导螺母与后引导螺母齿座 C 同时在调整后盖 D 沟槽内移动距离 A,并与调整后盖接触。前调整螺母在制动时,随调整螺杆向前移动了与闸瓦磨耗量相等的距离 f。

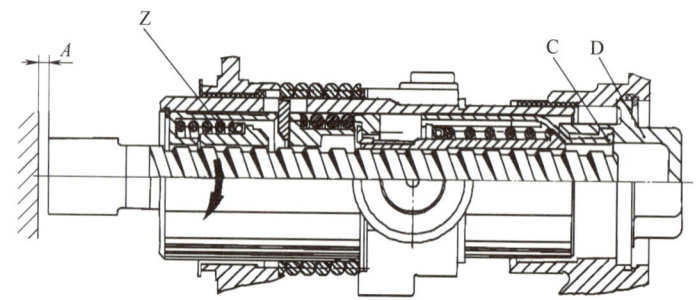

图 6-18 缓解时前调整螺母调整闸瓦磨耗距离 f 的动作图

当继续缓解时,由于推筒向后移动,使前调整螺母与前离合器齿圈脱开,在前调整弹簧 Z 的力作用下,前调整螺母在调整螺杆上旋转,致使其前调整螺母齿与前离合器齿圈接触并啮合。此时,使调整螺杆向前伸长了与闸瓦磨耗量 f 相同的距离。前调整螺母与齿的复位啮合,使调整螺杆牢固旋合,能够传递下次制动输出力。此次制动与缓解过程,自动补偿了闸瓦磨耗引起的闸瓦间隙过大,保持了闸瓦与车轮踏面的正常间隙,如图 6-19 所示。

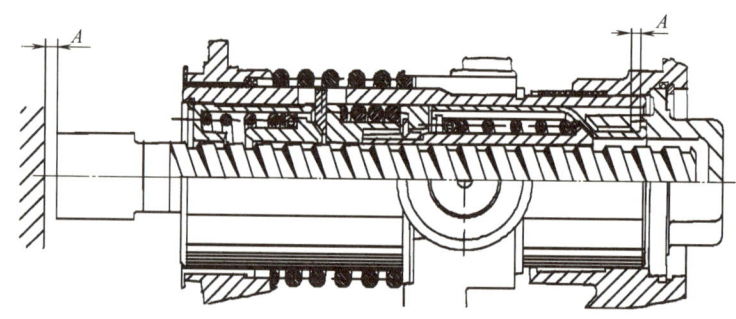

图 6-19 间隙调整器处于缓解位置图

(2) 过多闸瓦间隙的调整

1) 制动状态时,后引导螺母旋转调整。闸瓦与车轮踏面间隙超过正常间隙 A 时,空气压力进入制动缸,倍率勾贝向下移动的行程比正常闸瓦间隙时的勾贝移动行程大,使推筒向前移动的距离长,此时,推筒的动作与正常闸瓦间隙的调整动作略有不同。

制动全过程中,由于闸瓦不接触车轮踏面,调整螺杆不受力,制动盘 B 不被夹紧,后引导螺母在与引导螺母齿座脱开时,即可沿调整螺杆旋转,使调整螺杆伸长并相对移动一段距离，直至后引导螺母与后引导螺母齿座啮合。

2）缓解状态时，前调整螺母旋转调整。缓解过程中，前调整螺母与前离合器齿圈脱开，使调整螺杆伸长相应距离，该动作与正常闸瓦间隙的前调整螺母调整动作基本相同。

3. 带弹簧停车制动器的踏面制动单元

XFD-2 型带弹簧停车制动器制动单元的弹簧停车制动器具有 3 种位置：缓解位（缓解状态及制动状态）、制动位以及手动快速缓解位。

1）缓解位。车辆正常运行或施行空气制动时，弹簧停车制动缸内的制动活塞，在总风压力作用下向上移动，压缩停车制动器主弹簧，使小调整螺杆及调整螺杆、调整螺母上移到顶端，使弹簧停车制动器处于缓解位，此时，调整螺杆与下部制动单元的制动弹簧无作用力。

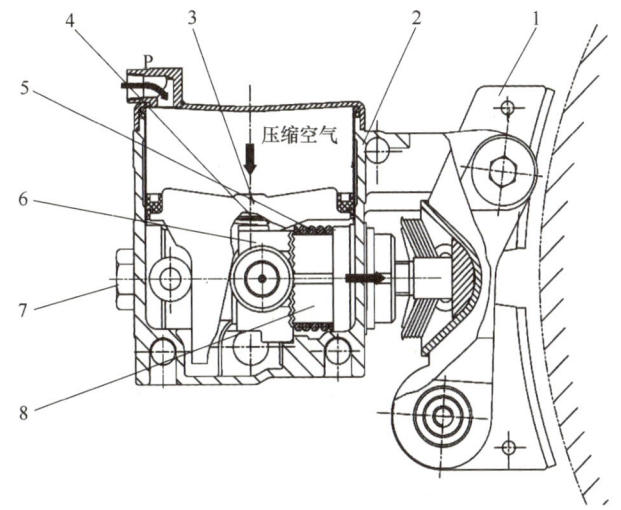

图 6-20　XFD-1 型踏面制动单元过大间隙制动位
1—闸瓦托　2—制动缸体　3—倍率勾贝　4—勾贝复原弹簧
5—推筒复原弹簧　6—轴承托架　7—调整后盖　8—推筒

图 6-21 所示为车辆正常运行，不施行制动作用时，制动单元处于缓解状态。图 6-22 所示为车辆正常运行，施行制动作用时，制动单元处于制动状态。

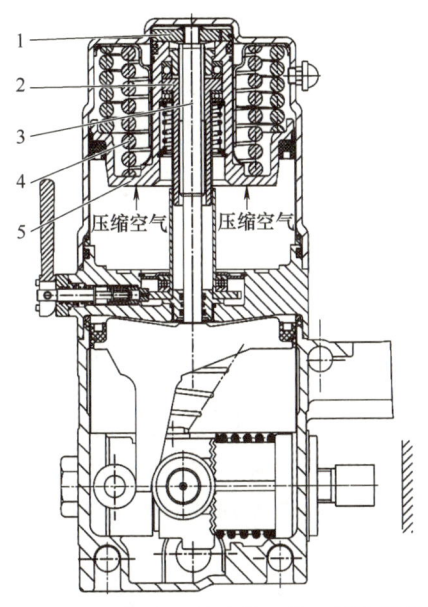

图 6-21　缓解位（制动单元处于缓解状态）
1—小调整螺杆　2—调整螺母　3—调整螺杆
4—主弹簧　5—制动活塞

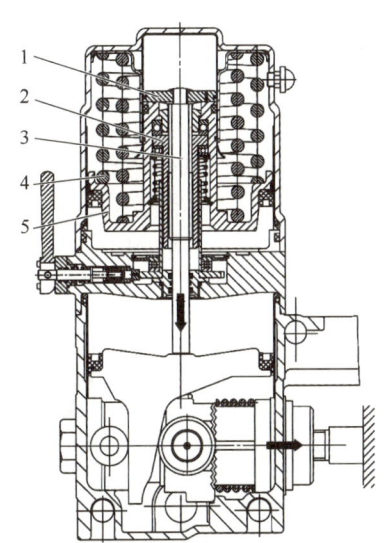

图 6-22　制动位（制动单元处于制动状态）
1—小调整螺杆　2—调整螺母　3—调整螺杆
4—主弹簧　5—制动活塞

2）制动位。当机车车辆静止停车时，排出总风或操作司机室特设的弹簧停车制动器操作手柄于制动位时，在停车制动器主弹簧作用下，制动活塞、小调整螺杆、调整螺杆及调整螺母同时向下移动，使调整螺杆推动下部制动单元的制动弹簧动作，实现车辆静止停车。

3）手动快速缓解位。当车辆无总风情况下，需要缓解弹簧停车制动器产生的制动作用时，需拉动手动快速缓解装置，使弹簧停车制动作用彻底缓解。当拉动手动快速缓解装置时，棘轮与锁紧机构脱开，调整螺母在停车制动器主弹簧作用下旋转，因调整螺母与棘轮相互咬合，使棘轮绕调整螺杆旋转，致使制动活塞迅速下移，并与铸铝底座接触，达到最低位置。同时，由于调整螺母的快速旋转，使调整螺杆及小调整螺杆向上移动，并迅速与冲压上罩接触，完成了手动缓解作用，如图6-23所示。

当弹簧停车制动器实现手动快速缓解后，再向弹簧制动缸冲入总风时，由于空气压力作用，制动活塞有向上移动趋势，因棘轮的齿形为单向锁闭，可解除锁闭，使调整螺母反向旋转，促使制动活塞不受阻地沿调整螺杆向上移动，克服主弹簧作用力，与处于缓解位的小调整螺杆接触，使弹簧停车制动器重新达到缓解位。

4. XFD型踏面制动单元的维护与使用注意事项

踏面制动单元是机车车辆基础制动装置的重要部件，它直接影响列车运行安全，为此，其技术状态应始终保持良好。

（1）日常检查与维护

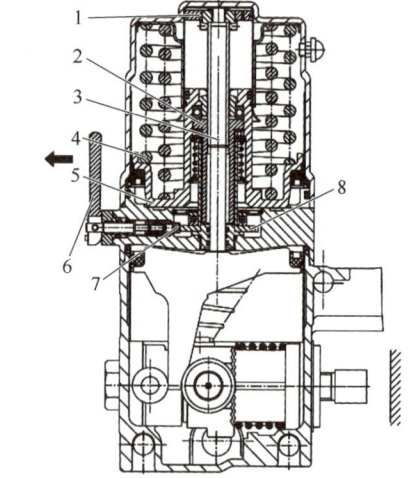

图6-23 手动快速缓解位
1—小调整螺杆 2—调整螺母 3—调整螺杆
4—主弹簧 5—制动活塞 6—手动快速缓解装置
7—锁紧机构 8—棘轮

1）经常检查制动单元与车体的连接螺栓是否松动或脱落。

2）经常检查踏面制动单元活动连接部件，如瓦托拐架的上部活动轴及下部啮合轴的紧固螺栓是否松动或脱落。

3）经常检查闸瓦与车轮踏面间隙是否正常。

4）机车运行前，应将小闸置于制动或缓解位，检查制动单元，应能正常制动与缓解。

5）辅修时，检查踏面制动单元间隙调整器的动作是否正常。

① 顺时针拧动制动单元后调整螺母，使闸瓦后退一定距离。

② 经数次制动与缓解，闸瓦与车轮踏面间隙逐渐变小，直至恢复正常间隙。

6）辅修时检查弹簧停车制动器是否动作正常。

① 向弹簧停车制动器充入总风，制动单元应处于缓解状态。

② 排出总风压力，弹簧停车制动器及制动单元处于制动位。

③ 拉动手缓解装置3s，制动单元应彻底缓解。

（2）使用注意事项

1）更换闸瓦时，应有适当间隙，不宜间隙过大。使用者注意检查闸瓦磨耗情况，闸瓦磨耗到限后，应立即更换新闸瓦。当顺时针（从制动单元的后面看）旋转后调整螺母时，应使瓦托回缩至与车轮踏面有适当间隙，以方便更换闸瓦。不宜使瓦托回缩到制动单元根部，以防止影响再次制动作用。

2）使用带有弹簧停车制动器的制动单元时，应注意以下事项：

① 因总风缸无风源时，弹簧停车制动器产生制动作用，所以动车前一定要先缓解弹簧停车制动器，即弹簧停车制动器未缓解前严禁动车，否则会产生抱闸运行现象。

② 机车和车辆在无动力回送调车或与其他车辆混编时，可根据需要接上列车管，通过列车管向回送机车总风缸充气，使回送机车弹簧停车制动器缓解。当列车管压力达到450kPa以上时，才可动车。

③ 总风缸无风源时，此弹簧停车制动器只能实现一次手动缓解，手动缓解后不能再次制动。若需再次制动，必须再次向总风缸充风，待风压达到450kPa以上时，才可实施二次制动。

④ 分解和组装弹簧停车制动器时，必须在专业人员指导下或经正式培训后，才可进行。

任务 6.3　制动系统的检查与维护

任务描述

本任务主要结合车辆制动系统的检修规程，完成对车辆制动系统的日常检查、维护，确保车辆制动系统功能正常、状态良好。

学习目标

1. 知识目标
1）掌握车辆制动系统的组成部分、各部分的结构及技术参数。
2）掌握车辆制动系统各部分的检查、维护技术要求。

2. 能力目标
1）具备制订检修作业计划和检修任务的能力。
2）具备能够按照技术规程的要求完成列车制动系统各部分的状态检查及维护的能力。

3. 素养目标
1）培养学生严谨的职业态度。
2）培养学生安全作业、标准作业的意识。
3）培养学生团队协作的意识。

任务工单

任务工单见表 6-9。

表 6-9　任务工单

工　单	制动系统的检查与维护		
任　务	按照技术规程的要求完成列车制动系统的检查与维护		
班　级		姓　名	
学习小组		工作时间	

填写说明：
1. 检查结果若无缺陷情况，在"正常"选项后面框中画钩，缺陷描述无须填写。
2. 检查结果若有缺陷情况，在"不正常"选项后面框中画钩，并在"缺陷描述"中填写具体描述。

序号	检查项目		检查结果
1	空气压缩机及干燥装置	空气压缩机及空气干燥器外观良好	正常□　不正常□
		油封密封良好，无漏油	正常□　不正常□
		吊挂螺栓紧固良好	正常□　不正常□
		润滑油无变色乳化，油位在上下刻度线之间	正常□　不正常□
2	空气压缩机启动装置	箱体外观无变形，安装状态良好	正常□　不正常□
		箱盖密封良好，空气管路无泄漏	正常□　不正常□
		各部件安装牢固，连接状态良好	正常□　不正常□
		箱内元件无变色、损伤，接点无烧损	正常□　不正常□
3	制动控制单元	目视检查箱体外观无变形，安装到位	正常□　不正常□
		箱盖密封良好，空气管路无泄漏	正常□　不正常□
		各部件安装牢固，连接状态良好	正常□　不正常□

（续）

序号	检查项目		检查结果
3	制动控制单元	箱内元件无损伤，无过热变色或烧损	正常□　不正常□
		箱内各部件安装螺栓及 EP 阀调整螺栓无松动，防松标识清晰、无错位	正常□　不正常□
4	踏面制动单元及闸瓦	制动单元安装螺栓防松线清晰、无错位	正常□　不正常□
		橡胶套护套无破损、移位	正常□　不正常□
		闸瓦安装状态良好，间隙满足要求	正常□　不正常□
		闸瓦无破损	正常□　不正常□
		闸瓦厚度符合要求，闸瓦未磨耗到限	正常□　不正常□
		停放制动手动缓解钢索无损坏，安装牢固	正常□　不正常□
5	管路元件	各截止阀无损坏，安装牢固	正常□　不正常□
		高度阀无损坏，安装牢固	正常□　不正常□
		差压阀无损坏，安装牢固	正常□　不正常□
		防滑阀无损坏，安装牢固	正常□　不正常□
		停放电磁阀无损坏，安装牢固	正常□　不正常□
		调压阀无损坏，安装牢固	正常□　不正常□
		过滤器无损坏，安装牢固	正常□　不正常□
		安全阀无损坏，安装牢固	正常□　不正常□
		溢流阀无损坏，安装牢固	正常□　不正常□
		连接软管、管路无损坏、无泄漏，安装牢固	正常□　不正常□

制动系统的检查与维护补充说明（必要时填写）：

任务准备

实施作业前，需根据任务工单的要求制订作业计划，明确作业任务要求，制定标准化作业流程，并完成表 6-10 的填写。

表 6-10　作业计划表

作业项目		制动系统的检查与维护	
作业场地	检修库	作业设备	地铁列车制动系统
作业整体要求			

1. 检修作业前，须确认车辆已降弓，列车两端放置安全警示防护牌，两端司机室内司控器手柄挂好"禁止操作"的标示牌，两端司机室继电器柜蓄电池开关上挂好"禁止投蓄电池"标示牌。
2. 检修人员须穿戴好安全防护用品。
3. 作业结束后，清洁现场并复位工具，保证人走场清。

作业工具、工装及耗材			
序号	名称	数量	备注
1	手电筒	1 把	
2	钢直尺	1 把	

项目 6　城市轨道交通车辆制动系统的检修

(续)

主要作业项

储备知识点

作业分工			
作业人员		检验人员	
监督人员		评价人员	
日期:			

任务实施

按作业指导书（表 6-11）进行任务实施。

表 6-11　作业指导书

序号	项　　目	作业内容及要求	图　示
1	检查空气压缩机及干燥装置	空气压缩机及空气干燥器外观无损坏、变形等异常，滤尘器安装锁闭到位	
		油封密封良好，无漏油	
		吊挂螺栓紧固良好，防松线清晰无错位	
		润滑油无变色乳化，油位正常，在上下刻度线之间	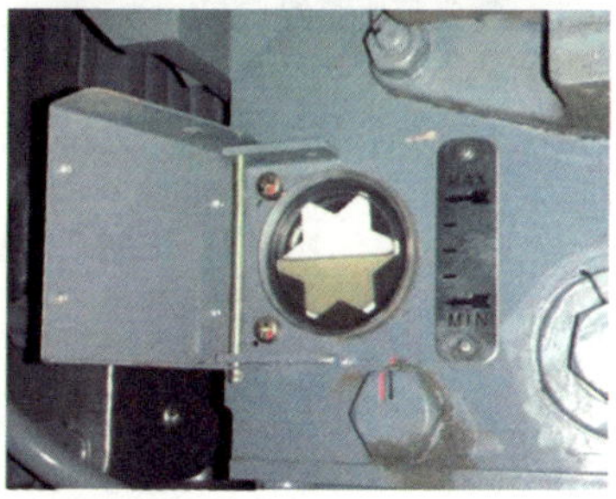

（续）

序号	项目	作业内容及要求	图示
2	检查空气压缩机启动装置	箱体外观无变形，安装状态良好	
		箱盖密封良好，空气管路无泄漏，各部件安装牢固，连接状态良好，箱内元件无变色、损伤，接点无烧损	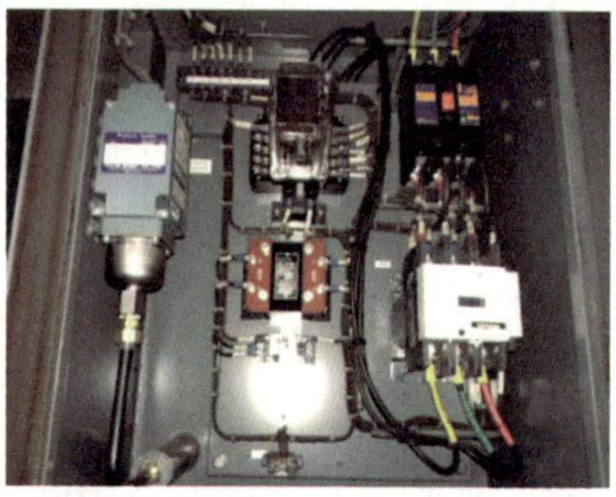
3	检查制动控制单元	箱体外观无变形，锁闭插销安装到位	
		箱盖密封良好；空气管路无泄漏；各部件安装牢固；连接状态良好；箱内元件无损伤，无过热变色或烧损。箱内各部件安装螺栓及EP阀调整螺栓无松动	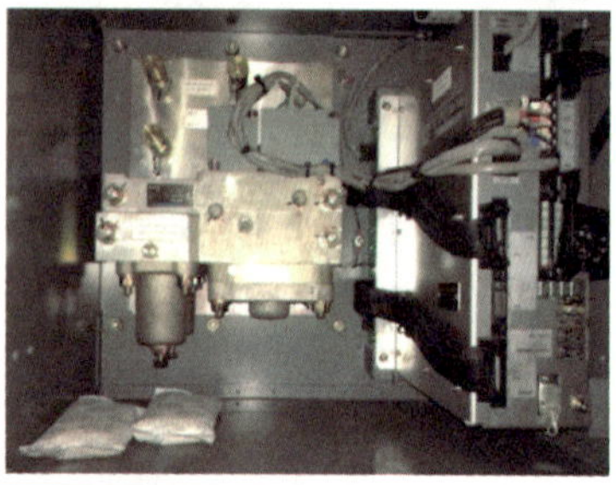
4	检查踏面制动单元及闸瓦	制动单元安装螺栓防松线清晰、无错位，橡胶套护套无破损、移位。闸瓦安装状态良好，闸瓦间隙满足要求	
		闸瓦反轮缘侧最薄处厚度符合标准要求，闸瓦未磨耗到限	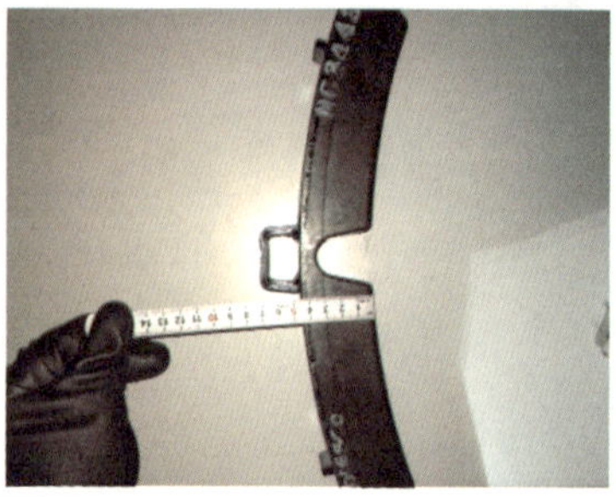

（续）

序号	项 目	作业内容及要求	图 示
4	检查踏面制动单元及闸瓦	停放制动手动缓解钢索无损坏，安装牢固	
5	检查管路元件	各截止阀、高度阀、差压阀、防滑阀、停放电磁阀、调压阀、过滤器、安全阀、溢流阀、连接软管、管路无损坏、无泄漏，安装牢固	—

评价反馈

小组之间进行交流，总结任务学习和实施过程中出现的问题、解决的方法，收获的知识及技能。以小组为单位，选择演示文稿、报告及视频等形式中的一种或多种，汇报小组学习成果。

任务考核评价主要涉及：①对知识点的理解与运用评价；②任务实施过程中的计划制订、知识获取、安全规范、任务实施、任务完成等；③小组任务实施中的知识、技能及素养的提升。

任务量化评分表见表 6-12。

表 6-12　任务量化评分表

考核项目	评分标准	分数	学生自评	小组互评	教师评价	小计
知识掌握	是否掌握任务基础知识	10				
任务计划	是否正确、合理	10				
作业安全	有无安全隐患	10				
现场 5S	是否做到	10				
操作过程	是否正确、合理	20				
任务完成情况	是否标准规范	20				
工具、设备的使用	是否正确、规范	5				
任务工单的填写	工单填写是否完整、正确	5				
团队合作	是否和谐	5				
劳动纪律	是否能严格遵守	5				
总分		100				
得分						

教师签字：　　　　　　　　　　　　　年　月　日

注：若违反操作规程，出现人身伤害或设备损坏的严重事故，本任务考核得 0 分。教师评价分数占总分的 60%，小组互评分数占总分的 20%，学生自评分数占总分的 20%。

知识储备

1. 制动系统的组成

（1）风源系统　全列车有两个压缩机单元，包括空气压缩机启动装置、空气干燥器、安全阀、压力开关等。

（2）制动控制系统　主要包括微机控制的模拟电空制动控制装置和停放制动控制装置等。电空制动控制装置具有常用制动控制、紧急制动控制以及空气制动防滑控制等功能。

（3）空气制动防滑控制装置　空气防滑控制装置包括4个防滑排风阀和轴装的4路速度传感器。

（4）基础制动装置　转向架采用4个踏面制动单元，包括对角采用的带停放制动功能的2个踏面制动单元。

（5）空气悬挂装置　主要包括进行空气弹簧充、排风调节的高度阀和差压阀。

2. 制动系统功能描述

1）常用制动。常用制动时，其制动力随输入指令大小无级控制，并可随载重变化自动调整，常用制动优先利用再生制动力，不足部分由空气制动力补足。常用制动受最大允许纵向冲击率限制。

2）紧急制动时，采用纯空气制动的方式，其制动力由空重阀调整，实现随载重变化的自动调整。

3）紧急制动不受纵向冲击率限制。

4）独立紧急制动控制回路，在列车自动防护（ATP）系统发出紧急制动指令、列车分离、总风欠压、DC 110V控制电源失电等情况下，均能产生最高安全等级的紧急制动。

5）接受ATP的防护控制，优先响应最大常用制动或紧急制动。

6）具有故障码和状态信息的显示及与监控系统的通信接口。

7）对列车各轴实施滑行检测，并实施对空气制动的防滑保护。

8）具有弹簧储能方式的停放制动，实施充风缓解、无风制动。

9）具有保持制动功能，坡道起动时，起动牵引力克服保持制动的制动力后，保持制动才缓解，可以防止列车起动时产生倒溜。

10）制动力不足检测功能。

11）不缓解检测功能。

知识拓展

车辆健康管理（PHM）系统

PHM系统利用车载监测子系统和轨旁监测子系统采集到的故障数据，结合部件修配及检验履历对故障进行跟踪与分析，利用轨旁与车载检测/采集的数据给当前日检业务流程提供有效的检测支撑，并利用数理与概率统计等数据分析技术，结合可靠性分析技术对部件进行全寿命周期健康评估，通过给出的部件健康状态评估结果，分析出当前部件的合理检修周期，给出部件检修周期建议，并对列车部件进行整体检修日程规划，提供在一定时间内需要检修的部件统计数据，为相关人员合理地编制检修计划提供有效的数据支持，实现车辆运营的安全、舒适及与环境的友好交互，在降低维修成本的同时，实现了车辆运行状态的精准把控。

在技术运用方面，城市轨道交通健康管理系统采用5G、智能传感、物联网、大数据分析、人工智能和云计算等新型信息技术，搭建支撑城市轨道车辆运、检、修一体化的轨道交通健康管理系统，可实现多源异构数据的融合和处理、车辆运行监控、故障应急处置、故障诊断和故障预测、车辆健康评估管理、关键部件的使用寿命评估管理等功能。

项目 7
城市轨道交通车辆空调系统的检修

任务 7.1　空调机组的检查与维护

任务描述

空调系统是城市轨道交通车辆的重要组成部分，用于调节客室内空气温度、湿度，增强客室内空气流动，提高乘客乘坐舒适性，改善乘车环境。因此，在列车运用过程中，需要根据检修修程的要求，对空调系统进行检查和维护。本任务主要完成空调机组的检查与维护，确保空调机组零部件安装状态良好、连接可靠、功能正常。

学习目标

1. 知识目标
1）掌握空调系统的结构及工作原理。
2）掌握空调系统检查与维护的作业内容及方法。

2. 能力目标
1）具备制订检修作业计划的能力。
2）具备空调机组日常检查与维护的能力。

3. 素养目标
1）培养学生严谨的职业态度。
2）培养学生安全作业、标准作业的意识。
3）培养学生团队协作的意识。

任务工单

任务工单见表 7-1。

表 7-1　任务工单

工　单	空调机组的检查与维护
任　务	按照作业指导书的要求完成空调系统部件的日常检查与维护，确保空调机组零部件安装状态良好、连接可靠、功能正常
班　级	姓　名
学习小组	作业时间

填写说明：
1. 检查结果若无缺陷情况，在"正常"选项后面框中画钩。
2. 检查结果若有缺陷情况，在"不正常"选项后面框中画钩，并在"空调机组的检查与维护补充说明"中填写具体描述。

序号	检查项目	检查结果
1	机组安全检查	正常□　不正常□
2	检查压缩机	正常□　不正常□
3	检查管路固定器	正常□　不正常□
4	检查冷凝风机	正常□　不正常□
5	检查冷凝器	正常□　不正常□
6	检查机组保温材料	正常□　不正常□
7	检查通风机	正常□　不正常□
8	检查蒸发器	正常□　不正常□

(续)

序号	检查项目	检查结果
9	检查变频器电控盒	正常☐ 不正常☐
10	检查接地线	正常☐ 不正常☐
11	检查空调机组电缆及接线盒	正常☐ 不正常☐
12	检查盖板、盖板锁及铰链组件	正常☐ 不正常☐

空调机组的检查与维护补充说明（必要时填写）：

任务准备

实施作业前，需根据任务工单的要求制订作业计划，明确作业任务要求，制定标准化作业流程，并完成表 7-2 的填写。

表 7-2　作业计划表

作业项目	空调机组的检查与维护		
作业场地	检修库	作业设备	地铁列车空调机组
作业整体要求			

1. 检修作业前，须确认车辆已降弓，列车两端放置安全警示防护牌，两端司机室内司控器手柄挂好"禁止操作"标示牌，两端司机室继电器柜蓄电池开关上挂好"禁止投蓄电池"标示牌。
2. 车顶作业时，须先确认接触网断电且已挂好接地棒。
3. 登顶作业时，所有作业人员全程佩戴安全绳，并确认安全带在保质期范围内，挂点必须固定可靠。
4. 禁止用手拨动冷凝风机叶片，只能用杆状工具拨动。
5. 空调非踩踏区域严禁行走。
6. 检修人员须穿戴好安全防护用品。
7. 作业结束后，清洁现场并复位工具，保证人走场清。

作业工具、工装及耗材			
序号	名称	数量	备注
1	四角钥匙	1把	
2	手电筒	1把	
3	扳手	1套	
4	扭力扳手	3把	
5	棘轮扳手	2把	
6	套筒	1套	
7	加长杆	2把	
8	翅片梳	1把	
9	毛刷	2把	
10	油漆笔	2支	
11	清洗剂	1瓶	
12	擦拭布	若干	
主要作业项			

（续）

储备知识点

作业分工			
作业人员		检验人员	
监督人员		评价人员	
日期：			

任务实施

按作业指导书（表7-3）进行任务实施。

表7-3　作业指导书

序号	项　目	作业内容及要求	图　示
1	检查机组安全	1）检查机组各回路插接器是否紧固到位、无松动 2）检查机组接地是否正常 3）检查机组、控制盘外观有无明显缺陷	
2	检查压缩机	1）打开机组压缩机腔盖板 2）检查压缩机安装螺栓紧固有无松动。如有松动，记录相应位置并紧固 3）检查压缩机安装脚减振垫，如有损坏，需更换 4）检查压缩机表面有无污迹、异物。如有，记录相应位置和现象并清理干净 5）恢复压缩机腔盖板	
3	检查管路固定器	1）打开蒸发腔盖板、压缩机腔盖板、冷凝腔盖板 2）检查管路固定器的固定螺栓是否松动。如有松动，加以紧固 3）检查管路固定器的橡胶垫片是否有损坏或脱落。如有必要，更换橡胶垫片，重新紧固螺栓，划好防松标记 4）盖上各盖板，恢复机组	
4	检查冷凝风机	1）打开冷凝风机面板，用两侧冷凝风机支撑杆支撑 2）检查冷凝风机固定螺栓有无松动。如有，则记录相应位置，并紧固螺栓 3）手动转动风机扇叶，风机转动应流畅	

项目 7　城市轨道交通车辆空调系统的检修　147

（续）

序号	项　目	作业内容及要求	图　示
4	检查冷凝风机	4）检查冷凝风扇网罩有无变形、脱焊 5）检查风机表面有无污迹、异物。如有，记录相应位置和现象并清理干净	
5	检查冷凝器	1）检查冷凝器有无污物。若有，记录相应位置并清洗干净 2）检查冷凝器翅片有无变形。如有，使用翅片梳矫直弯曲的翅片	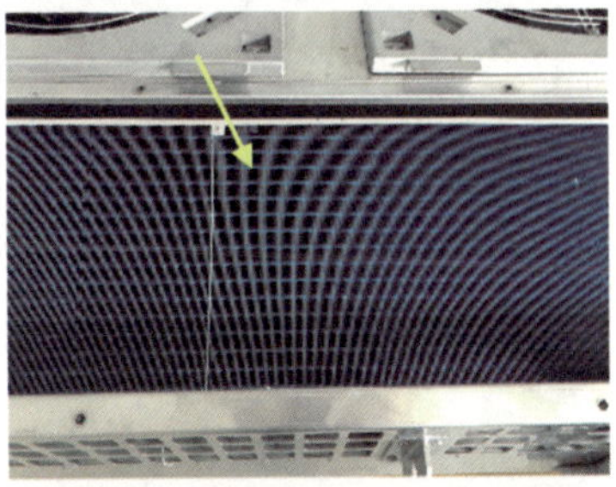
6	检查机组保温材料	1）打开蒸发腔、压缩机腔及通风机腔顶盖 2）检查顶盖、腔内底板及侧壁保温棉有无龟裂、破损情况。若有，记录相应位置并予以更换	
7	检查通风机	1）打开通风机腔盖板 2）检查通风机固定螺栓紧固有无松动 3）检查风机外观，应良好，接线盒的导线和保护单元连接应牢固 4）检查电动机轴承有无变形松动。如有，则记录具体现象 5）手动转动风机扇叶，风机转动应流畅 6）检查完后，恢复通风机腔顶盖	 
8	检查蒸发器	1）检查蒸发器有无污物。若有，记录相应位置并清洗干净 2）检查蒸发器翅片有无变形。如有，使用翅片梳矫直弯曲的翅片	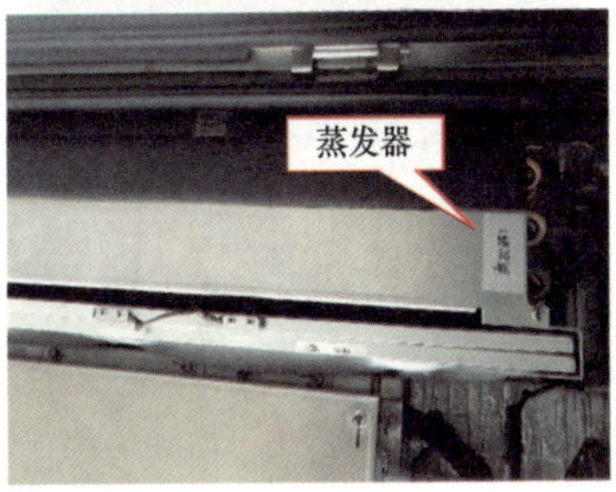 蒸发器

(续)

序号	项 目	作业内容及要求	图 示
9	检查变频器电控盒	1）打开蒸发腔顶盖 2）检查变频器电控盒，应外观良好、安装牢固、螺栓无松动。如有异常，记录相应位置和现象 3）检查各插接器，应插接牢固，无松动 4）恢复蒸发腔盖	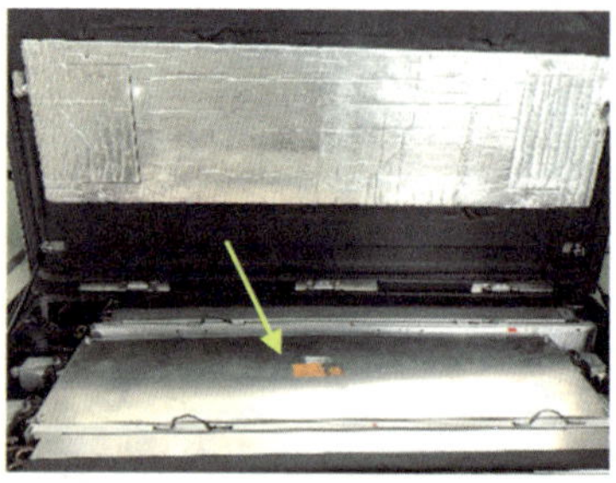
10	检查接地线	检查各接地线，应无破损、无老化，连接牢固	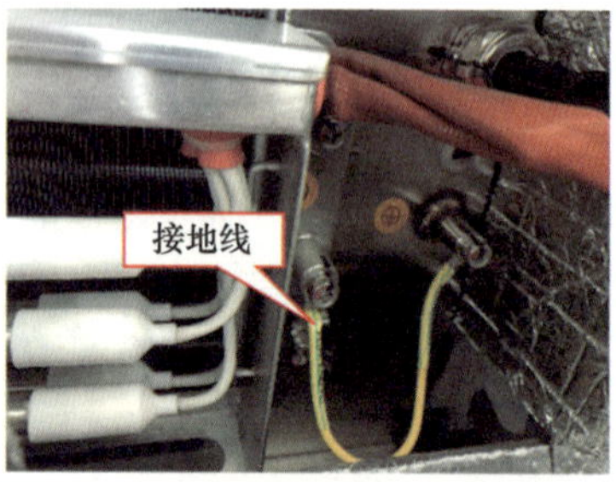
11	检查空调机组电缆及接线盒	目测配线，应无老化、破损，线号清晰、排列整齐，绝缘良好，安装牢固，插针无烧损	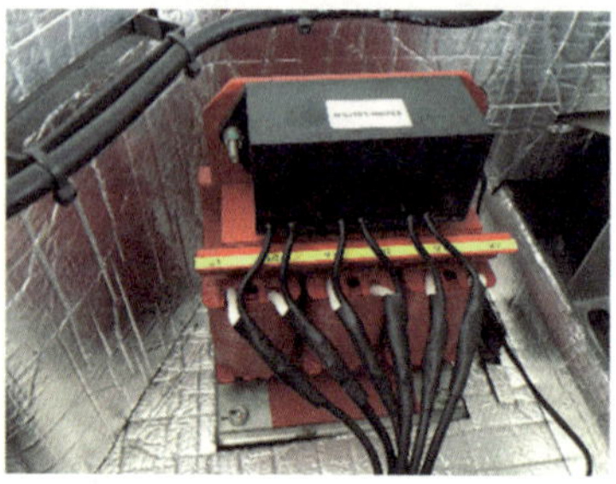
12	检查盖板、盖板锁及铰链组件	恢复各盖板，检查紧固件有无松动，如有松动，用扭力扳手按照规定力矩拧紧紧固件；盖板锁应无变形，安装紧固，功能正常；箱盖铰链组件应正常、无变形及裂纹	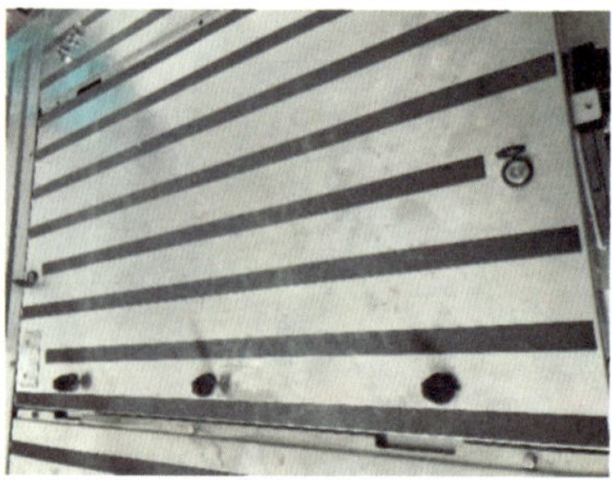

常规紧固力矩见表7-4。

表7-4 常规紧固力矩

螺纹	紧固力矩/(N·m)	螺纹	紧固力矩/(N·m)
M5	4	M8	16
M6	6.5	M10	32

评价反馈

小组之间进行交流，总结任务学习和实施过程中出现的问题和解决的方法，收获的知识及技能。以小组为单位，选择演示文稿、报告及视频等形式中的一种或多种，汇报小组学习成果。

任务考核评价主要涉及：①对知识点的理解与运用评价；②任务实施过程中的计划制订、知识获取、安全规范、任务实施、任务完成等；③小组任务实施中的知识、技能及素养的提升。

任务量化评分表见表7-5。

表 7-5　任务量化评分表

考 核 项 目	评 分 标 准	分数	学生自评	小组互评	教师评价	小计
知识掌握	是否掌握任务基础知识	10				
任务计划	是否正确、合理	10				
作业安全	有无安全隐患	10				
现场5S	是否做到	10				
操作过程	是否正确、合理	20				
任务完成情况	是否标准规范	20				
工具、设备的使用	是否正确、规范	5				
任务工单的填写	工单填写是否完整、正确	5				
团队合作	是否和谐	5				
劳动纪律	是否严格遵守	5				
	总分	100				
	得分					
教师签字：			年　月　日			

注：若违反操作规程，出现人身伤害或设备损坏的严重事故，本任务考核得0分。教师评价分数占总分的60%，小组互评分数占总分的20%，学生自评分数占总分的20%。

知识储备

1. 空调系统主要部件

空调机组各零部件组装在一个不锈钢板制成的箱体内，加盖板后形成一个整体。空调机组的主要部件包括卧式全封闭涡旋压缩机2台、冷凝器2台、电子膨胀阀4组、蒸发器2台、干燥过滤器2个、视液镜2个、通风机2台、冷凝风机2台、回风阀1个、新风阀2个、新风温度传感器1个、回风温度传感器1个、回风湿度传感器1个、送风温度传感器2个等。空调机组的结构如图7-1所示。

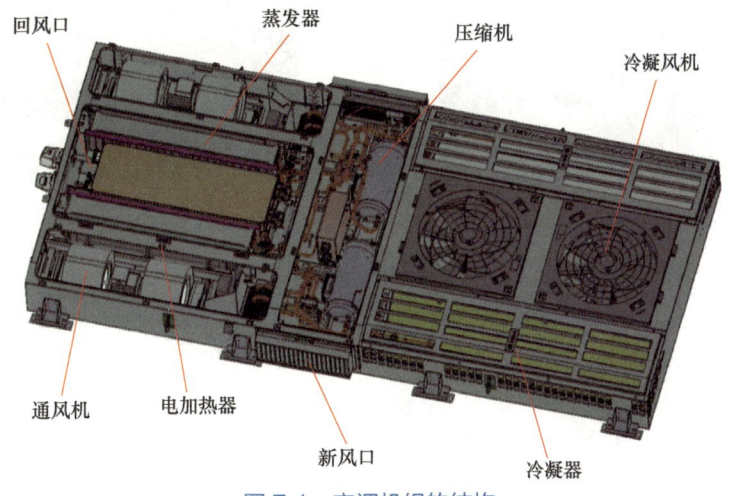

图7-1　空调机组的结构

空调机组分为室内侧和室外侧，其中室内侧分为蒸发腔和压缩机腔，室外侧为冷凝腔。通风机、蒸发器、回风阀等安装在蒸发腔；新风阀、新风滤网、压缩机、压力开关等安装在压缩机腔；冷凝风机和冷凝器等安装在冷凝腔。

空调机组的箱体和上盖全部采用SUS304不锈钢板制成。组成制冷系统的部件及配管全部用钎焊连接，构成全封闭的制冷循环系统，制冷剂R407C封闭在制冷系统内。

空调机组的回风口在机组底部中间处，送风口在机组底部两侧，新风口在机组左、右侧板的中间部位。空调机组新风口处装有新风滤网，对新风进行过滤。机组装有混合风滤网，对混合风进行过滤。

（1）压缩机　图7-2所示为压缩机。压缩机为卧式全封闭变频涡旋、无级变频控制方式，零电流变频起动，噪声小、振动低、可靠性高，通过橡胶减振垫安装在空调机组箱体内。制冷压缩机的作用是加工制冷剂，并将其输至蒸发器或冷凝器，实现制冷或制热循环。

（2）冷凝风机　图7-3所示为冷凝风机。冷凝风机为低噪声轴流式防水风机，电动机和叶轮直接相连。冷凝风机吸入室外空气，经过室外换热器进行强制热交换，从而完成热量的转换。

图7-2　压缩机

图7-3　冷凝风机

（3）通风机　图7-4所示为通风机。通风机采用不锈钢蜗壳和叶轮、交流异步电动机，采用变频器驱动，噪声小、振动低、可靠性高。通风机从回风口吸入室内循环空气，与新风混合后进入室内换热器进行热交换，由出风口吹出，通过风道进入客室内。

（4）蒸发器　蒸发器采用铜管亲水铝箔翅片结构，如图7-5所示。车内循环空气和新鲜空气混合后，通过蒸发器时进行热交换，实现制冷/制热效果。

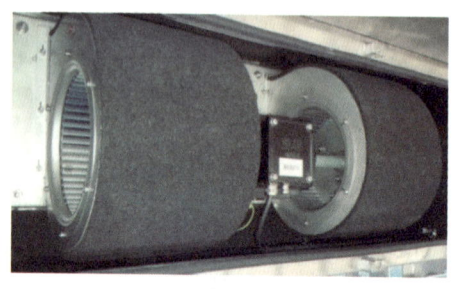

图7-4　通风机

图7-5　蒸发器

（5）冷凝器　冷凝器为内螺纹铜管套铝翅片的空气冷却式冷凝器，如图7-6所示。从压缩机出来的高温高压制冷剂气体，在冷凝器管内通过翅片与冷凝风机吹进来的空气进行热交换，放出热量而冷凝为高压液体。

（6）干燥过滤器　干燥过滤器如图7-7所示。干燥过滤器吸收循环系统中的残余水分，阻挡系统中的杂质使其不能通过，防止制冷系统管路发生冰堵和脏堵。

从冷凝器出来的高压液体经过干燥过滤器，被过滤掉杂质及水分后流向系统的节流装置。由于节流装置一般都是细孔或细管结构，所以制冷剂必须要经过干燥过滤器进行过滤。

（7）电子膨胀阀　电子膨胀阀如图7-8所示。当高压液体制冷剂流经电子膨胀阀时，被节流降压。通过电磁线圈的控制可以控制电子膨胀阀的开度，保证系统制冷剂量的最优化。

项目7 城市轨道交通车辆空调系统的检修

图7-6 冷凝器

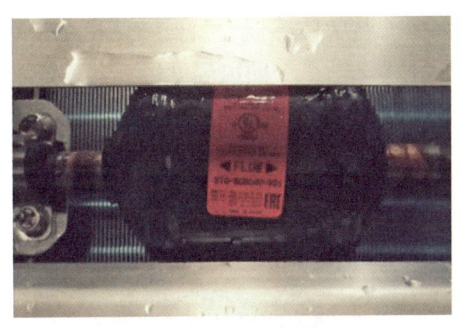

图7-7 干燥过滤器

（8）新风阀和回风阀　新风阀安装在新风口处，通过新风阀的开关控制进入客室的新风量。根据空调模式、外界温度和回风温度，控制器将信号发送到阀门，使其调节新风阀到一定位置。阀门对新风入口开度（角度）的调节决定送入空调机组的新风量。在紧急模式下，新风阀完全打开。

回风阀安装在回风口上方，用来调节进入空调机组的回风量。根据空调控制模式和环境温度以及回风温度，控制器将发送信号给回风门，使其调节至一定的开度，控制进入客室空调机组的回风量。在紧急模式下，回风门完全关闭。

新风阀和回风阀采用电动式，工作电压为DC 24V，其结构如图7-9和图7-10所示。

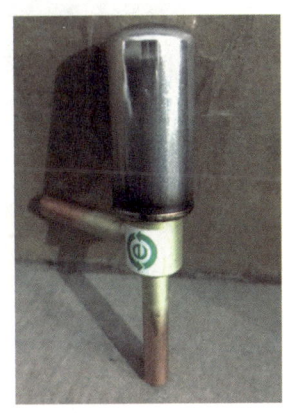

图7-8 电子膨胀阀

图7-9 新风阀

图7-10 回风阀

（9）压力保护开关

1）高压压力开关。高压压力开关如图7-11所示。当系统的压力异常高时，高压开关动作，停止压缩机的运转以保护系统。高压开关的复位方式为自动复位。

2）低压压力开关。低压压力开关如图7-12所示。当系统的压力异常低时，低压开关动作，停止压缩机的运转以保护系统。低压开关的复位方式为自动复位。

（10）视液镜　视液镜如图7-13所示。视液镜位于制冷回路中干燥过滤器之后、毛细管之前，用于在制冷回路中观察制冷剂流动和确定系统制冷剂中湿气量。湿度指示通过与试纸指示剂的对比获得。绿色表示干燥，黄色表示制冷系统湿度高。如果绿色开始褪色，表明水分含量已经达到了临界水平，如果颜色变为黄色，表明系统中的水分已经较多，需要更换干燥过滤器（或者更换制冷剂，重新抽真空）。

（11）温度传感器　每台空调机组设有 10 个温度传感器，包括 2 个送风温度传感器、1 个新风温度传感器、1 个回风温度传感器、2 个排气温度传感器、2 个内热交换温度传感器和 2 个外热交换温度传感器。新风传感器安装在新风阀处，回风传感器安装在回风阀处，排气温度传感器安装在压缩机排气管处，内热交换温度传感器安装在蒸发器管路上，外热交换温度传感器安装在冷凝器管路上。传感器的作用是采集温度，实现空调模式调节。温度传感器如图 7-14 所示。

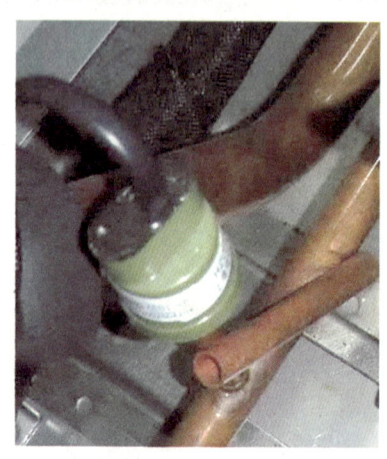

图 7-11　高压压力开关

图 7-12　低压压力开关

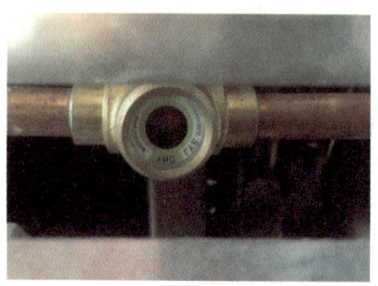

图 7-13　视液镜

图 7-14　温度传感器

（12）气液分离器　每个系统安装 1 个气液分离器，安装在蒸发器与压缩机回气口之间，用来分离系统中液态和气态制冷剂，以保护压缩机。气液分离器如图 7-15 所示。

（13）新风滤网　新风滤网如图 7-16 所示。每台空调机组安装 2 个新风滤网，安装在新风口处，为不锈钢丝网结构，对室外侧新风有过滤作用，防止异物被吸入。

图 7-15　气液分离器

图 7-16　新风滤网

（14）混合风滤网　混合风滤网如图 7-17 所示。每台空调机组安装 2 个混合风滤网，安装在蒸发器前，滤料为无纺布，对混合风有过滤作用，防止异物被吸入。

（15）电气插接器插座　每台空调机组安装 2 个插接器插座，一个为机组主回路供电连接，一个为控制回路供电、信号连接，出厂时有防尘盖防护。图 7-18 所示为电气插接器插座。

图7-17 混合风滤网

图7-18 电气插接器插座

（16）电加热　电加热装置如图7-19所示，主要起制热作用，供电电源为AC 380V、50Hz，电加热功率为（1.75+1.75）kW，设置两级过热保护，一级过热保护为70℃±10℃断开，50℃以下自动复位；二级过热保护为140℃±10℃断开，需手动恢复。

图7-19 电加热装置

（17）空气净化装置　机组装配有低温等离子空气净化装置，等离子体场中含有大量的高能自由基，能直接与微生物内蛋白质和核酸物质发生反应，导致微生物的死亡。等离子体产生的激发态高速粒子，直接对细菌、病毒体进行高速射击，致其死亡，而且具有广谱性。等离子导电流中含有大量活性氧原子、氢原子、高能自由基等活性物质，使各种污物被快速分解、消除，同时空气中的有害气体和有机物在电子网的冲击下，被分解成水分子和二氧化碳。

每个机组一端的混合风处设置一个低温等离子空气净化装置，对新风和回风进行净化，然后通过通风机将净化后的空气送入客室内。空气净化装置如图7-20所示。

图7-20 空气净化装置

（18）风道　风道包括送风道和回风道。风道的材质为高强度铝板贴隔热材，具有重量轻、强度好、隔振、降噪效果较好等优点。

送风道沿客室长度方向布置，通过合理布置空调机组送风口位置、送风道采用静压风道形式、在适当位置增加扰流，尽可能地保证整个车长方向上送风均匀。送、回风道结构如图7-21所示。

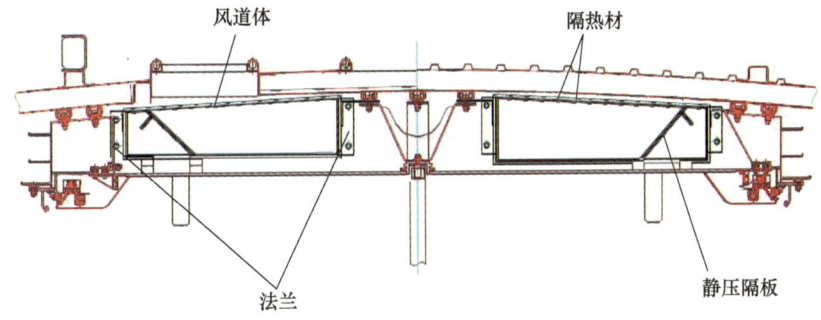

图7-21 送、回风道结构

（19）排风装置　为保证客室换气，每辆车设置6个自然通风器。当车内无正压时，排风装置的调节风门保持关闭状态（图7-22）；当车内有正压时，排风装置的调节风门打开（图7-23）。采用自然排风的方式可减少排风机的维护量。

（20）司机室送风单元　为满足司机驾驶的舒适性要求，司机室设有司机室送风单元。每列车设置两台送风单元，分别布置在两个司机室内顶板上方。司机可根据情况对风量、开度进行调节，满足司机驾驶的舒适性要求。图 7-24 所示为司机室送风口调节装置。

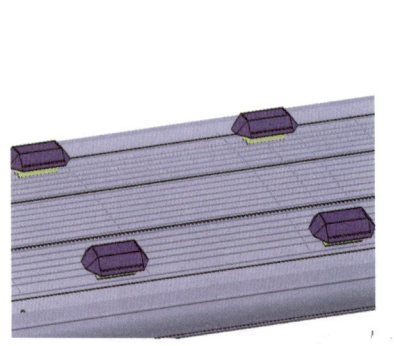

图 7-22　调节风门关闭状态

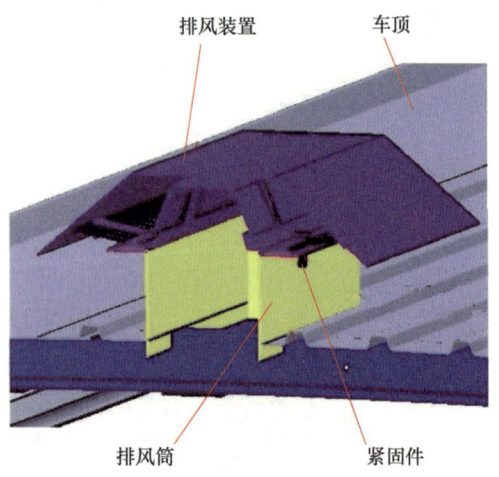

图 7-23　调节风门打开状态

图 7-24　司机室送风口调节装置

2. 采暖系统

车辆采暖系统包括客室电热器和司机室电热器。

（1）客室电热器　动车 M 和带受电弓的动车 Mp1 电热器总功率均为 7.2kW，带受电弓的动车 Mp2 电热器总功率为 6.6kW，带司机室的头车 Tc 电热器总功率为 6kW。每个电热器内设两组电热管，每组电热管各为 1 路，可根据温度控制电热器内电热管分别或同时工作，其布置如图 7-25 所示。

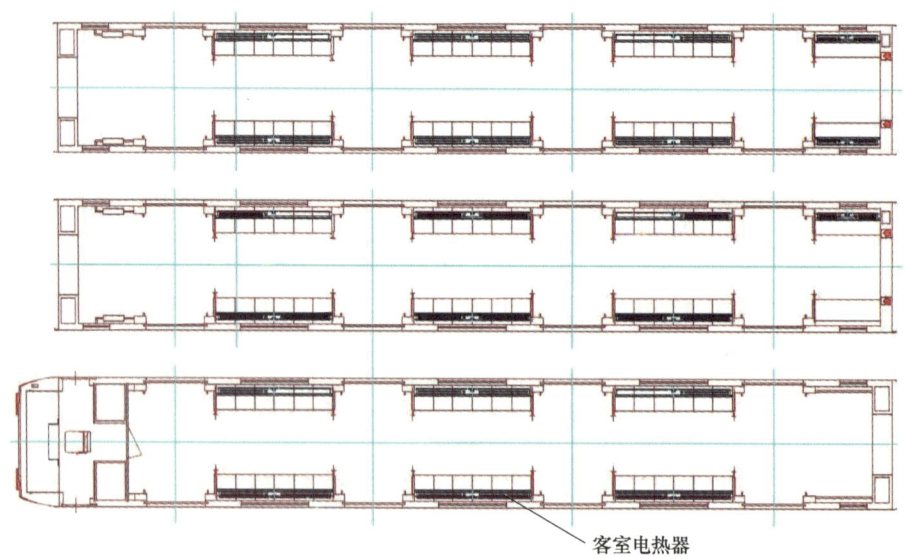

图 7-25　客室电热器布置

客室电热器底板组成利用紧固件固定在地板上，上方利用隔热垫和紧固件安装在侧墙钢结构焊接的支撑和滑槽上。如图7-26所示，客室电热器主要由底板、电热器罩板、电热管、导流板和接线盒等主要部件组成。

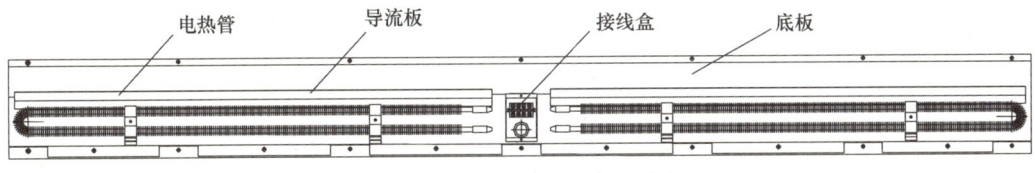

图7-26 客室电热器组成（去掉罩板）

（2）司机室电热器　为满足司机室内的采暖要求，在司机室台下设置带风机的电热器，功率为800W，为司机足部供暖。电热器设有过热及超温保护。司机室电热器的结构如图7-27所示。

司机室电热器安装在司机台检查门上，在检查门上设置4个预埋螺栓用以安装电热器。检查门上设有散热孔，如图7-28所示。

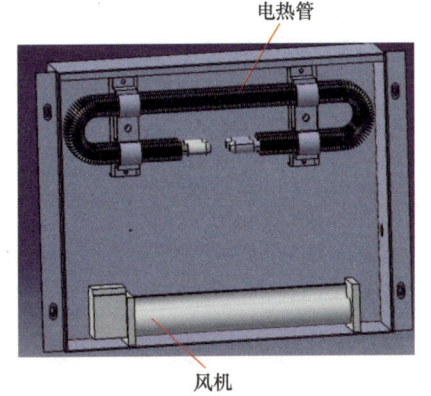

图7-27 司机室电热器的结构

图7-28 司机室电热器

3. 空调系统布局

地铁空调采暖系统主要包括空调通风系统和采暖系统。其中空调通风系统由空调机组、送风道、回风滤网、排风装置、司机室送风单元（仅头车）、排水管组成；采暖系统由司机室电热器和客室电热器组成。空调布局如图7-29~图7-31所示。

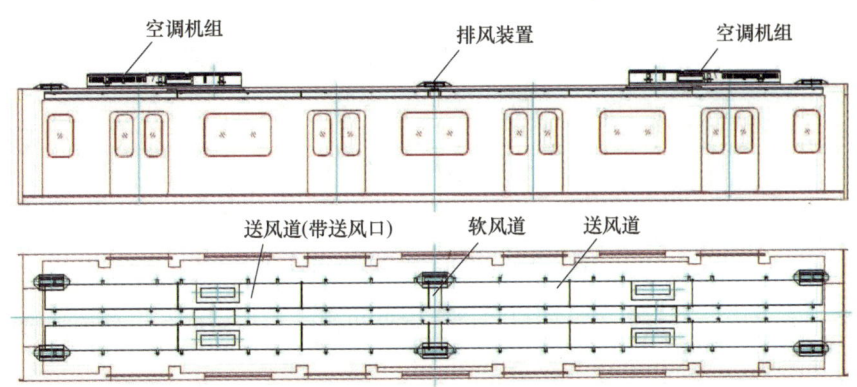

图7-29 M车空调布局

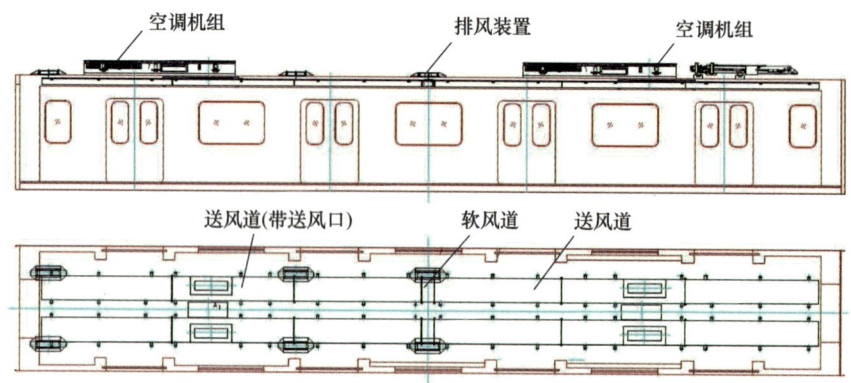

图 7-30　MP 车空调布局

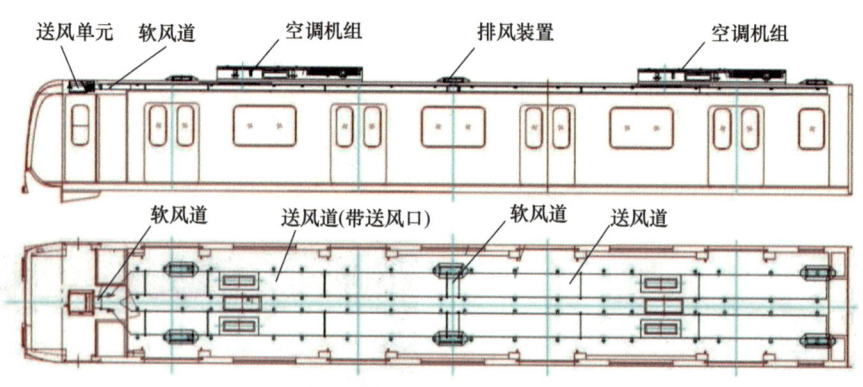

图 7-31　Tc 车空调布局

4. 气流组织形式

气流组织形式如图 7-32、图 7-33 所示。

（1）新风　空调机组自带新风口，新风口设有性能好、阻力小的过滤格栅，可防止风、沙、雨、雪渗入车辆，新风入口密封严密，所有新风均经过空气过滤器。

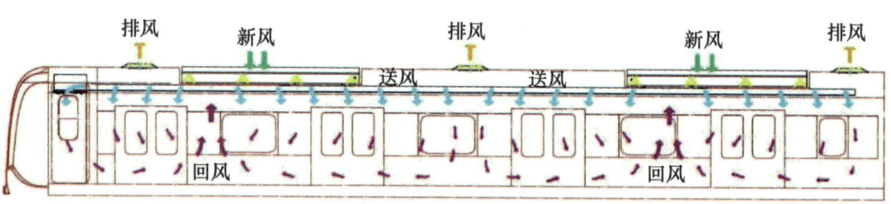

图 7-32　头车气流组织形式

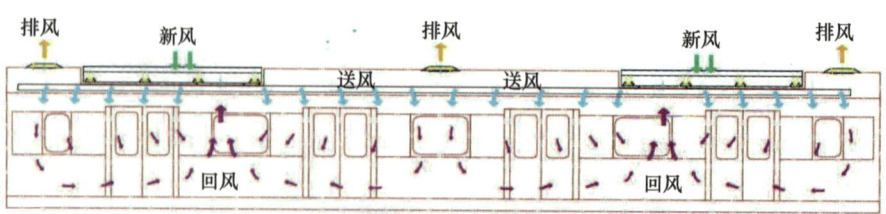

图 7-33　中间车气流组织形式

（2）回风　客室内部分空气通过回风口进入空调机组，与新风在蒸发器前混合，经蒸发器降温、除湿后在送风机的作用下送入客室。

（3）送风　在空调机组通风机的作用下，新风、回风形成的混合风经蒸发器降温、除湿后，通过风道及送风口送入客室。

（4）排风　为保证客室换气及室内正压，在车顶设置自然通风器。客室内部分空气作为废气，通过内装缝隙经内装和钢结构之间形成的排气通道进入自然通风器，然后通过通风器排出车外。

5. 空调机组主要技术参数（表7-6）

表7-6　空调机组主要技术参数

项　目	内　容
型号	DLD29I
机组型式	顶置单元式
	底部出风，底部回风
制冷量	29kW
	冷凝器进风温度33℃；蒸发器进风温度28℃，湿球温度23℃
制冷剂	R407C
电源	主回路：交流 380V 50Hz
	控制回路：直流 DC 24V
送风量	不小于4000m³/h
新风量	不小于1350m³/h
紧急通风量	不小于2540m³/h
主体外形尺寸	长3500mm、宽1600mm、高300mm
质量	约610kg
框架材质	不锈钢

6. 空调机组制冷、制热的工作原理

客室空调机组系统原理图如图7-34所示。

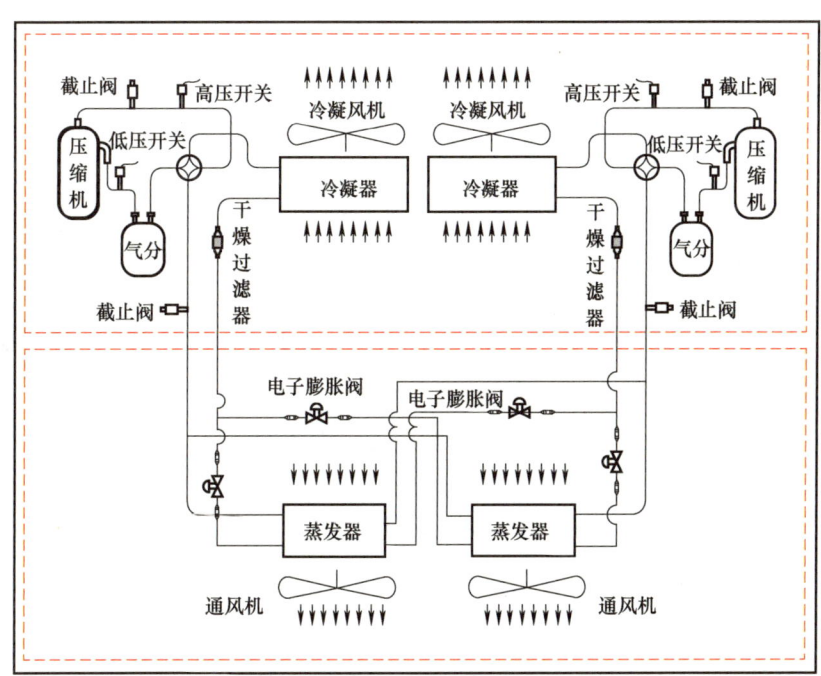

图7-34　客室空调机组系统原理图

（1）制冷原理　空调机组的制冷回路由压缩机、冷凝器、电子膨胀阀、蒸发器、四通阀等主要部件连接成封闭的制冷系统。在制冷回路中，压缩机将低温低压的气态制冷剂压缩成高温高压的过热气体进入冷凝器,通过冷凝风机使外界空气与冷凝器进行强制换热后,通过电子膨胀阀节流降压进入蒸发器,通过通风机使客室与外界新风组成的混合空气与蒸发器进行强制换热,蒸发器内的液体蒸发成为低压气体,再被压缩机吸入,完成一个制冷循环。压缩机连续工作,达到连续制冷的效果。车内空气被通风机从回风口吸入与新风混合后经过蒸发器除湿降温,并由出风口吹出,向车内提供冷风,在制冷系统连续工作下使车内温度逐渐降低,并由空调机组本身自动控制车内温度。

(2)制热原理 供暖时,制冷剂在制冷回路中的流动方向通过四通阀的换向与制冷时相反,室外冷凝器和客室蒸发器的作用互换。由压缩机将制冷剂压缩成高温高压的过热气体,通过四通阀切换进入蒸发器,由通风机进行强制换热,客室冷空气经过蒸发器加热后送到车内,达到制热目的。蒸发器中的热蒸气经过客室冷空气的冷凝后变成液体,进入电子膨胀阀降压成低温液体,进入冷凝器蒸发。当外界温度较低时,室外侧冷凝器会产生结霜现象,结霜到一定程度后,空调会自动判断并进行除霜。除霜时,两个系统分别进行,保证空调出风口无冷风吹出。

7. 空调系统工况模式

(1)预冷工作模式 空调系统刚上电或客室内温度高于预冷温度时,空调系统自动进入预冷工作模式。此时,客室空调机组的新风入口调节阀及废排单元的风量调节阀自动关闭,客室空调机组的回风调节阀全开,空调系统按全回风运行,以便使车厢快速降温。当车厢内温度达到设定值、达到预冷运行时间或接收到 HMI(车辆显示屏)上的停止预冷指令,空调系统自动转换到制冷工作模式。

(2)制冷工作模式 在正常工作时,新风入口调节门自动开启到合适位置,新风与回风按额定的比例混合。通过蒸发器完成制冷降温;然后,由蒸发风机将经过处理的空气经顶板上面的风管输送到顶板的水平栅格等送风装置,对车辆进行空气调节。

(3)正常通风工作模式 在过渡季节,室外新风可以满足室内要求时,使用正常通风工作模式。在正常通风工作模式时,客室空调机组仅蒸发风机和新、回风风量调节阀工作,新风与回风混合后直接送入室内,使空调节能运行。

(4)紧急通风模式 当电网电压断电、列车的 3 台辅助电源均故障时,紧急通风系统将自动启动,蒸发风机由紧急逆变器提供电源。回风口关闭、新风口全开,蒸发风机向客室和司机室内提供全新风,理论上能保持紧急通风 45min。当空调交流电源恢复正常后,空调和通风系统将自动恢复正常运行状态。

(5)电源故障减载工作模式 当 1 台辅助电源故障时,由另 1 台正常工作的辅助电源向所有空调机组供电,空调机组自动减载运行。当辅助电源恢复正常时,空调机组自动转化为正常工作模式。

(6)风阀控制 新风量、回风量的调节通过空调控制器控制新风阀、回风阀及排风阀的开度实现。空调机组在不同工况下的风阀状态见表 7-7。

表 7-7 风阀状态与各模式的对应关系

模 式	回风调节阀	新风调节阀
预冷、预暖模式	全开	全闭
正常运行工况	全开	全开
紧急通风模式	全闭	全开
停机工况	全开	全闭

任务 7.2　空调机组零部件的清洁与更换

任务描述

根据空调通风系统检修修程的要求,完成空调机组零部件的检查与更换,确保空调机组零部件状态及功能良好,空调机组工作正常。

学习目标

1. 知识目标

1)掌握空调机组零部件清洁与更换的维护周期及要求。
2)掌握空调机组零部件清洁与更换的工艺要求及作业方法。

2. 能力目标

1)具备制订检修作业计划的能力。
2)具备空调机组零部件的清洁与更换的能力。

3. 素养目标

1)培养学生严谨的职业态度。
2)培养学生安全作业、标准作业的意识。
3)培养学生团队协作的意识。

任务工单

任务工单见表 7-8。

表 7-8　任务工单

工　单	空调机组零部件的清洁与更换		
任　务	按照作业指导书的要求完成空调机组零部件的清洁与更换,确保空调机组工作正常		
班　级		姓　名	
学习小组		工作时间	

填写说明:
1. 完成作业项目,在"完成"选项后面框中画钩。
2. 未完成作业项目,在"未完成"选项后面框中画钩。

序号	作业项目	作业记录
1	冷凝器的清洁	完成□　未完成□
2	蒸发器的清洁	完成□　未完成□
3	新风滤网的清洁	完成□　未完成□
4	混合风滤网的清洁	完成□　未完成□
5	新风滤网的更换	完成□　未完成□
6	混合风滤网的更换	完成□　未完成□
7	保温棉的更换	完成□　未完成□
8	保温管的更换	完成□　未完成□
9	通风机的更换	完成□　未完成□

任务准备

实施作业前,需根据任务工单的要求制订作业计划,明确作业任务要求,制定标准化作业流程,并完成表7-9的填写。

表7-9 作业计划表

作业项目	空调机组零部件的清洁与更换		
作业场地	检修库	作业设备	地铁列车空调机组
作业整体要求			

1. 断开电源。
2. 禁止用手拨动冷凝风机叶片,只能用杆状工具拨动。
3. 空调非踩踏区域严禁行走。
4. 检修人员须穿戴好安全防护用品。
5. 作业结束后,清洁现场并复位工具,保证人走场清。

作业工具、工装及耗材			
序号	名称	数量	备注
1	四角钥匙	1把	
2	扳手	1套	
3	扭力扳手	3把	
4	棘轮扳手	2把	
5	套筒	1套	
6	加长杆	2把	
7	螺丝刀	2把	
8	美工刀	1把	
9	斜口钳	1把	
10	高压风枪	1把	
11	翅片梳	1把	
12	毛刷	2把	
13	油漆笔	2支	
14	兆欧表	1个	
15	清洗剂	1瓶	
16	胶水	1瓶	
17	扎带	若干	
18	擦拭布	若干	
19	滤网	1张	
20	保温棉	1张	
21	保温套管	5根	
主要作业项			

储备知识点

（续）

作业分工			
作业人员		检验人员	
监督人员		评价人员	

日期：

任务实施

按作业指导书（表7-10）进行任务实施。

表7-10 作业指导书

序号	项 目	作业内容及方法	图 示
1	冷凝器的清洁	1）打开冷凝腔盖板 2）检查冷凝器表面的洁净状况，清除大的障碍物 3）使用软毛刷清除蒸发器表面的污垢，直至清除所有杂物，同时避免损坏翅片 4）使用翅片梳矫直所有弯曲的翅片 5）恢复冷凝腔盖板，紧固螺栓，划好防松标记	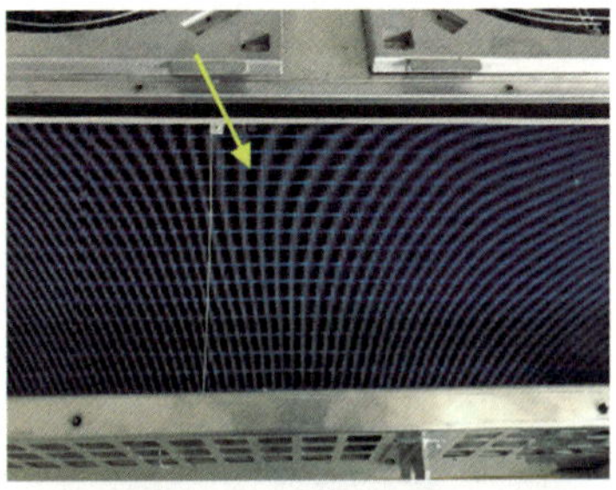 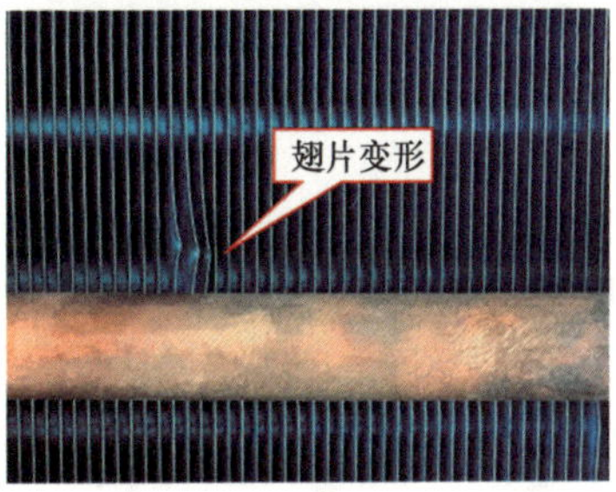
2	蒸发器的清洁	1）断开电源，打开蒸发腔盖板 2）取下混合风滤网和变频器电控盒 3）检查蒸发器表面的洁净状况，清除大的障碍物 4）使用软毛刷清除蒸发器表面的污垢，直至清除所有杂物，同时避免损坏翅片 5）使用翅片梳矫直所有弯曲的翅片 6）重新安装混合风滤网，恢复机组顶盖，检查所有拉紧锁和螺栓处于安全紧固状态，划好防松标记	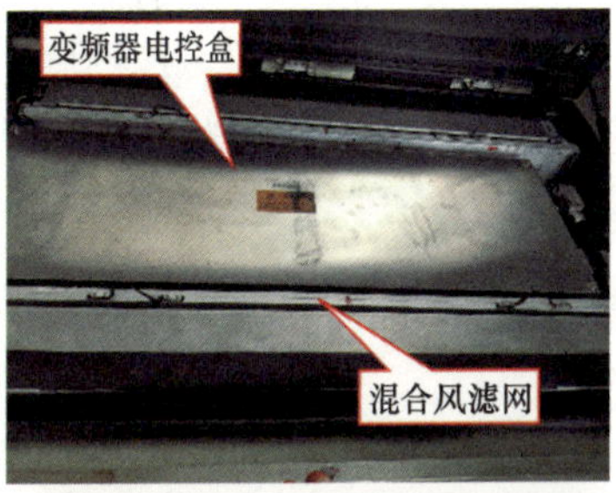 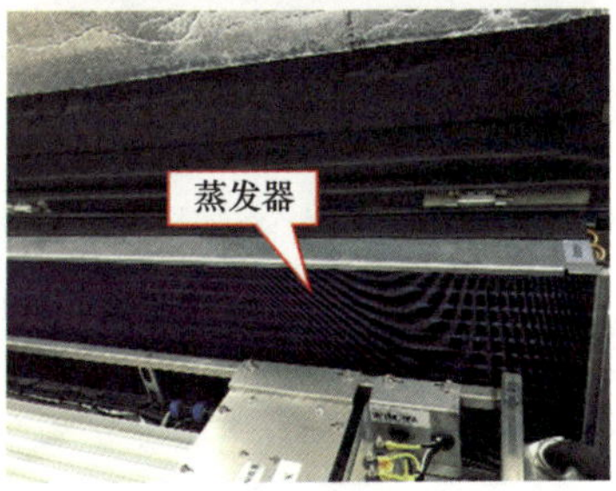

（续）

序号	项 目	作业内容及方法	图 示
3	新风滤网的清洁	1）断开电源，打开雨水分离器两侧搭扣，从雨水分离器上方开口处向上抽出新风滤网 2）清洗前，配备必要的个人防护工具。清洗时，将滤网水平放置在清水池中，用中性水反复冲洗，可适当加入中性洗涤剂。在清洗过程中，不要用力过猛导致损坏滤网 3）上述方式清洗不净的部分，用软毛刷手工刷洗干净 4）清洗完成后，待滤网自然干燥后装入机组中，锁好搭扣	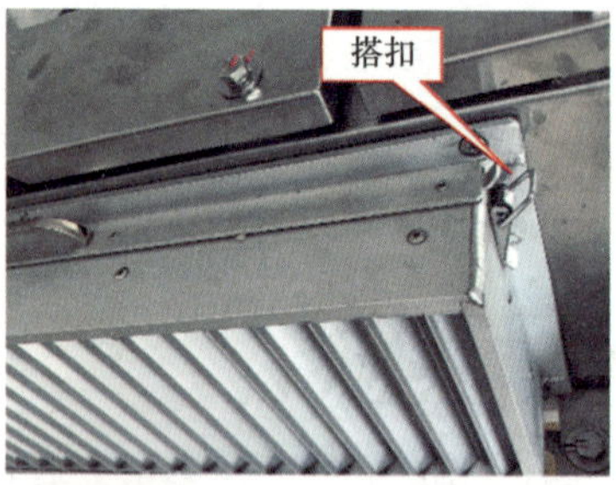 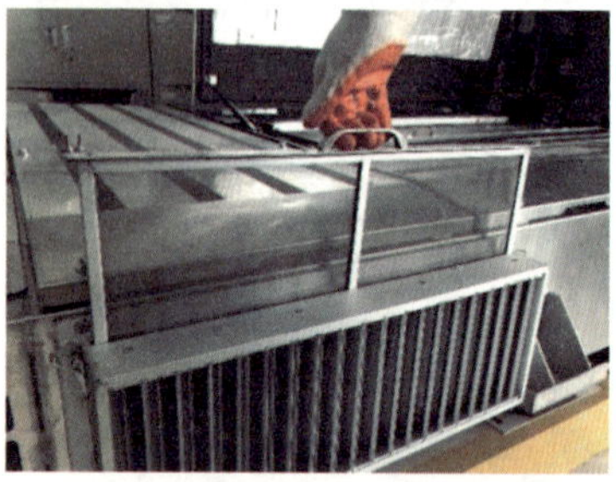
4	混合风滤网的清洁	1）断开电源，打开蒸发腔盖板，均匀用力抽出混合风滤网 2）打开滤网框架，并把脏污的滤网取出 3）将滤网水平放置在清水池中，进风面朝上，用中性水反复冲洗，可适当加入中性洗涤剂；同时，冲洗出风面。清洗时，不要用力过猛，严禁对滤料进行搓揉或使用高压水枪进行冲洗 4）待清洗后的混合风滤网自然干燥后，装入机组 5）恢复蒸发腔顶盖，检查所有盖板锁，应处于安全锁闭状态	 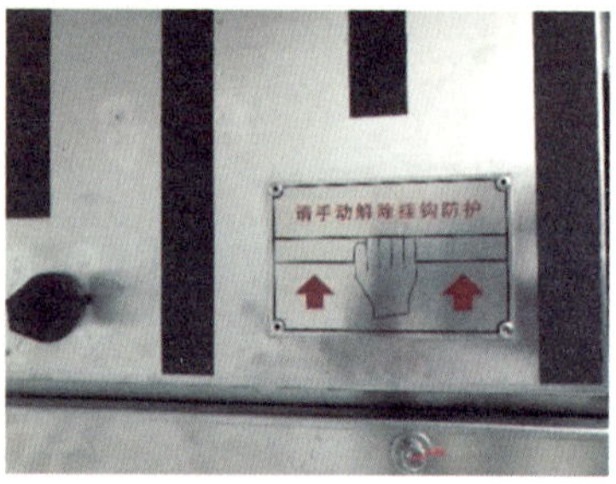 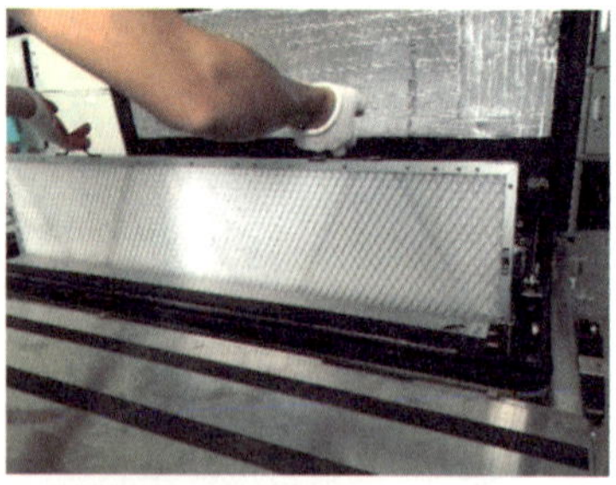
5	新风滤网的更换	1）断开电源，打开雨水分离器两侧搭扣，从雨水分离器上方开口处抽出新风滤网 2）更新新风滤网 3）重新安装新新风滤网，锁好搭扣	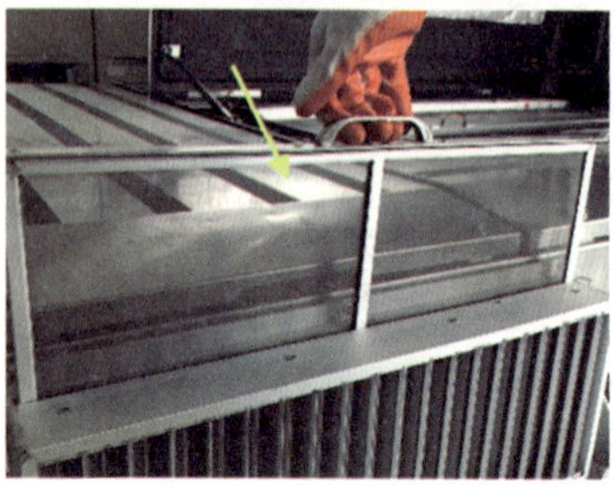

项目 7 城市轨道交通车辆空调系统的检修   163

（续）

序号	项　目	作业内容及方法	图　示
6	混合风滤网的更换	1）断开电源，打开蒸发腔盖板，均匀用力抽出混合风滤网 2）打开滤网框架，并把脏污的滤网取出 3）更新混合风滤网，注意安装方向 4）恢复蒸发腔顶盖，检查所有盖板锁处于安全锁闭状态	注意安装方向
7	保温棉的更换	1）断开电源，打开蒸发腔盖板 2）用美工刀去除蒸发腔盖板内破损的保温材料，清理盖板残留物，并裁剪适当大小的新保温材料 3）使用胶水将保温材料粘在适当位置，保证粘接牢固 4）安装相关部件，固定安装螺栓，划好防松标记 5）盖好各盖板，恢复空调机组	保温棉
8	保温管的更换	1）断开电源，打开压缩机腔盖板 2）拆下线扎，撕下管路上的保温管，清理管路 3）裁剪相应保温管套在管路上，用胶水封住，每隔约 150mm 用扎带绑扎 4）恢复压缩机腔顶盖，紧固固定螺栓，划好防松标记	保温管
9	通风机的更换	1）断开电源，打开通风机腔顶盖 2）拆掉通风机接地线 3）剪开固线架上的尼龙扎带，将两台通风机的导线完全拆下 4）松开通风机安装螺栓，拆下通风机 5）使用 500V 兆欧表测量准备安装的通风机绝缘电阻值，将风机任一根引出线与兆欧表的一端相连，将兆欧表的另一端连接在风机外壳的金属部分，测试绝缘电阻，不小于 2MΩ 为合格 6）紧固新通风机安装螺栓，划好防松标记 7）将风机线束接好，盖上接线盒盖 8）使用扎带将线束与固线架固定，接好接地线	接地线 风机旋转方向

(续)

序号	项　目	作业内容及方法	图　　示
9	通风机的更换	9）盖上通风机腔盖板，开机试运行，确认通风机的转向与风机上的箭头方向一致。若转向与箭头指向相反，须调整通风机的相序 10）更换完成后，恢复盖板，检查紧固螺栓，划好防松标记	接线盒 接地线

常规紧固力矩见表 7-11。

表 7-11　常规紧固力矩

螺　纹	紧固力矩/(N·m)	螺　纹	紧固力矩/(N·m)
M5	4	M8	16
M6	6.5	M10	32

评价反馈

小组之间进行交流，总结任务学习和实施过程中出现的问题、解决的方法，收获的知识及技能。以小组为单位，选择演示文稿、报告及视频等形式中的一种或多种，汇报小组学习成果。

任务考核评价主要涉及：①对知识点的理解与运用评价；②任务实施过程中的计划制订、知识获取、安全规范、任务实施、任务完成等；③小组任务实施中的知识、技能及素养的提升。

任务量化评分表见表 7-12。

表 7-12　任务量化评分表

考核项目	评分标准	分数	学生自评	小组互评	教师评价	小计
知识掌握	是否掌握任务基础知识	10				
任务计划	是否正确、合理	10				
作业安全	有无安全隐患	10				
现场5S	是否做到	10				
操作过程	是否正确、合理	20				
任务完成情况	是否标准规范	20				
工具、设备的使用	是否正确、规范	5				
任务工单的填写	工单填写是否完整、正确	5				
团队合作	是否和谐	5				
劳动纪律	是否能严格遵守	5				
总分		100				
得分						

教师签字：　　　　　　　　　　　　　　　　年　月　日

注：若违反操作规程，出现人身伤害或设备损坏的严重事故，本任务考核得 0 分。教师评价分数占总分的 60%，小组互评分数占总分的 20%，学生自评分数占总分的 20%。

知识储备

1. 空调机组的维护

（1）日常维护

1）蒸发器和冷凝器的清扫。冷凝器的散热片上落上灰尘等异物时，会影响换热效率，使制冷系统的压力升高，须定期进行清扫或清洗。

蒸发器脏堵，会使车内通风机风量减小，冷量不足，所以应视灰尘的附着情况定期清扫或清洗。

2）排水口的清理。空调采用集中排水，如果排水口排水不畅，可能导致机组内积水太多而吹入车内风道，所以应定期清理排水口。

3）新风滤网和混合风滤网的更换及清洗。新风滤网和混合风滤网脏堵时，会减小新风量及总送风量，所以应视灰尘的附着情况定期清扫或清洗。

（2）运行时的维护

1）压缩机的检查与维修。检查压缩机的减振垫是否老化，电动机的绝缘电阻应大于 $2M\Omega$，检查压缩机运转过程中是否有异响、是否有高低压差。减振垫若有老化，需及时更换。压缩机需要更换时，应先回收制冷剂，再使用焊接设备焊开吸、排气口，更换新的压缩机后，要对系统进行检漏、抽真空、重新充注制冷剂。

2）通风机的检查与维修。检查通风机的叶轮和蜗壳是否有锈蚀，电动机绝缘电阻应大于 $2M\Omega$，叶轮转动是否有异响或碰壳。对于锈蚀，要及时除去，严重时更换叶轮或蜗壳。需要更换电动机时，首先应先把通风机从机组上拆下来，然后先拆风机的导风圈，再拆叶轮，最后拆下电动机进行更换。确认电动机轴承有异响、异味或振动大时，应更换轴承。

3）冷凝风机的检查与维修。风机叶片焊缝须清洗及探伤，电动机绝缘电阻应大于 $2M\Omega$，检查叶轮转动是否有异响或碰壳。要更换电动机时，首先应先把冷凝风机从机组上拆下来，然后先拆风机的保护罩，再拆轴端封盖，再拆叶轮，最后拆下电动机进行更换。当确认球轴承有异响、异味或振动大时，应更换球轴承。

2. 空调机组检修周期及内容（表7-13）

表7-13　空调机组检修周期及内容

检修周期	检修内容
每天	安全检查
双周检（运行6250km或2周）	清洁混合风滤网
	清洁新风滤网
三月检（运行37500km或3个月）	清洁冷凝器和蒸发器
	清理排水口
定检（运行150000km或1年）	检查管路固定器
	检查保温材料
	检查螺纹连接件
	检查通风机
	检查冷凝风机
	检查风机轴承

（续）

检修周期	检修内容
架修（运行 750000km 或 5 年）	检查压缩机
	检查高、低压压力开关
	检查干燥过滤器
	检查绝缘电阻
	检查电气连接端子
	更换新风滤网
	更换混合风滤网框架
	更换通风机轴承
	更换冷凝风机轴承
	更换回风阀
	更换压缩机安装螺栓以及减振器
大修（运行 1500000km 或 10 年）	检查盖板和部件表面
	更换电气连接端子
	更换主、控回路插接器
	更换接触器、中间继电器、断路器、三相监视等
	更换冷凝风机
	更换通风机
	更换干燥过滤器、视液镜
	更换气液分离器
	更换压缩机
	更换电子膨胀阀、四通阀
	更换高、低压压力开关
	更换冷凝器和蒸发器
	更换铜管
	更换保温材料
	更换管路固定器
	更换螺纹紧固件
	更换电热器
	更换控制器
	更换车控器、MVB 网关、24V 电源盒

（续）

项目 8
城市轨道交通车辆受电弓的检修

任务 8.1 受电弓的检查

任务描述

受电弓是轨道交通车辆从接触网取得电能的电气设备,是确保车辆动力来源的核心部件。因此,受电弓的检修是车辆技术人员日常的一项重要工作,其中受电弓的外观检查是第一步。本任务需按照受电弓机械检修规程的要求完成受电弓各个零部件的检查。

学习目标

1. 知识目标
1) 掌握受电弓零部件的名称、结构及受电弓的工作原理。
2) 掌握受电弓零部件的检查、维护和更换的技术要求及标准。

2. 能力目标
1) 具备制订检修作业计划和检修任务的能力。
2) 具备按照作业指导书的要求完成受电弓零部件的状态检查的能力。

3. 素养目标
1) 培养学生严谨的职业态度。
2) 培养学生安全作业、标准作业的意识。
3) 培养学生团队协作的能力和意识。
4) 培养学生发现问题、解决问题和总结经验的习惯。

任务工单

任务工单见表8-1。

表8-1 任务工单

工 单		受电弓的检查	
任 务		按照技术规程的要求完成受电弓的外观检查,保证受电弓外观正常、各部件功能状态良好	
班 级		姓 名	
学习小组		工作时间	

填写说明:
1. 检查结果若无缺陷情况,在"正常"选项后面框中画钩。
2. 检查结果若有缺陷情况,在"不正常"选项后面框中画钩,并在"受电弓的检查记录补充说明"栏中做详细记录。

序号	分 类	检查项目	检查结果
1	弓头组成	外观	正常□ 不正常□
2		安装状态	正常□ 不正常□
3		碳滑板与铝托板之间密封状态	正常□ 不正常□
4	碳滑板	外观	正常□ 不正常□
5		安装状态	正常□ 不正常□
6		碳滑板厚度(远离框架端滑板为前端,靠近框架端滑板为后端)	前滑板:1. 2. 3. 后滑板:1. 2. 3.
7	弓角	四处弓角和碳滑板之间的间隙	前滑板:1. 2. 后滑板:1. 2.
8	导流线	安装状态	正常□ 不正常□
		松股或断股情况	正常□ 不正常□

（续）

序号	分 类	检查项目	检查结果
9	升弓气囊	外观	正常□ 不正常□
		安装状态	正常□ 不正常□
		开口销（是否缺失和开度大于60°）	正常□ 不正常□
10	钢丝绳	外观	正常□ 不正常□
		安装状态	正常□ 不正常□
11	阻尼器	外观（含标牌、漏油情况）	正常□ 不正常□
		安装状态	正常□ 不正常□
12	底架	外观	正常□ 不正常□
		安装状态	正常□ 不正常□
13	下臂杆	外观	正常□ 不正常□
		安装状态	正常□ 不正常□
14	上框架	外观	正常□ 不正常□
15	下导杆	外观	正常□ 不正常□
16	上导杆	外观	正常□ 不正常□
17	降弓位置传感器	安装状态	正常□ 不正常□
18		绝缘板与感应器之间的间隙	正常□ 不正常□ 测量值：　　mm
19	气路软管	气路软管状态及安装	正常□ 不正常□
20	气阀箱	外观	正常□ 不正常□
21	受电弓阀件	ADD各阀及受电弓截止阀	正常□ 不正常□
22	绝缘子	外观	正常□ 不正常□
23	避雷器	外观	正常□ 不正常□

受电弓的检查记录补充说明：

任务准备

实施作业前，需根据任务工单的要求制订作业计划，明确作业任务要求，制定标准化作业流程，并完成表8-2的填写。

表8-2　作业计划表

作业项目	受电弓的检查		
作业场地	检修库	作业设备	地铁列车受电弓
作业整体要求			

1. 检修作业前，须确认车辆已降弓，列车两端放置安全警示防护牌，两端司机室内司控器手柄挂好"禁止操作"的标示牌，两端司机室继电器柜蓄电池开关上挂好"禁止投蓄电池"标示牌。
2. 车顶作业时，须先确认接触网断电且已挂好接地棒。
3. 登顶作业时，所有作业人员全程佩戴安全绳，并确认安全带在保质期范围内，挂点必须固定可靠。
4. 车顶进行受电弓检查作业时，升弓、降弓时必须确认受电弓处没有作业人员。
5. 检修人员须穿戴好安全防护用品。
6. 作业结束后，清洁现场并复位工具，保证人走场清。

（续）

作业工具、工装及耗材				
序号	名 称		数量	备 注
1	手电筒		2支	
2	游标卡尺		1把	
3	塞尺		1把	
4	扳手		1套	
5	扭力扳手		2把	
6	油漆笔		2支	
7	清洗剂		1瓶	
8	擦拭布		若干	
主要作业项				
储备知识点				
作业分工				
作业人员		检验人员		
监督人员		评价人员		
日期:				

任务实施

按作业指导书（表8-3）进行任务实施。

表8-3 作业指导书

受电弓的外观检修

序号	项 目	作业程序及标准	图 示
1	检查弓头组成	1）外观良好，无损伤、裂纹、缺失、变形 2）各部件安装紧固件无松动 3）弓头无损坏、无裂纹、动作灵活	
2	碳滑板	碳滑板表面光滑，无偏磨、严重腐蚀、空洞及凹凸不平等，碳滑板不得有裂损、起层、溶胶、脱胶、烧损现象	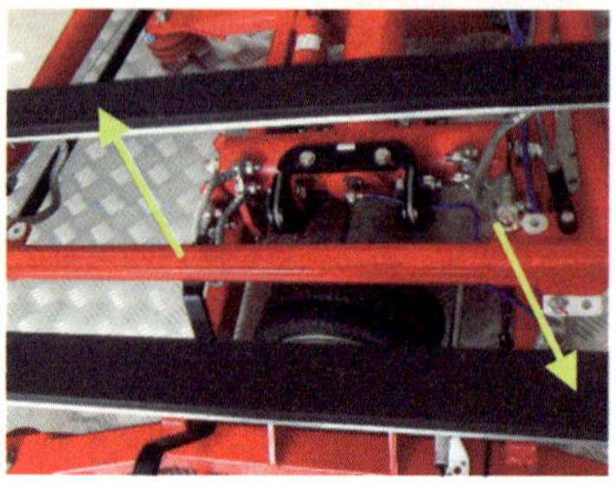

项目 8　城市轨道交通车辆受电弓的检修

（续）

序号	项　目	作业程序及标准	图　示
3	碳滑板	分别在两个碳滑板中部及两侧（工作区）取3个点，用钢直尺测量碳滑板的厚度并记录。异常磨损时，需要进行静态接触压力检查（远离框架端滑板为前端，靠近框架端滑板为后端）	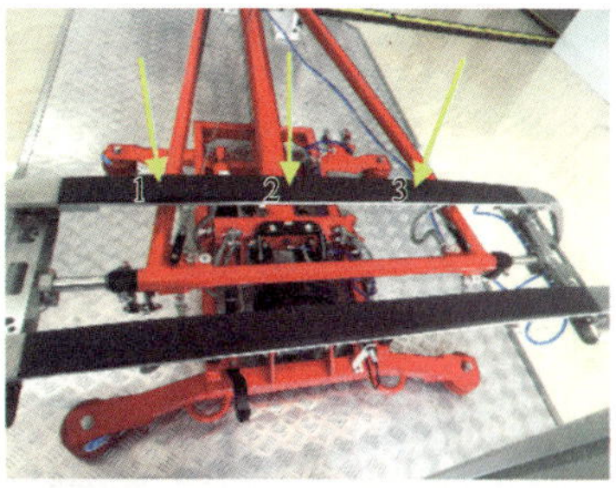 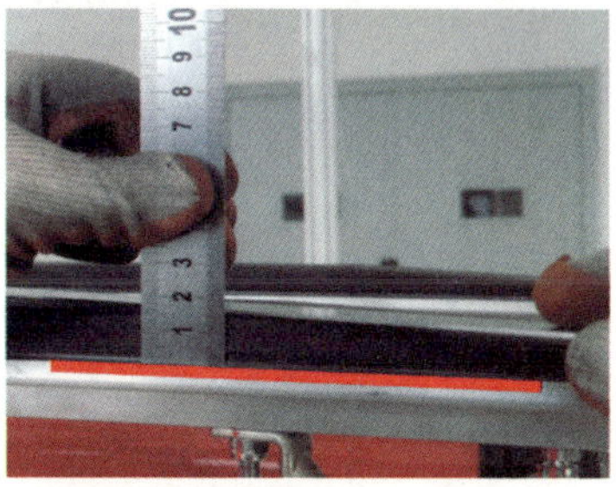
4	测量弓角间隙	使用塞尺测量4个弓角和碳滑板之间的间隙宽度并记录相应的测量结果，标准为0.5~2.5mm	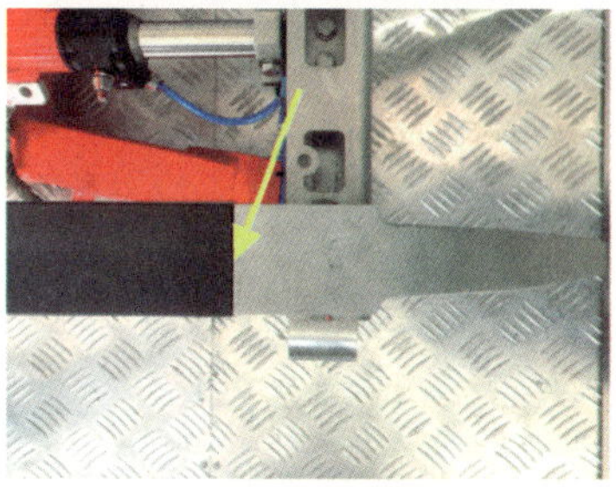
5	检查导流线	导流线外观应良好，固定螺栓无松动，且不与其他部件接触，不出现松股，断股不超过10%	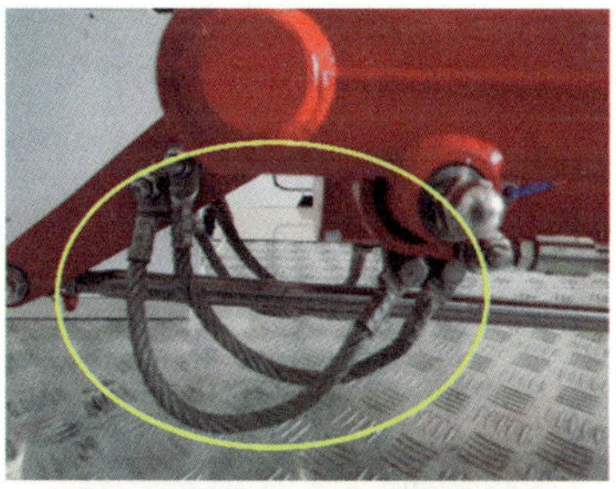
6	检查升弓气囊	1）表面橡胶无老化、无破损、无裂纹 2）气囊安装良好，要求开口销无缺失且开度大于60°	 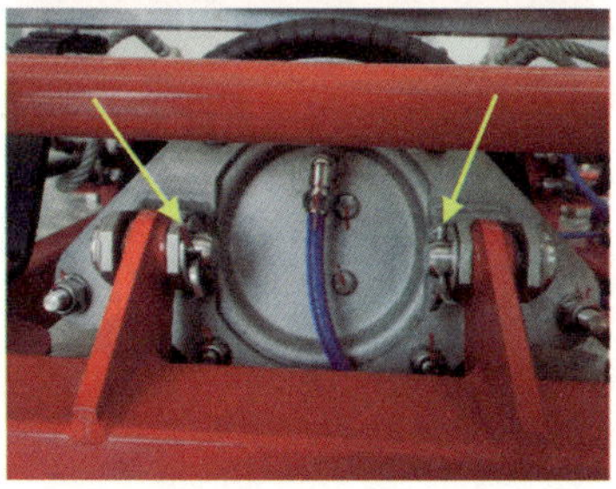

(续)

序号	项 目	作业程序及标准	图 示
7	检查钢丝绳	升弓钢丝绳外观应良好，无断股，钢丝绳两端端部接头压接良好，目视端头可以清晰地看到钢丝绳	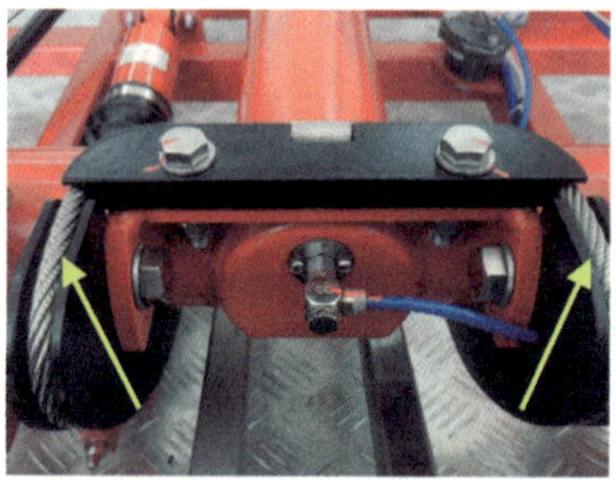 
8	检查阻尼器	1）外观完好，无漏油 2）橡胶元件无老化 3）标牌字体清晰，标牌向上、无破损	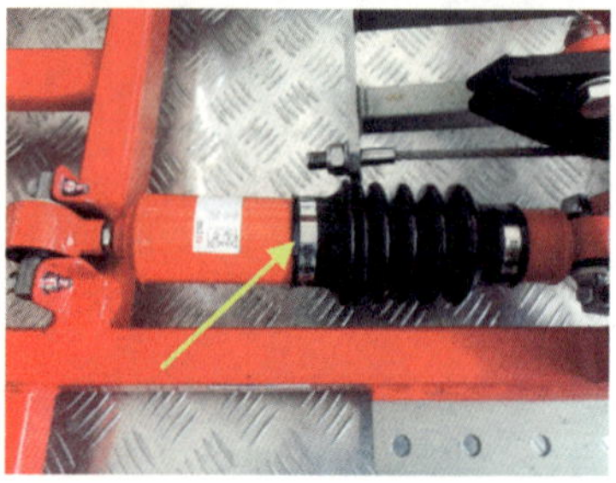
9	检查底架	1）外观应良好，无受损、裂纹、缺失、变形 2）橡胶止挡安装牢固，且与上框架及下臂杆接触良好，无悬空	 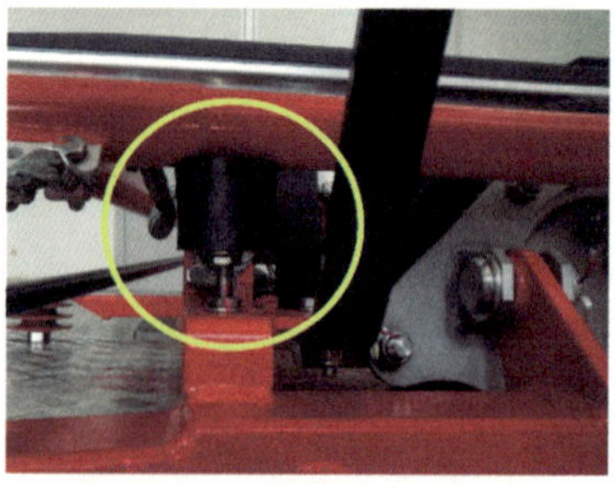
10	检查下臂杆	1）外观应良好，无受损、裂纹、缺失、变形	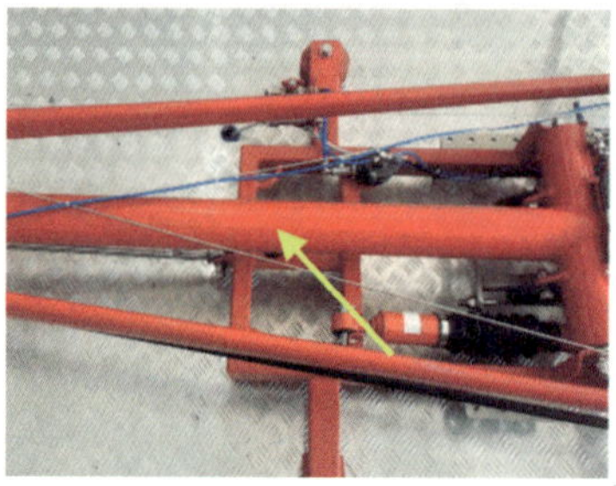

（续）

序号	项 目	作业程序及标准	图 示
10	检查下臂杆	2）橡胶元件无老化	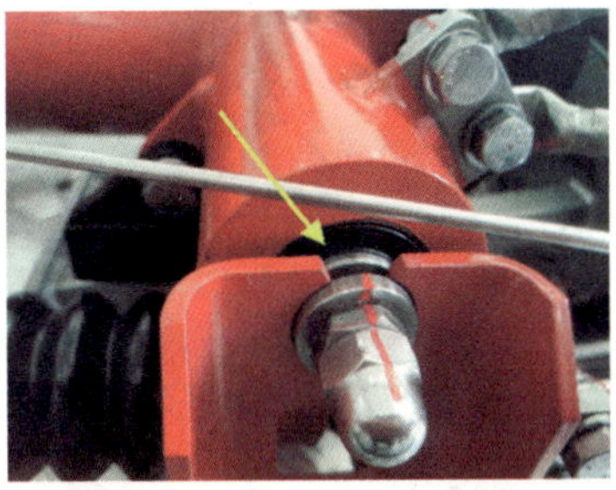
11	检查上框架	1）外观应良好，无受损、裂纹、缺失、变形 2）张紧绳无松动，开口销无缺失、开度大于60°	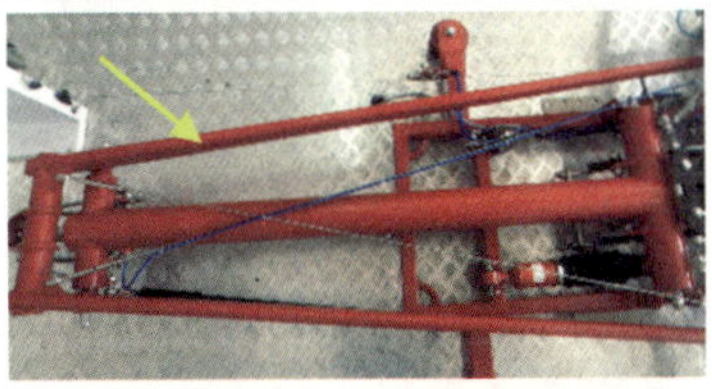 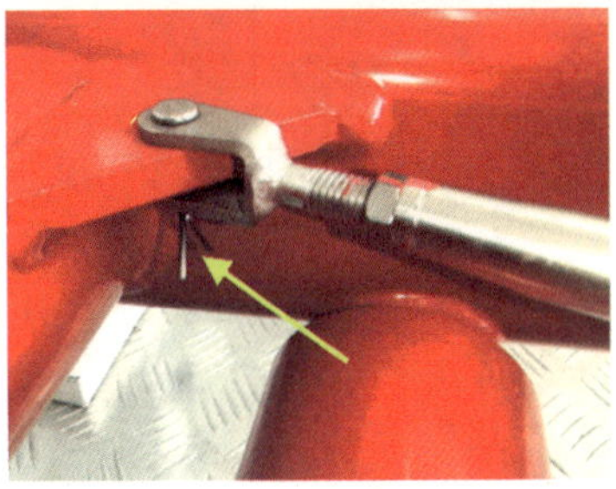
12	检查下导杆	外观应良好，无受损、裂纹、缺失、变形	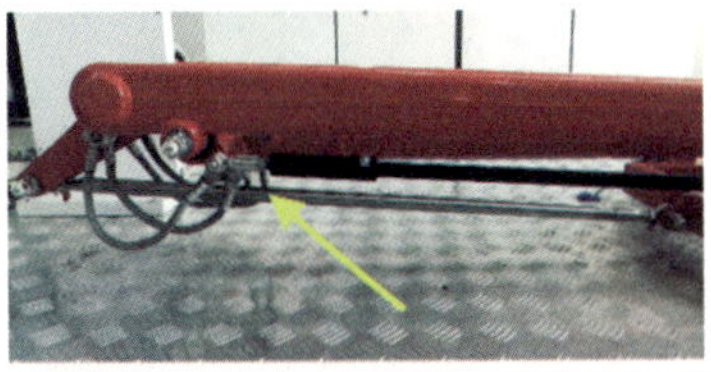
13	检查上导杆		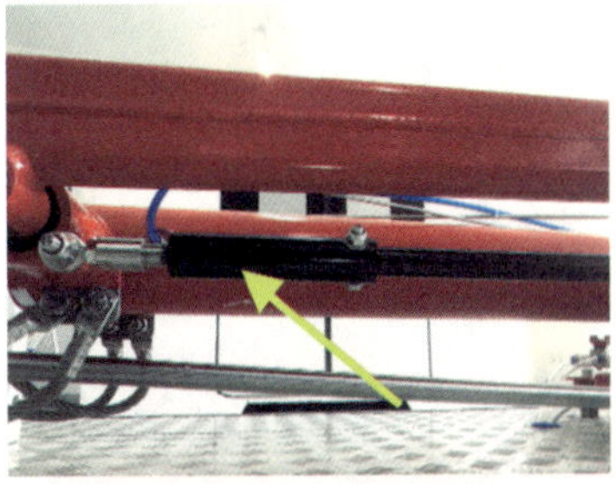
14	检查降弓位置传感器	绝缘板及感应器安装状态应良好，使用塞尺测量绝缘板与感应器之间的间隙，间隙为6~10mm	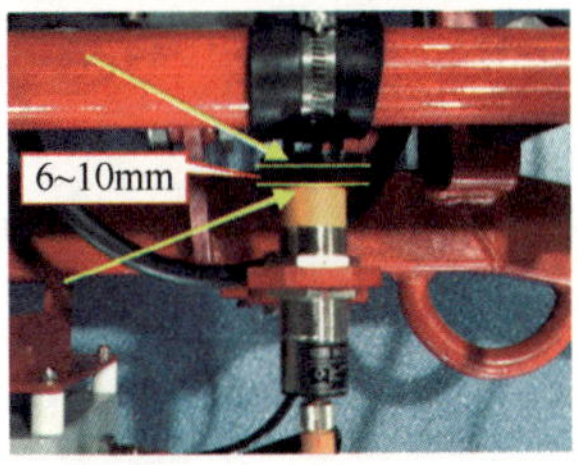
15	检查气路软管	在正常升弓状态和降弓状态下，目视检查受电弓车顶各气路软管，应无接磨、无磨损，气路软管绑扎扎带应无破损、紧固良好	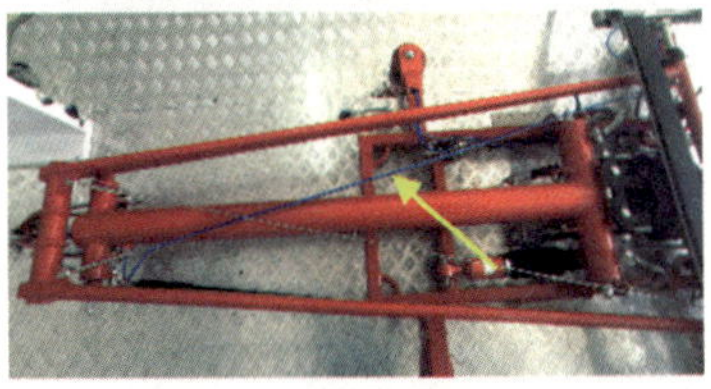

（续）

序号	项　目	作业程序及标准	图　示
16	检查气阀箱	气阀箱应外观完好、安装牢固	
17	检查受电弓阀件	检查受电弓 ADD 各阀及受电弓截止阀位置，应正确	  
18	检查绝缘子	支撑绝缘子表面干净，无裂纹、无破损，紧固状态良好	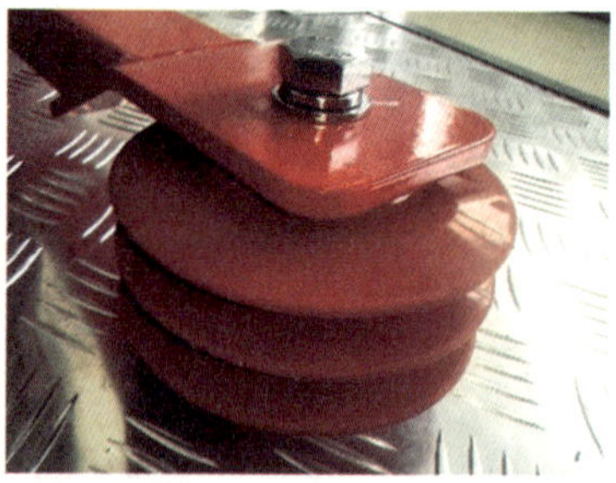
19	检查避雷器	避雷器及电缆应外观清洁，无损伤，接线牢靠，线端无锈蚀，连接螺栓无松动，防松线无错位	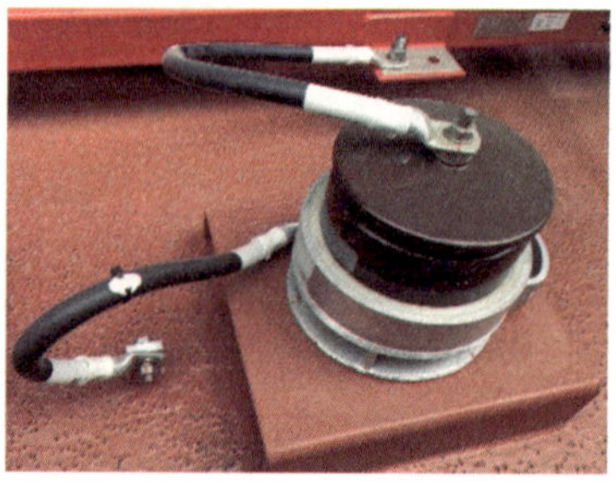

(1) 紧固件检查要求

1) 对松动或防松标记涂打不规范的紧固件,按紧固力矩要求重新紧固,并涂打防松标记。

2) 扭力扳手在使用前,需现场调整至规定的力矩值,并申请检验,待确认后,才可进行力矩施加。作业完毕归还工具时,扭力扳手必须归零。

(2) 紧固件检查项点(表8-4)

表8-4 受电弓部件紧固件检查与维修作业项点

序号	作业内容	工具	耗材
1	检查绝缘子螺栓	扳手、套筒、扭力扳手	油漆笔、酒精、无纺布
2	检查拉杆螺栓		
3	检查下臂杆螺栓		
4	检查避雷器螺栓		
5	检查阻尼器螺栓		
6	检查钢丝绳紧固螺栓		
7	检查钢丝绳安装座螺栓		
8	检查气囊螺栓		
9	检查导流线螺栓		
10	检查平衡杆螺栓		
11	检查上框架螺栓		
12	检查弓头螺栓		
13	检查碳滑板螺栓		

(3) 紧固力矩表(表8-5)

表8-5 常规紧固力矩

螺纹	紧固力矩/(N·m)	螺纹	紧固力矩/(N·m)
M6	6.5	M12	55
M8	16	M16	135
M10	32	M20	200

(4) 特殊紧固力矩(表8-6)

表8-6 特殊紧固力矩

螺纹	紧固力矩/(N·m)	应用
M16	80	下臂安装
M16	80	拉杆安装

评价反馈

小组之间进行交流,总结任务学习和实施过程中出现的问题、解决的方法,收获的知识及技能。以小组为单位,选择演示文稿、报告及视频等形式中的一种或多种,汇报小组学习成果。

任务考核评价主要涉及:①对知识点的理解与运用评价;②任务实施过程中的计划制订、知识获取、安全规范、任务实施、任务完成等;③小组任务实施中的知识、技能及素养的提升。

任务量化评分表见表8-7。

表 8-7　任务量化评分表

考核项目	评分标准	分数	学生自评	小组互评	教师评价	小计
知识掌握	是否掌握任务基础知识	10				
任务计划	是否正确、合理	10				
作业安全	有无安全隐患	10				
现场 5S	是否做到	10				
操作过程	是否正确、合理	20				
任务完成情况	是否标准规范	20				
工具、设备的使用	是否正确、规范	5				
任务工单的填写	工单填写是否完整、正确	5				
团队合作	是否和谐	5				
劳动纪律	是否能严格遵守	5				
总分		100				
得分						

教师签字：　　　　　　　　　　　　　　　　年　月　日

注：若违反操作规程，出现人身伤害或设备损坏的严重事故，本任务考核得 0 分。教师评价分数占总分的 60%，小组互评分数占总分的 20%，学生自评分数占总分的 20%。

知识储备

1. 受电弓的组成

图 8-1 所示为 CED160C 受电弓的结构。

（1）底架　底架由 4 条方钢管组焊而成。下臂、下导杆、升弓装置、绝缘子、阻尼器连接在底架上。

（2）下臂杆　下臂杆由无缝钢管组焊而成。下臂杆与底架和上框架采用轴承连接。

（3）上臂杆　上臂为铝合金制成的空管，用以支撑弓头，在高速运行时参与动态变形。

（4）下导杆　下导杆的一端连接至底架，另一端连接至上臂。下导杆在受电弓升弓和降弓中引导上臂就位，是底架与上臂之间的连接杆件，具有调整升弓高度的作用。

（5）升弓装置　升弓装置是整个受电弓的执行机构，其升弓以及保持升弓状态的动力均来自于此。在任何时候只要压缩空气通入气囊驱动装置，升弓装置就会运动，向上转动下臂。由此上臂向上移动，直至弓头接触到接触网线为止。如果其出现故障，将出现严重问题。

（6）阻尼器　阻尼器一端固定在底架上，另一端固定在下臂上。其作用：一是吸收由车辆运动和接触网引起的受电弓振动；二是阻尼突变，防止降弓时砸顶。

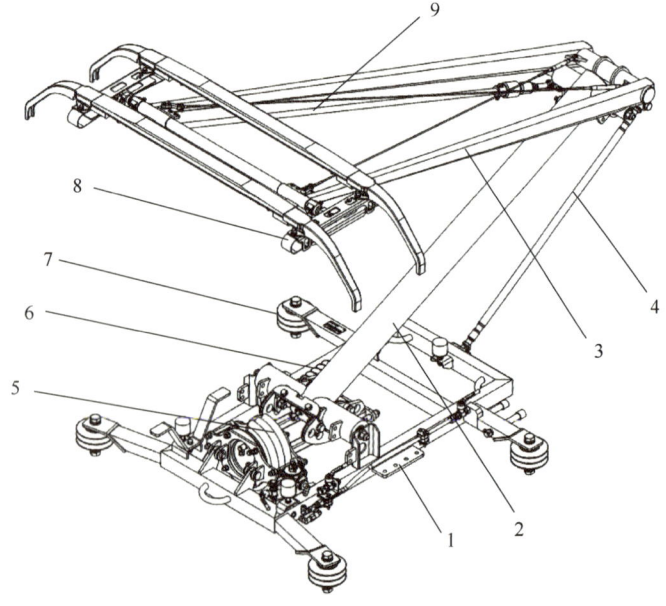

图 8-1　CED160C 受电弓的结构

1—底架　2—下臂杆　3—上臂杆　4—下导杆　5—升弓装置
6—阻尼器　7—绝缘子　8—弓头　9—上导杆

（7）弓头　弓头包括左右支撑、弓角、碳滑板、气动软管连接（ADD）等。弓头是直接与接触网接触的部件，能够承受横向和纵向冲击。

（8）上导杆　上导杆可将弓头保持水平就位。对它的调整将使弓头准确地水平置于一个平均工作高度上。这样有助于实现2个碳滑板的均等或均匀磨损。

（9）ADD自动降弓装置　当受电弓滑板破裂、磨损到极限或气路泄漏时，为了保护接触导线和受电弓，受电弓配备了ADD降弓装置。ADD降弓装置主要由阀板（装在车内或装在车顶控制箱）、带气道的滑板、快速降弓阀及相应管路组成。

2. 受电弓的工作原理

（1）电气传输原理　受电弓是车辆的受流部件，受电弓升起后与接触网接触，从接触网上集取电流，并将其传送到车辆电气系统。接触网的电流首先由滑板流入受电弓弓头，然后依次经过上臂、下臂后流入底架，在弓头到上臂、上臂到下臂、下臂到底架的连接处都用导流线短接，最后经过底架上的汇流板、车顶母线进入车辆电气系统。

（2）气路控制原理

1）升弓原理。按下受电弓升弓按钮后，升弓电磁阀得电，向受电弓控制箱提供压缩空气。压缩空气依次经过空气滤清器、升弓节流阀、减压阀、安全阀等后向受电弓的气囊升弓装置供风。压缩空气进入升弓气囊后，气囊膨胀抬升，气囊带动钢丝绳拉拽下臂杆，使下臂杆转动，从而实现受电弓逐渐升起，直到受电弓弓头与网线接触并保持规定的静态接触压力。

2）降弓原理。按下受电弓降弓按钮后，升弓电磁阀失电，向受电弓供应的压缩空气被切断。受电弓中的空气经过电磁阀的排气口排出，同时，气囊升降装置中的压缩空气经原路返回，经减压阀上的降弓节流阀排向大气，受电弓靠自重下降，直到顶管降下并保持在底架的橡胶止挡上。

3. 受电弓参数

受电弓参数见表8-8。

表8-8　受电弓参数

项　目	参　数
最高工作高度	2420mm
最大宽度	1550±10mm
最大长度	2350mm
额定工作电流	1700A
平均静态力	110±10N
额定工作气压	400kPa
升弓时间	5~8s
降弓时间	5~8s

知识拓展

爱岗敬业—守护列车的生命线

安装在车顶的受电弓是列车从接触网取得电能的重要电气设备，是列车的生命线。

在检修受电弓时，需在车顶上认真检查受电弓外观是否正常，用弹簧秤对受电弓静态接触压力进行测量，用钢直尺测量碳滑板剩余厚度，仔细检查碳滑板表面有无贯穿裂纹和高压电蚀现象。如果两根碳滑板之间的厚度差大于3mm或者存在贯穿裂纹等，就必须同时更换两根碳滑板，静态压力值差超过20N就要重新调试。由于受电弓检修涉及近百个部件，受电弓检修过程中，作业人员一定要秉持爱岗敬业的责任意识和严谨细致的工作态度，确保不漏检、不错检，消除了行车安全隐患，守护好列车的生命线。

任务 8.2　受电弓零部件的更换

任务描述

受电弓零部件出现损伤或磨耗到限时,需进行零部件的更换,确保受电弓状态良好,功能正常。本任务主要完成受电弓碳滑板及导流线的更换。

学习目标

1. 知识目标

1)掌握受电弓零部件的名称及结构。
2)掌握受电弓零部件的检查、维护和更换的技术要求及标准。

2. 能力目标

1)具备制订检修作业计划和检修任务的能力。
2)具备按照作业指导书的要求完成受电弓零部件的状态检查与更换的能力。

3. 素养目标

1)培养学生严谨的职业态度。
2)培养学生安全作业、标准作业的意识。
3)培养学生团队协作的意识。

任务工单

任务工单见表 8-9。

表8-9　任务工单

工　单		受电弓零部件的更换	
任　务		按照作业指导书的要求完成受电弓零部件的更换,保证受电弓各部件功能状态良好	
班　级		姓　名	
学习小组		工作时间	

填写说明:
1. 完成作业流程,在"完成"选项后面框中画钩。
2. 未完成作业流程,在"未完成"选项后面框中画钩。
3. 准确填写及记录相关参数。

序号	分　类	作业项目	结　果
1	碳滑板	更换碳滑板	完成□　未完成□ 力矩值:
		测量四处弓角和碳滑板之间的间隙	间隙1测量值:　　　mm 间隙2测量值:　　　mm 间隙3测量值:　　　mm 间隙4测量值:　　　mm
2	导流线	更换导流线	完成□　未完成□ 力矩值:
		更换位置	

受电弓零部件的更换补充说明:

任务准备

实施作业前,需根据任务工单的要求制订作业计划,明确作业任务要求,制定标准化作业流程,并完成表 8-10 的填写。

表 8-10 作业计划表

作业项目	受电弓零部件的更换		
作业场地	检修库	作业设备	地铁列车受电弓
作业整体要求			

1. 检修作业前,须确认车辆已降弓,列车两端放置安全警示防护牌,两端司机室内司控器手柄挂好"禁止操作"的标示牌,两端司机室继电器柜蓄电池开关上挂好"禁止投蓄电池"标示牌。
2. 车顶作业时,须先确认接触网断电且已挂好接地棒。
3. 登顶作业时,所有作业人员全程佩戴安全绳,并确认安全带在保质期范围内,挂点必须固定可靠。
4. 车顶进行受电弓检查作业时,升弓、降弓时必须确认受电弓处没有作业人员。
5. 检修人员须穿戴好安全防护用品。
6. 作业结束后,清洁现场并复位工具,保证人走场清。

作业工具、工装及耗材			
序号	名 称	数量	备 注
1	塞尺	1 套	
2	呆扳手	2 把	
3	套筒扳手	1 套	
4	扭力扳手	1 把	
5	油漆笔	2 支	

主要作业项

储备知识点

作 业 分 工			
作业人员		检验人员	
监督人员		评价人员	
日期:			

任务实施

按作业指导书(表 8-11)进行任务实施。

表 8-11 作业指导书

序号	项 目	作业程序及标准	图 示
1	受电弓碳滑板的更换	1)使用呆扳手拆除碳滑板紧固螺栓,换下的螺母、垫圈放入废料区 2)使用呆扳手松开碳滑板 ADD 降弓气路软管接头的锁紧螺母,并取下气路软管(操作前确认已切断气路,受电弓已排气)	

受电弓部件检修及更换

（续）

序号	项 目	作业程序及标准	图 示
1	受电弓碳滑板的更换	3）更换碳滑板，装入垫圈和螺母，并预紧连接螺母 4）用 16N·m 的力矩紧固螺母，划防松标记线 5）重新测量碳滑板和弓角之间的间隙，应满足 0.5~2.5mm，高度差应满足 1.0~1.5mm	
2	受电弓导流线的更换	1）使用呆扳手和套筒拆除导流线紧固螺栓，换下的螺母、垫圈要放入废料区 2）更换导流线；装入垫圈和螺母 3）用 16N·m 的力矩紧固螺母，划防松标记线	

评价反馈

小组之间进行交流，总结任务学习和实施过程中出现的问题、解决的方法，收获的知识及技能。以小组为单位，选择演示文稿、报告及视频等形式中的一种或多种，汇报小组学习成果。

任务考核评价主要涉及：①对知识点的理解与运用评价；②任务实施过程中的计划制订、知识获取、安全规范、任务实施、任务完成等；③小组任务实施中的知识、技能及素养的提升。

任务量化评分表见表 8-12。

表 8-12　任务量化评分表

考核项目	评分标准	分数	学生自评	小组互评	教师评价	小计
知识掌握	是否掌握任务基础知识	10				
任务计划	是否正确、合理	10				
作业安全	有无安全隐患	10				
现场 5S	是否做到	10				
操作过程	是否正确、合理	20				
任务完成情况	是否标准规范	20				
工具、设备的使用	是否正确、规范	5				
任务工单的填写	工单填写是否完整、正确	5				
团队合作	是否和谐	5				
劳动纪律	是否能严格遵守	5				
总分		100				
得分						

教师签字：　　　　　　　　　　　　　　　　　　　　　　年　月　日

注：若违反操作规程，出现人身伤害或设备损坏的严重事故，本任务考核得 0 分。教师评价分数占总分的 60%，小组互评分数占总分的 20%，学生自评分数占总分的 20%。

知识储备

受电弓碳滑板的维护

每次目测检查弓头碳滑板时，应观察滑板条是否损坏或者磨耗到限。受电弓碳滑板厚度标准如图8-2所示。目测检查时，应预计滑板条的使用寿命。检查弓头各个碳滑板之间是否存在磨耗不均匀现象，如果存在，应对碳滑板做平行调整，使各个碳滑板与接触网线接触的平面基本水平，保证每根碳滑板都能与接触网线很好地接触。

当滑板条磨损到5mm时，应及时更换滑板条。如果要更换弓头碳滑板，应同时将弓头所有的碳滑板全部更换。更换新碳滑板后，应检查受电弓的静态压力，如果需要应进行调整。

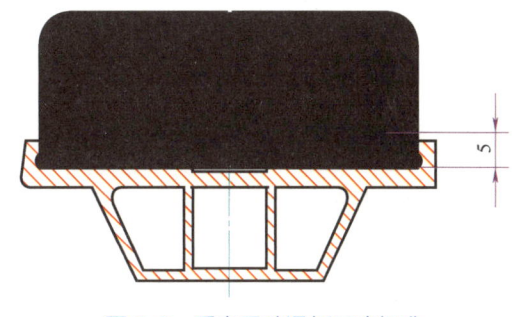

图8-2 受电弓碳滑板厚度标准

知识拓展

受电弓检测新技术—5C受电弓滑板监测装置

受电弓安装在车顶，通过弓头上的碳滑板与接触线接触来获取电能。碳滑板是安装在受电弓上的重要装置，直接与接触网接触。从仰视角度看碳滑板的运动如"蛇行"左右"摆动"前进，这其实是接触网呈"之"字形搭建造成的，这样的设计可以有效地避免碳滑板的某个固定位置与接触网产生持续的摩擦从而使碳滑板各处受到的摩擦较均匀，达到延长使用寿命的作用。

受电弓的状态不仅直接影响列车的受流，也直接影响接触网的技术状态，因此，对受电弓滑板状态进行动态监测尤为重要。图8-3所示为5C滑板监测装置。该监测装置用于接触网的特殊断面和区段的视频监视，主要用于监测受电弓滑板的技术状态，及时发现受电弓滑板与弓头零部件缺陷，例如缺失、裂纹、异物、灼伤点等，以便快速消除隐患，防止损坏的受电弓继续运营，并指导接触网维护，保障列车运营安全。5C装置主要由触发模块、高分辨率成像模块、车号识别模块、现场主机、远程传输通道、集中服务器和用户终端组成。

图8-3 5C滑板监测装置

任务 8.3 受电弓控制气路的检修

任务描述

按照作业指导书的要求完成受电弓的控制气路检修,保证受电弓气路的安全以及升降弓功能正常。

学习目标

1. 知识目标

1)掌握受电弓空气管路的工作原理。
2)掌握受电弓空气管路的保压测试和气密性测试标准。
3)掌握受电弓空气管路的维护要求。

2. 能力目标

1)具备制订检修作业计划和检修任务的能力。
2)具备按照作业指导书的要求完成受电弓的保压测试和气密性测试的能力。
3)具备按照作业指导书的要求完成受电弓空气管路的连接和维护的能力。

3. 素养目标

1)培养学生严谨的职业态度。
2)培养学生安全作业、标准作业的意识。
3)培养学生团队协作的意识。

任务工单

任务工单见表 8-13。

表 8-13 任务工单

工　　单	受电弓控制气路的检修		
任　　务	按照技术规程的要求完成受电弓的保压测试和气密性测试,保证受电弓空气管路状态良好		
班　　级		姓　名	
学习小组		工作时间	

填写说明:
1. 结果描述正常情况可填写"正常",必要时根据实际现象填写。
2. 若保压测试未合格,在进行气密性测试并修复后需重新进行保压测试,"测试与调节结果"中需再次填写;若保压测试合格,后续则无须填写。

序号	分　类	测试内容	测试与调节结果
1	保压测试	1)做好安全防护后,打开升弓控制箱截断塞门和受电弓截断塞门	—
		2)确认 U04 压力表压力值大于 0.4MPa,升弓电磁阀强制导通开关至升弓位	U04 压力表压力值: 第 1 次　　　MPa 第 2 次　　　MPa 第 3 次　　　MPa
		3)在气囊充满气,受电弓升弓动作瞬间截断,升弓控制箱截断塞门,待压力表风压稳定后,记录当前风压值并开始计时	截断 U03 截断塞门后 U04 压力表压力值: 第 1 次　　　MPa 第 2 次　　　MPa 第 3 次　　　MPa

（续）

序号	分类	测试内容	测试与调节结果
1	保压测试	4）10min 后，记录风压值，风压泄漏小于 0.02MPa 即为合格。若风压泄漏过大，需要通过气密性测试查找问题点	10min 后 U04 压力表压力值： 第 1 次　　　　MPa 第 2 次　　　　MPa 第 3 次　　　　MPa 测试合格时风压泄漏值：　　MPa
		5）升弓电磁阀强制导通开关至降弓位，降弓后复位升弓控制箱截断塞门	测试结果描述： 第 1 次 第 2 次 第 3 次 合格□　　不合格□
2	气密性测试	保压测试不合格，需进行此步骤查找问题点。若保压测试合格，则可直接结束该环节 1）给气囊充以额定的压缩空气 2）在空气管路各接头及表面涂肥皂水/洗洁精，若有连续冒泡现象，则为漏气点，准确记录问题点并按规程进行修复	漏气位置： 结果描述：

受电弓控制气路的检修补充说明：

任务准备

实施作业前，需根据任务工单的要求制订作业计划，明确作业任务要求，制定标准化作业流程，并完成表 8-14 的填写。

表 8-14　作业计划表

作业项目	受电弓控制气路的检修		
作业场地	检修库	作业设备	地铁列车受电弓
作业整体要求			

1. 检修作业前，须确认车辆已降弓，列车两端放置安全警示防护牌，两端司机室内司控器手柄挂好"禁止操作"的标示牌，两端司机室继电器柜蓄电池开关上挂好"禁止投蓄电池"标示牌。
2. 车顶作业时，须先确认接触网断电且已挂好接地棒。
3. 登顶作业时，所有作业人员全程佩戴安全绳，并确认安全带在保质期范围内，挂点必须固定可靠。
4. 车顶进行受电弓检查作业时，进行升弓、降弓时必须确认受电弓处没有作业人员。
5. 检修人员须穿戴好安全防护用品。
6. 作业结束后，清洁现场并复位工具，保证人走场清。

作业工具、工装及耗材			
序号	名称	数量	备注
1	呆扳手	2 把	
2	扭力扳手	1 把	
3	油漆笔	2 支	
4	清洗剂	1 瓶	
5	擦拭布	若干	
6	计时秒表	1 个	

(续)

主要作业项

储备知识点

作业分工				
作业人员		检验人员		
监督人员		评价人员		

日期：

任务实施

按作业指导书（表8-15）进行任务实施。

表8-15　作业指导书

序号	项　目	作业程序及标准	图　示
1	保压测试	1）做好安全防护后，打开升弓控制箱截断塞门和受电弓截断塞门 2）确认U04压力表压力值大于0.4MPa，升弓电磁阀打至升弓位 3）气囊充满气，受电弓升弓动作瞬间截断升弓控制箱截断塞门，待压力表风压稳定后，记录当前风压值并开始计时。10min后，气压下降不大于20kPa即为合格。若风压泄漏过大，通过气密性测试查找问题点 4）降弓，复位升弓控制箱截断塞门	强制导通位
2	气密性测试	1）气囊充以额定的压缩空气 2）在空气管路各接头及表面涂肥皂水/洗洁精，若有连续冒泡现象，则为漏气点，准确记录问题点并进行修复。管路维修后，需重新进行保压试验，确保管路气密性良好	—

评价反馈

小组之间进行交流，总结任务学习和实施过程中出现的问题、解决的方法，收获的知识及技能。以小组为单位，选择演示文稿、报告及视频等形式中的一种或多种，汇报小组学习成果。

任务考核评价主要涉及：①对知识点的理解与运用评价；②任务实施过程中的计划制

订、知识获取、安全规范、任务实施、任务完成等；③小组任务实施中的知识、技能及素养的提升。

任务量化评分表见表8-16。

表8-16 任务量化评分表

考核项目	评分标准	分数	学生自评	小组互评	教师评价	小计
知识掌握	是否掌握任务基础知识	10				
任务计划	是否正确、合理	10				
作业安全	有无安全隐患	10				
现场5S	是否做到	10				
操作过程	是否正确、合理	20				
任务完成情况	是否标准规范	20				
工具、设备的使用	是否正确、规范	5				
任务工单的填写	工单填写是否完整、正确	5				
团队合作	是否和谐	5				
劳动纪律	是否能严格遵守	5				
总分		100				
得分						

教师签字：　　　　　　　　　　　　　　　年　月　日

注：若违反操作规程，出现人身伤害或设备损坏的严重事故，本任务考核得0分。教师评价分数占总分的60%，小组互评分数占总分的20%，学生自评分数占总分的20%。

知识储备

1. 受电弓空气管路原理图

受电弓空气管路工作原理图如图8-4所示。

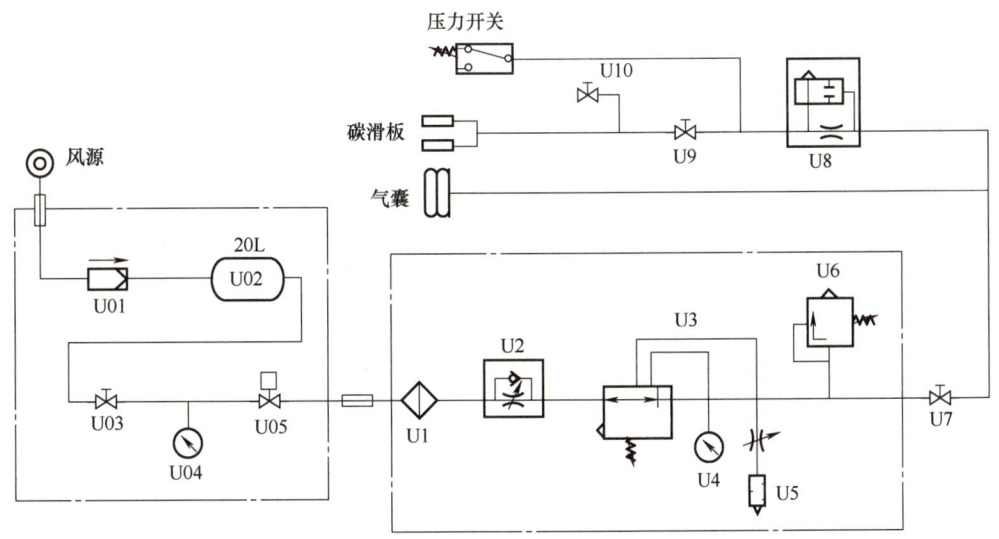

图8-4 受电弓空气管路工作原理图

U01—单向阀　U02—保压风缸　U03—截断塞门　U04—压力表　U05—升弓电磁阀
U1—滤清器　U2—升弓节流阀　U3—精密减压阀　U4—压力表　U5—降弓节流阀
U6—安全阀　U7—截断塞门　U8—ADD阀　U9—ADD关闭阀　U10—ADD测试阀

2. 受电弓气路系统

（1）受电弓气路　受电弓通过空气回路控制升、降弓动作。司机在司机室按下受电弓升弓按钮后，受电弓供风单元内的升弓电磁阀（车辆受电弓控制单元的一部分）得电动作，向受电弓供应压缩空气。压缩空气经过车内的管路、在车顶的受电弓绝缘软管（连接车辆在车顶的输出端口和受电弓的输入端口）、受电弓气路输入端口、受电弓底架上管路后进入气阀箱。

（2）受电弓气路工作原理　受电弓气路工作原理图如图 8-5 所示。

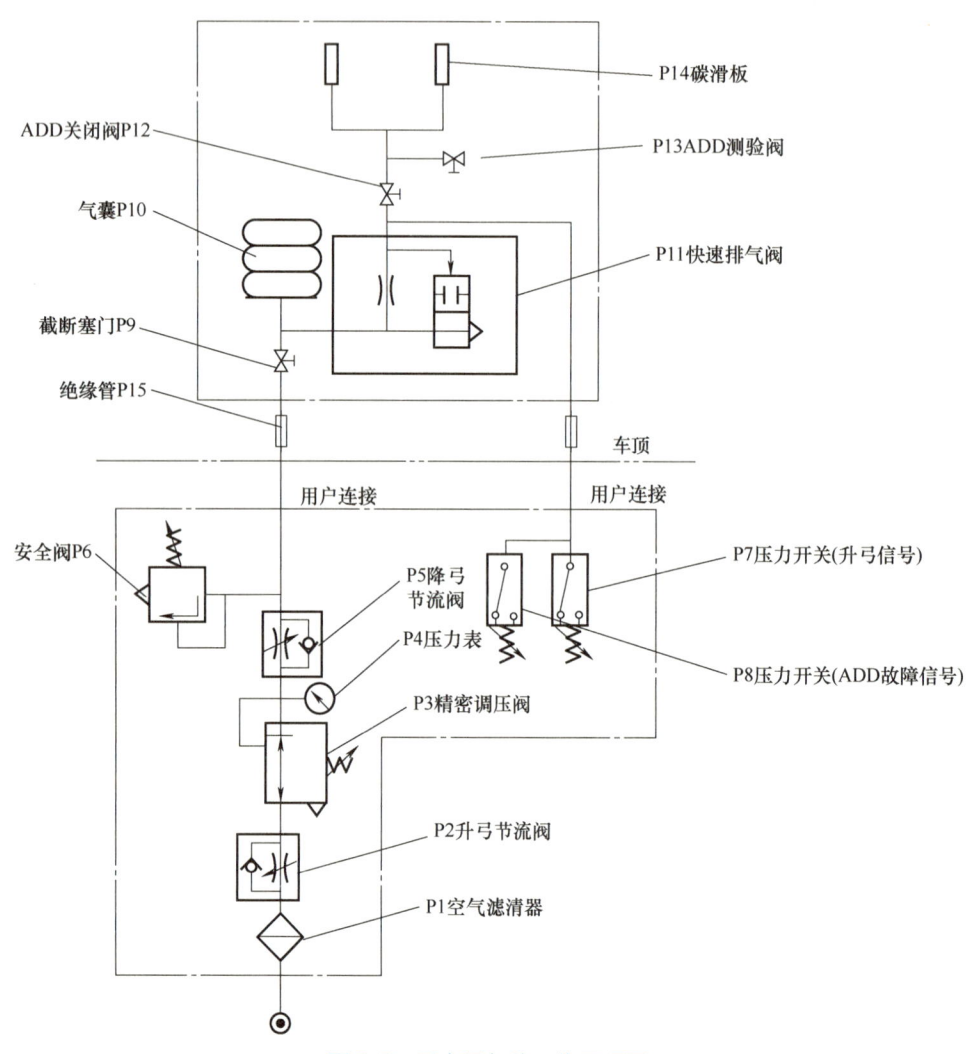

图 8-5　受电弓气路工作原理图

受电弓正常工作所必需的所有气动控制元件，包括滤清器、升降弓节流阀、精密减压阀、安全阀，都组装在 MP 车升弓电器柜中。升弓阀板保证进入受电弓升弓气囊和滑板的压缩空气是干燥的、洁净的且符合正常工作要求的。

（3）应急升弓

1）有电无气。蓄电池有电、主风缸压力不满足升弓需求时，司机室人员按下升弓泵投入按钮，使 MP2 车的升弓电动泵得电工作，电动压缩空气。

2）无电有气。蓄电池低压保护、主风缸的风压满足升弓需求时，可通过按下升弓电磁阀上的手动升弓按钮，使电磁阀直接导通接通气路。

3）无电无气。使用 MP2 车的脚踏泵进行升弓。

（4）自动降弓装置（ADD）　ADD 如图 8-6 所示。

自动降弓原理如图 8-7 所示,当图中框内气路漏风达到一定程度时,压缩空气就会从快速降弓阀中排出,受电弓自动降弓。这就避免了网线和受电弓的损坏。

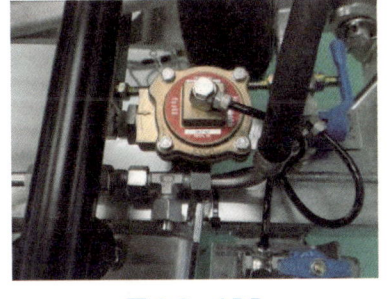

图 8-6　ADD

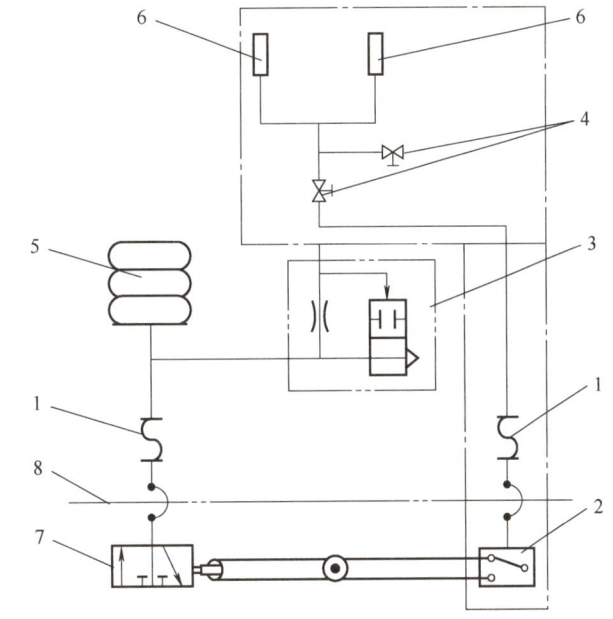

图 8-7　自动降弓原理

1—绝缘软管　2—压力开关　3—快速降弓阀　4—控制塞门(自动降弓)
5—气囊驱动装置　6—碳滑板　7—电磁阀　8—车顶界面

产生漏风的主要原因有：①滑板裂纹(弓网磨耗等原因)；②气路连接 PU 管或者管路接头漏风。

由于没有降弓指令,压力开关 P8(ADD 故障信号)动作(此时 HMI 上报降弓后反馈信号无效故障),自动降弓,并断开主断路器和升弓电磁阀。

案例警醒

2019 年 1 月 14 日,×××地铁×××号线某列车在正线运营时,车辆屏显示 2 车受电弓降下、2、3 车无牵引输出。列车回库过程中,在 2 车车下听到车顶有明显漏风声,登顶检查发现 2 车受电弓上框架尾部黑色气路软管破损导致漏风发生正线降弓故障,如图 8-8 所示。经检查发现 2 车受电弓上框架与下臂杆肘接部位气路软管余量过长,下臂杆处钢扎带固定位置不合理,列车运行时,气路软管位置发生变化并与接触网接磨,最终导致管路破损漏风。

图 8-8　受电弓气路软管故障点

因此,在受电弓检修过程中,不仅仅要做到标准规范,同时要"精雕细琢",对受电弓的每一个检修项点都要严格进行质量卡控,对检修工艺不断进行优化,不断完善车辆整备及日常检修检查要求,细化受电弓检查项点和标准,增加工序交检内容,交检过程中严格控制,并模拟升弓状态时的检查,秉持精细检修的工匠精神,消除列车运营安全隐患。

任务8.4 受电弓动作参数的调节

任务描述

按照受电弓作业指导书的要求完成受电弓动作参数的调节,确保受电弓的升降弓时间、静态接触压力都在标准范围内。

学习目标

1. 知识目标
掌握升弓、降弓动作的整体要求和气阀箱的组成。

2. 能力目标
1)具备制订检修作业计划和检修任务的能力。
2)具备按照作业指导书的要求完成受电弓升、降弓时间调节的能力。
3)具备按照作业指导书的要求完成受电弓静态接触压力调节的能力。

3. 素养目标
1)培养学生严谨的职业态度。
2)培养学生安全作业、标准作业的意识。
3)培养学生团队协作的意识。

任务工单

任务工单见表8-17。

表8-17 任务工单

工 单	受电弓动作参数的调节		
任 务	按照技术规程的要求完成受电弓动作参数的调节,确保受电弓正常工作		
班 级		姓 名	
学习小组		工作时间	

填写说明:
1. 结果描述正常情况可填写"正常",必要时根据实际现象填写。
2. 测试与调整结果根据表格内容的要求填写。

序号	分 类	测试与调节结果
1	调节升弓时间	标准时间: 初始升弓时间:　　　正常□ 不正常□ 调节后的升弓时间:
2	调节降弓时间	标准时间: 初始降弓时间:　　　正常□ 不正常□ 调节后的降弓时间:
3	调节受电弓静态接触压力	标准压力值: 初次测试压力值:　　　正常□ 不正常□ 调节后的最终压力值:

受电弓动作参数的调节补充说明:

任务准备

实施作业前,需根据任务工单的要求制订作业计划,明确作业任务要求,制定标准化作业流程,并完成表 8-18 的填写。

表 8-18 作业计划表

作业项目	受电弓动作参数的调节		
作业场地	检修库	作业设备	地铁列车受电弓
作业整体要求			

1. 检修作业前,须确认车辆已降弓,列车两端放置安全警示防护牌,两端司机室内司控器手柄挂好"禁止操作"的标示牌,两端司机室继电器柜蓄电池开关上挂好"禁止投蓄电池"标示牌。
2. 车顶作业时,须先确认接触网断电且已挂好接地棒。
3. 登顶作业时,所有作业人员全程佩戴安全绳,并确认安全带在保质期范围内,挂点必须固定可靠。
4. 车顶进行受电弓检查作业时,进行升弓、降弓时必须确认受电弓处没有作业人员。
5. 检修人员须穿戴好安全防护用品。
6. 作业结束后,清洁现场并复位工具,保证人走场清。

作业工具、工装及耗材			
序号	名 称	数量	备 注
1	专用钥匙	1 把	
2	秒表	1 个	
3	拉力计	1 个	
4	呆扳手	1 把	
主要作业项			

储备知识点

作 业 分 工			
作业人员		检验人员	
监督人员		评价人员	

日期:

任务实施

按作业指导书(表 8-19)进行任务实施。

表 8-19　作业指导书

序号	项　目	作业程序及标准	图　示
1	调节升弓时间	1）打开升弓控制箱截断塞门和受电弓截断塞门 2）确认压力表压力值大于 0.4MPa，升起受电弓，从受电弓弓头动作开始用秒表计时，直到受电弓接触到接触网计时结束，记录初始升弓时间 3）如果时间不合格（标准：5~8s），调节气阀箱内升弓节流阀（逆时针调节缩短时间，顺时针调节增加时间），直到时间合格为止，记录最终数值 4）调节结束后，拧紧升弓节流阀锁紧螺母	（U04压力表、升弓节流阀）
2	调节降弓时间	1）降下受电弓，从受电弓弓头动作开始用秒表计时，直到到达降落位置计时结束，记录初始降弓时间 2）如果时间不合格（标准：5~8s），调节气阀箱内降弓节流阀（逆时针调节缩短时间，顺时针调节增加时间），直到时间合格为止，记录最终数值 3）调节结束后，拧紧降弓节流阀锁紧螺母	（降弓节流阀）
3	调节受电弓静态接触压力	1）升弓电磁阀强制导通至升弓位，升起受电弓 2）将拉力计挂在弓头横杆中间位置，匀速向下垂直拉动拉力计，观察并记录拉力值	（精密减压阀）

(续)

序号	项　目	作业程序及标准	图　示
3	调节受电弓静态接触压力	3）静态接触压力应在 110N±10N 范围内，若不在范围内，调节气阀箱内精密减压阀（逆时针调节增加压力，顺时针调节减少压力），直到符合静态接触压力标准	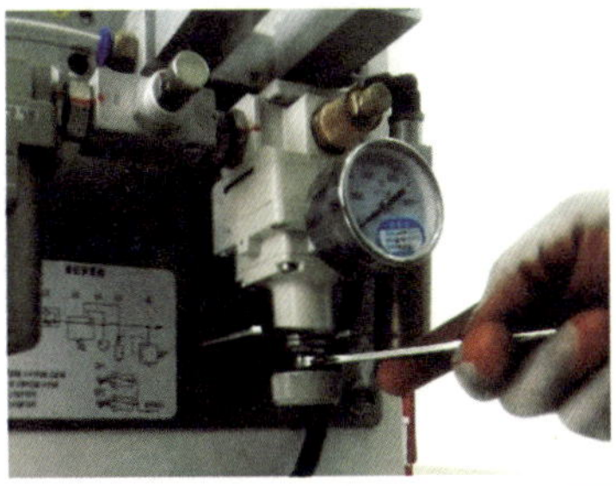

评价反馈

小组之间进行交流，总结任务学习和实施过程中出现的问题、解决的方法、收获的知识及技能。以小组为单位，选择演示文稿、报告及视频等形式中的一种或多种，汇报小组学习成果。

任务考核评价主要涉及：①对知识点的理解与运用评价；②任务实施过程中的计划制订、知识获取、安全规范、任务实施、任务完成等；③小组任务实施中的知识、技能及素养的提升。

任务量化评分表见表 8-20。

表 8-20　任务量化评分表

考核项目	评分标准	分数	学生自评	小组互评	教师评价	小计
知识掌握	是否掌握任务基础知识	10				
任务计划	是否正确、合理	10				
作业安全	有无安全隐患	10				
现场 5S	是否做到	10				
操作过程	是否正确、合理	20				
任务完成情况	是否标准规范	20				
工具、设备的使用	是否正确、规范	5				
任务工单的填写	工单填写是否完整、正确	5				
团队合作	是否和谐	5				
劳动纪律	是否能严格遵守	5				
	总分	100				
	得分					

教师签字：　　　　　　　　　　　　　　　　年　月　日

注：若违反操作规程，出现人身伤害或设备损坏的严重事故，本任务考核得 0 分。教师评价分数占总分的 60%，小组互评分数占总分的 20%，学生自评分数占总分的 20%。

知识储备

1. 气阀箱的组成

气阀箱是压缩空气的处理单元，主要由过滤器、精密减压阀、升弓节流阀、降弓节流阀、安全阀、压力开关等组成，如图 8-9 所示。

2. 静态接触压力的调整

受电弓的标准静态接触压力为 110N±10N。受电弓组装完后或在弓头滑板条更换后，需要

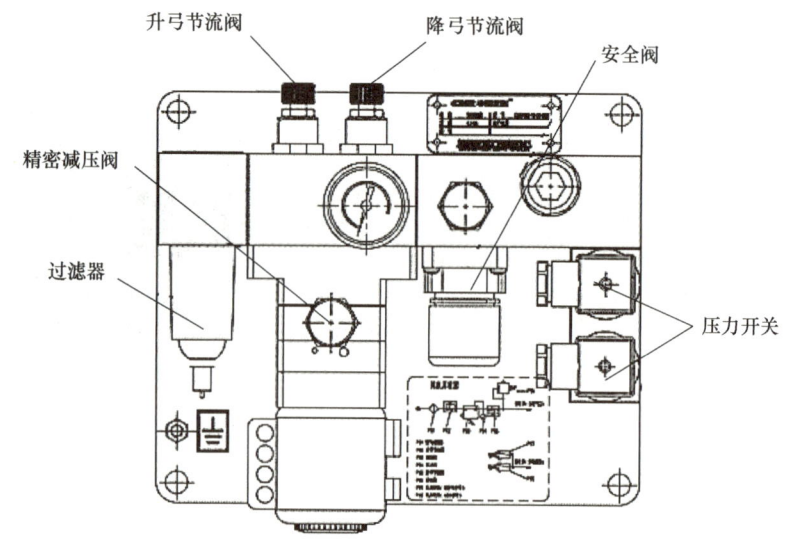

图 8-9 气阀箱的结构

对受电弓的静态压力进行调整。静态接触压力用受电弓专用试验台进行测量,车顶作业时使用拉力计进行测量。

如果测量所得的标准静态压力过小,应先检查受电弓各转动部位是否灵活无卡滞,再将受电弓的控制箱打开,顺正时针方向旋转精密减压阀的手轮,使空气压力增大,直至测量的标准静态压力满足上述要求;反之,静态压力过大时,可逆时针旋转精密减压阀的手轮,使空气压力减小,直至测量的标准静态压力满足上述要求。

调整结束后,应将精密减压阀手轮上的螺母锁紧,以防止在车辆运行过程中精密减压阀的压力发生变化而影响受电弓的标准静态接触压力值。

3. 受电弓升降弓时间的调节

受电弓的升弓和降弓时间可通过控制箱中的节流阀来进行调整。调整升弓节流阀,可对升弓时间进行调整;当升弓时间大于 8s 时,可逆时针旋转节流阀使升弓时间变短。

调整降弓节流阀可对降弓时间进行调整。降弓过程分为快降和慢降两个阶段,快降可使弓头快速离开网线防止拉弧,慢降可以防止受电弓冲击车顶,使其平稳地回到降弓位置;当降弓时间大于 8s 时可增大快降距离(若快降距离过小,容易产生拉弧现象;若快降距离过大,容易对车顶产生冲击。快降距离应根据网线高度来适当调整)或增大慢降速度,使降弓时间变短,反之亦然。

升降弓调节符合标准后,需要进行检验。要求升弓时,受电弓弓头从离开止挡开始动作到最高工作位置的时间不大于 8s,且对接触网线没有有害冲击;降弓时,受电弓从最高工作位置下降到静止位置的时间不大于 8s,且对车顶无有害冲击。

调整结束后,应将调节阀的紧固螺母锁紧,调整时,可用计数秒表验证调整时间。

受电弓的动作参数调节

知识拓展

受电弓性能试验

依据《轨道交通 机车车辆受电弓特性和试验 第 2 部分:地铁和轻轨车辆受电弓》(GB/T 21561.2—2018)的规定,受电弓在检修完成出厂时需进行工作性能试验,涉及常温下的静态接触压力测量及升降系统检查。标称静态接触压力的值应满足 TB/T 3271—2011 的规定,受电弓在常温额定气压下,升至最高工作高度时间不大于 10s,从最高工作高度降到落弓位时间不超过 10s。受电弓试验台可以完成受电弓升/降弓时间的测量、受电弓静态接触压力的测量及受电弓气密性试验。图8-10所示为受电弓试验台，用于对受电弓检修完成后进行工作性能试验。

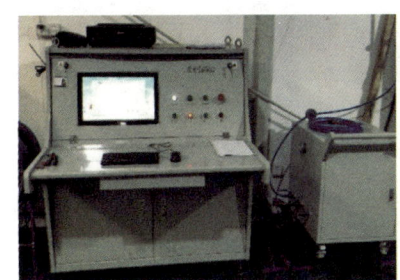

图8-10　受电弓试验台

图8-11所示为受电弓试验数据，主要包括升弓时间、降弓时间、同高压力差、静态接触压力及气密性泄漏量等。依据标准，受电弓实测静态接触压力曲线必须落在规定的绿色框线所围成的区域内。

FB 800.491 受电弓试验记录					
型号	FB 800.491	试验员		日期	2022-5-1
编号		检查员		日期	
序号	项目	技术标准		实际检测	
1	升弓时间 /s	5~8		7.4	
2	降弓时间 /s	5~8		7.1	
3	同高压力差 /N	≤20		12.1	
4	静态接触压力 /N	100.0~120.0		100.4~119.1	
5	气密性 /kPa 泄漏量＜初始气压5%	初始气压	498.5	泄漏量	2.9

横坐标X：接触压力(N)。
纵坐标Y：升弓高度(mm)。
IEC 60494-1-20025 (GB/T 21561.1—2008)
注：在受电弓起始与终端工作高度的20%范围内，受电弓静态压力同高差允许达到±15N。

图8-11　受电弓试验数据

参考文献

[1] 刘柱军,曾颖委. 城市轨道交通车辆机械检修[M]. 北京:人民交通出版社股份有限公司,2013.
[2] 张亦农. 城市轨道交通车辆检修[M]. 北京:北京交通大学出版社,2019.
[3] 蔡海云,郑炎华. 城市轨道交通车辆检修基础与设备[M]. 成都:西南交通大学出版社,2016.
[4] 管春玲,李瑞荣. 城市轨道交通车辆制动机维护与运用[M]. 北京:中国铁道出版社,2014.
[5] 应云飞,秦娟兰. 城市轨道交通车辆制动系统[M]. 成都:西南交通大学出版社,2016.